Drei Abhandlungen

über

Vorstellung, Wille und Handlung.

Über

Vorstellung, Wille und Handlung

als Elemente

der Lehre vom Verbrechen und von der Strafe.

Drei Abhandlungen

von

Paul Bünger.

Berlin und Leipzig.

Verlag von J. Guttentag

(D. Collin)

1888.

Vorwort.

Der nachfolgende Sonderabdruck dreier in der Zeitschrift für die gesamte Strafrechtswissenschaft nach und nach (1886 bis 1888) erschienenen Abhandlungen über einige Grundbegriffe der Strafrechtslehre rechtfertigt sich durch den innern Zusammenhang dieser Arbeiten, vermöge dessen sie ein der Zerstückelung widerstrebendes Ganze bilden. Die zweite Abhandlung über die Selbstbestimmung des verbrecherischen Willens und das Kausalitätsgesetz ist eine polemische Ergänzung des dritten Abschnitts der ersten, die Elemente der subjektiven Verschuldung entwickelnden Abhandlung, während die dritte, das Handeln und die Handlungseinheit untersuchende Arbeit die innere Fortsetzung der früheren Untersuchungen bildet.

Da ein vierjähriger Zeitraum die Entstehung dieser Aufsätze umfaßte, war mein eigner Vorstellungskreis über den vorliegenden Gegenstand während dieser Untersuchungen dem Gesetze des Wandels unterworfen. Diese Wandlung zeigte sich im Mittelpunkte jenes Kreises jedoch nur an der stärkeren Befestigung des eingenommenen Standpunkts, an der Peripherie in der Erweiterung der Kreislinie. Demgemäß verhalten sich die späteren Abhandlungen zu den früheren nicht bloß als deren Fortsetzung, sondern auch als tiefere und umfassendere Begründung der vertretenen Ansichten.

Alle drei Abhandlungen sind nur die auf strafrechtlichem Gebiete durchgeführte Entwicklung einer und derselben Grundanschauung, nämlich meiner auf erkenntnistheoretischen und naturwissenschaftlichen Wegen erworbenen und befestigten Auffassung der Verhältnisse, in welchen einerseits die Vorstellung und der Wille einer handelnden Person, anderseits ihr Wollen und ihr Handeln zu einander stehen.

Bezüglich der Rechtfertigung jener jenseits der Grenzen des positiven Rechts vollzogenen Quellenschöpfung verweise ich auf den Inhalt der Aufsätze selbst.

Da bei Entwicklung jenes Grundgedankens auf strafrechtlichem Boden die wesentlichsten Abschnitte des allgemeinen Teils des Strafrechts in Mitleidenschaft gezogen wurden, so enthalten die nachfolgenden Arbeiten die Elemente eines Systems, welches mit diesem Grundgedanken steht oder fällt.

Sollte derselbe, was ich wohl für möglich halte, teilweise oder, was ich nicht hoffe, gänzlich verfehlt sein, so dürfte doch die Arbeit keine vergebliche gewesen sein. Denn die von einem neugewonnenen Standpunkte aus veranstaltete Beleuchtung eines wissenschaftlichen Gebiets, mag jener Punkt auch dem Zentrum desselben fern oder gar über die Grenzen desselben hinaus belegen sein, hellt Gegenden auf, die nach frühern Beleuchtungsmethoden im Schatten lagen.

Die Etappen des auf endlosen Umwegen fortleitenden Weges zur Wahrheit sind die neuen Irrtümer, welche bei erfolgreicher Bekämpfung alter Irrtümer begangen zu werden pflegen, und welche die leuchtenden Angriffspunkte für die nachfolgenden Forscher bilden.

So viel zur sachlichen Rechtfertigung dieser Publikation.

Persönlich ermutigt zu derselben fühle ich mich nicht sowohl durch die bisherigen Besprechungen der Aufsätze, welche, soweit sie mir bekannt geworden sind, zwar wohlwollend, aber nicht eingehend, weil den Rahmen von litterarischen Anzeigen nicht überschreitend waren, als vielmehr durch die gütige Anerkennung, welche mir aus Anlaß jener Arbeiten einige wenige, aber hervorragende Männer der Wissenschaft aus freien Stücken und in unumwundener Weise ausgesprochen haben, insbesondere die Herren Proff. v. Ihering in Göttingen, A. Merkel in Straßburg, v. Liszt in Marburg und der Herr Kammergerichtsrat Dr. Olshausen in Berlin. Es sei mir gestattet, an dieser Stelle diesen Männern meinen tiefgefühlten Dank für ihre Güte auszusprechen.

Für jemand, der nicht zur „akademischen Zunft" gehört, wiegt solche Anerkennung doppelt.

Schneidemühl, im September 1888.

Der Verfasser.

Inhalt.

Über Vorstellung und Wille, als Elemente der subjektiven Verschuldung.

I.

Vorstellen und Wollen sind psychische Thätigkeiten, deren Wirkungskreise sich zu einander verhalten, wie geometrisch zwei derselben Ebene angehörige, einander durchschneidende Kreise. Innerhalb der beiden Bogenabschnitte liegt ein beiden Kreisen gemeinschaftliches Gebiet, das des bewußten Wollens.

Für diejenigen, welche „den unbewußten Willen" negieren,[1] oder welche die vom Willen unabhängige Vorstellung für ausgeschlossen erachten,[2] oder welche beides leugnend annehmen, daß weder das Vorstellen noch das Wollen jemals isoliert auftreten könne, sondern daß beide stets verbunden seien, würde jene Kreislage sich nur insofern verschieben, als in den ersten beiden Fällen einer der Kreise in den andern hinein, im dritten Falle beide Kreise ganz aufeinander fallen würden.

Also auch in diesen drei Fällen würde das gemeinschaftliche Gebiet entstehen, in welchem Vorstellung und Wille eine innere

[1]) Siegwart, Kl. Schriften, Bd. II S. 118. — v. Liszt, Lehrbuch II. Aufl. S. 105, III. Aufl. S. 116. — Spitta, Willensbestimmungen S. 16. — Hälschner, System, Bd. I S. 294, 312.

[2]) Aristoteles (de an. III. 10, 433, a. 9): „Die nach außen wirkende Vorstellung wirkt nicht ohne Willen". Schopenhauer nimmt an, daß nur im reinen Anschauen der Idee, z. B. im Kunstgenuß, die Vorstellung vom Willen unabhängig sei. (Drittes Buch, Bd. I Welt als Wille u. Vorstellung, S. 230 ff.)

Verbindung eingehen, wie zwei wahlverwandte chemische Elemente zu einer neuen Form der Substanz zusammenschmelzen.

Nur der bewußte Wille interessiert uns hier, nur innerhalb seiner Grenzen liegt die Willensschuld.

Zwar ist der Angriff gegen den von Binding adoptierten „unbewußten Willen", soweit letzterer der Philosophie E. v. Hartmanns entstammt, insofern verfehlt, als dieser Angriff sich darauf stützt, daß ein Wille ohne Vorstellungsinhalt undenkbar sei, [3]) da E. v. Hartmann seinem „unbewußten Willen" als Inhalt die „unbewußte Vorstellung gegeben hat. [4]) Auch erscheint es nicht angängig, diesen „unbewußten Willen" und diese „unbewußte Vorstellung" mit dem Maßstabe zu messen, den uns der bewußte Wille und die bewußte Vorstellung gibt, und die so mit einem inkommensurablen Dinge gemessenen Begriffe einfach für nonsens zu erklären.

Denn das „Unbewußte" bei E. v. Hartmann bildet nicht den kontradiktorischen, sondern den konträren Gegensatz des empirisch Bewußten, bedeutet nicht einen Zustand der Bewußtlosigkeit im Sinne unsrer Erfahrung, sondern einen Willen und eine Vorstellung von durchaus andrer Art als unser bewußtes Wollen und bewußtes Vorstellen ist. [5])

Aber der Begriff des unbewußten Willens ist, da sein positiver Inhalt transcenderter Natur ist, für die Strafrechtswissenschaft so lange von der Hand zu weisen, als man bei der Analyse der Schuld mit dem empirischen Begriffe des bewußten Willens auszukommen hoffen darf. Weil Binding diese Hoffnung für die Erklärung des fahrlässigen Delikts aufgeben zu müssen glaubte, hat er zur Ausfüllung dieser Lücke nach der Hypothese [6]) des unbewußten Willens

---

[3]) Spitta, welcher das Wollen für eine Verbindung von Fühlen und Vorstellen erachtet. S. 10 ff. a. a. O. — Siegwart S. 118 ff. a. a. O.

[4]) Philosophie des Unbewußten: Bd. I Abschnitt A Kap. IV S. 100, IX. Auflage.

[5]) Denn unser Bewußtsein hat zur Voraussetzung das Auseinanderfallen der in Zeit und Raum liegenden, individualisierten Erscheinungswelt in Subjekt und Objekt, in Denkendes und Gedachtes, während das hinter der Erscheinungswelt liegende, das Wesen der Dinge bildende „Ding an sich", zugleich Subjekt und Objekt ist, sich also als ein alles Wissen — ohne Denken — in sich tragendes einiges All darstellt, welches in unserm empirischen Sinne weder vorstellen noch wollen kann.

[6]) Wenn man Hypothesen als Grundlagen der subjektiven Schuld in das Strafrechtssystem hineinziehen will, ist allerdings „der unbewußte Wille" als

gegriffen. So verzweifelt ist jedoch die auf dem bewußten Willen basierende subjektive Schuldtheorie — selbst in Hinsicht auf das fahrlässige Unterlassungs-Delikt — noch nicht, daß es geraten erschiene, auf jene Hoffnung endgültig zu verzichten.

Nur der bewußte Wille soll daher den Ausgangspunkt der nachstehenden Untersuchung bilden.

II.

Von grundlegender Bedeutung für die Auffassung der Willensschuld und der aus ihr für das Strafrechtssystem hergeleiteten Folgerungen wird die Art der Verbindung sein, welche Vorstellung und Wille auf dem gemeinschaftlichen Felde der bewußten Willensthätigkeit eingehen.

Faßt man dies Verhältnis nur als ein äußerliches auf, so wird man sich Vorstellung und Willen des Thäters bei der Verschuldung als nebeneinander herlaufend, die Vorstellung nur als ein die Handlung begleitendes Moment denken. Faßt man es dagegen als ein innerliches auf, so wird man entweder geneigt sein, die Vorstellung in das Element des Willens eingehen, sie von der Natur des Willens absorbieren zu lassen, oder dem Willen die Natur der Vorstellung aufzudringen.

Die Strafrechtswissenschaft hat nun für das Mischungsverhältnis, welches Vorstellung und Wille bei der Verschuldung des bewußten Willens eingehen, die technische Bezeichnung: „Vorsatz".

An der verschiedenartigen Definition des „Vorsatzes" tritt daher die Verschiedenheit der Auffassung jenes Verhältnisses in der Strafrechtslehre zu Tage.

Am weitesten vorgeschritten in der Richtung, welche den Schwerpunkt der subjektiven Verschuldung bei vorsätzlichen Delikten in das Element der Vorstellung zu legen trachtet, erscheint die Definition, welche v. Liszt in der zweiten Auflage des Lehrbuchs des deutschen Strafrechts [7]) dahin gibt:

Hypothese nicht minder berechtigt, als die Hypothese von dem in die Erscheinungswelt hineinragenden, das Mittelglied zwischen Motiven und Handlung bildenden freien Willen. (Binding, v. Buri, Lotze u. s. w., nicht Kant.)

[7]) § 39 S. 155. Siehe auch daselbst § 30 S. 109 unter III. Nicht wesentlich abweichend ist die Definition in der III. Aufl.: „Vorsatz ist das Vorhersehn des Erfolges der Handlung oder die Vorstellung von der Kausalität des Thuns oder Unterlassens."

„Vorsatz ist die Vorstellung von der Kausalität des Thuns oder Unterlassens, d. h. 1. die Vorstellung von den durch die Handlung in der Außenwelt hervorgerufenen Veränderungen und 2. die Vorstellung, daß diese Veränderungen durch die Handlung hervorgerufen werden."

Dahingegen geht am weitesten nach der entgegengesetzten Richtung die Definition Berners, welcher den Vorsatz als „den Grad der Tiefe und Entschiedenheit des verbrecherischen Willens" hinstellt. [8]) Während nach dem Wortlaut ersterer Definition der Vorsatz geradezu identisch ist mit einer reinen Verstandsoperation, bildet er nach letzterer eine Eigenschaft des Willens.

In der Mitte zwischen diesen beiden Extremen steht die Definition, welche v. Liszt in der ersten Auflage seines Lehrbuchs [9]) gab:

„Vorsatz ist der Wille als Ursache einer Handlung im engeren Sinne, begleitet von der Vorstellung der Kausalität derselben, d. h. begleitet von der Vorstellung jener Veränderungen, welche die Handlung in der Außenwelt hervorruft, und von der Vorstellung, daß diese Veränderungen durch die Handlung hervorgerufen werden würden",

mit welcher im wesentlichen übereinstimmt die Definition von Lucas: [10])

„Der Vorsatz beruht in dem auf Vornahme einer Handlung gerichteten Willen, verbunden mit dem Bewußtsein von dem Vorhandensein derjenigen Thatumstände, welche diese Handlung zu einer vom Gesetze mit Strafe bedrohten machen."

Mehr Nachdruck auf die Willensnatur legen Geyer, welcher den Vorsatz als „die Richtung des Willens auf die Anwendung von Mitteln zur Herbeiführung des verbrecherischen Erfolges" [11]) hinstellt, und Hälschner, nach welchem [12]) „der eingetretene Erfolg ein vorsätzlicher ist, indem er seinem ganzen Umfange nach als eine Wirkung erscheint, die ihre Ursache in dem Willen der Handelnden hat".

---

[8]) Lehrbuch § 94.

[9]) § 28 S. 108.

[10]) Subjektive Verschuldung. Berlin 1883 S. 8.

[11]) Artikel dolus in v. Holtzendorffs Rechtslexikon.

[12]) System II S. 122.

Letztere beiden Definitionen lassen jedoch nicht klar erkennen, ob und in welcher Weise die Vorstellung in den Willen eingegangen ist. Klarer drückt sich in Hinsicht auf erstere Frage das Reichsgericht aus, [13]) indem es ausführt:

> „In diesem Sinne (scil. im Sinne des gewöhnlichen Vorsatzes) handelt vorsätzlich in Beziehung auf einen gewissen Erfolg, wer das Bewußtsein hat, daß seine Handlung diesen Erfolg notwendig [14]) herbeiführen werde, ohne daß es darauf ankommt, ob der Zweck seiner Handlung in diesem oder einem andern Erfolge bestand. Denn die als notwendig erkannten Folgen der Handlung werden von dem Handelnden in den Willen aufgenommen, auch wenn ihm an diesen Folgen nicht liegt, also seine Absicht nicht auf Herbeiführung derselben gerichtet ist",

wobei freilich dunkel bleibt, in welcher Weise die Aufnahme des den Erfolg umfassenden Vorstellungsinhaltes in die Willensaktion vor sich geht.

Feiner abgegrenzt ist das Verhältnis von Wille und Vorstellung in der Definition Bindings: [15])

> „Ein Delikt ist vorsätzlich, wenn ein Handlungsfähiger sich das von ihm Bewirkte als im Widerspruch stehend zu der Norm, welcher es unterfällt, vorgestellt und gewollt hat. Der Vorsatz charakterisiert sich als das Wollen einer Handlung trotz ihres vorgestellten Widerspruchs zu der Norm, unter welche sie fällt."

Aus dem Umstande, daß die „Handlung" hier unter die strafrechtliche Norm fallend gedacht wird, ergibt sich, daß „Handlung" hier im Sinne von „That", also den strafbaren Erfolg des konkreten Handelns mitumfassend gilt, daß also das Wollen des Thäters nicht nur auf das Handeln im engeren Sinne, sondern auch auf dessen vorausgesehene Folgen bezogen wird. Diese Definition setzt also voraus, daß vorausgesehene Folgen gewollt sind. Es fragt sich aber eben, wie die Voraussicht von Folgen, also eine reine Vorstellung in den Willen eingehen kann. Erst die Lösung dieser Frage

---

[13]) Entsch. d. R. G. in Straff. Bd. V S. 314.

[14]) Hinter „notwendig" sind im Sinne der späteren Judikatur des Reichsgerichts die Worte: „oder möglicherweise" einzuschalten. Entsch. Bd. VII S. 272, Bd. X S. 234 u. S. 337.

[15]) Normen II S. 403.

führt zur Beantwortung der Frage, inwieweit Folgen einer Handlung als gewollte angerechnet werden dürfen.

Scheinbar auf die Grenzscheide zwischen Vorstellung und Handlung stellt Ortloff den Vorsatz, indem er denselben geradezu mit dem nach Abschluß des Überlegungsstadiums und vor Beginn der Handlung als eintretend gedachten Entschlusse identifiziert: [16])

> „Der aus dem Wollen hervorgegangene Thatentschluß heißt: Vorsatz; in ihm ruht also die Ursache des Handeln im allgemeinen und er ist das bei allen hierauf beruhenden Handlungen vorkommende allgemeine Medium zwischen Vorstellung und Handlung, durch welches die vom Begehren ausgehende einzelne Absicht zu ihrer Vollführung und zur Erreichung ihres Zieles oder Zweckes befördert wird."

Diese Definition legt das Wollen — da es dem Entschlusse voraufgehen soll — und da der Entschluß das Medium zwischen Vorstellung und Handlung bildet, — ganz in das Gebiet der Vorstellung hinein. Auch scheint sie, da sie von „Thatentschluß" spricht, den Entschluß nicht bloß auf das konkrete Handeln im engeren Sinne, sondern auch auf den unter das Strafgesetz fallenden vorgestellten Erfolg zu beziehen. Hiermit würde aber in den Entschluß eine Vorstellung mit aufgenommen sein, auf welche er nicht unmittelbar gerichtet ist, welche vielmehr dem vorausgegangenen Stadium der Überlegung angehört.

Wenn die voraufgeführten Definitionen des Vorsatzes dahingestellt lassen, in welcher Weise die Vorstellung in den Willen oder wie der Wille in die Vorstellung eingehen kann oder wie dieselben unvermischt nebeneinander herlaufen können, so liegt dies wahrscheinlich daran, daß dieselben weniger die Aufzeigung des Mischungsverhältnisses der in dem Vorsatze vorhandenen Elemente des Willens und der Vorstellung, als vielmehr die Abgrenzung des „Vorsatzes" nach außen gegenüber der Fahrlässigkeit einerseits und der auf den Zweck als Beweggrund des Willens gerichteten Absicht anderseits bezwecken. Im Interesse letztrer Abgrenzung wird insbesondere durch die Definitionen des Reichsgerichts, v. Liszts und von Lucas hervorzuheben beabsichtigt, daß zur Herstellung des Vorsatzes es nicht der auf den Erfolg der Handlung gerichteten Absicht bedürfe, sondern daß hierzu die — in Bezug auf den strafbaren Erfolg ziellose —

[16]) Gerichtssaal Bd. 34 S. 412.

Vorstellung von der Kausalität des Handelns in Hinsicht auf diesen Erfolg genüge. Dieser letztern Ansicht ist beizupflichten. Aber gerade zu ihrer Begründung ist die Beantwortung der Frage notwendig, wie es möglich ist, daß die Vorstellung eines Erfolges, welchen der Wille als Ziel sich nicht vorgesetzt hat, in den Willen aufgenommen werden kann.

Wenn Lucas zur Abgrenzung des strafrechtlichen Begriffes „Vorsatz" vom „Vorsatz im gemeinsprachlichen Sinne" ausführt: [17])

> „Der Vorsatz ist insoweit etwas gewissermaßen Farbloses, als er nur der Entschluß des Thäters zur Handlung ist. Seine Färbung gewinnt er aber durch das Wissen des Handelnden von denjenigen Merkmalen, welche die Handlung zu einer vom Gesetze mit Strafe bedrohten machen. Dieses Wissen ist zwar Voraussetzung nicht nur des Vorsatzes, sondern des Dolus überhaupt in allen seinen Erscheinungsformen. Bei dem Vorsatze aber gewinnt es die besondere Bedeutung, daß es das eigentliche Schuldmoment in sich schließt. Durch dieses Wissen unterscheidet sich der strafrechtliche (der schuldhafte) Vorsatz von dem Vorsatze im allgemeinen Sinne",

so ist dem gewiß insofern beizutreten, als der handelnde Wille erst vermöge der bei Vornahme der Handlung im Thäter vorhandenen Vorstellung von den strafbaren Folgen derselben zu einem schuldhaften qualifiziert wird; keineswegs folgt aber hieraus, daß die Vorstellung selbst das Schuldmoment in sich trägt. Die Beantwortung der oben gestellten Frage erübrigt sich also durch jene Erwägung auch nicht.

Die Klarstellung des Verhältnisses, in welchem Wille und Vorstellung im Vorsatze zu einander stehen, ist aber auch um deshalb nicht müßig, weil der Mangel scharfer Sonderung dieser beiden Elemente, die hiermit zusammenhängende häufige Gleichstellung der Begriffe des Vorsatzes, des Willens, der Vorstellung, der Absicht, des Entschlusses [18]) und die hieran sich knüpfende Verschwommen-

---

[17]) Subjektive Verschuldung S. 8.

[18]) Das deutsche Str. G. B. behandelt das Wissen, also die Vorstellung der Kausalität als gleichbedeutend mit „vorsätzlich" in den §§ 49, 144, 153, 156, 159, 257, 273, 275, 276, 327, 328, 354, 355, 357 u. a., die Absicht als gleichbedeutend mit Vorsatz in den §§ 43, 46, 48, 210, 266, wahrscheinlich auch in dem § 267.

heit des Ausdrucks, welcher oft zweifelhaft läßt, ob der handelnde Wille, oder der im Anfangspunkt der Handlung vorliegende Entschluß oder das der Handlung voraufgehende Vorhaben (Projekt) oder die die Handlung begleitende Denkoperation, oder ob der Wille in seinem Verhältnisse zum konkreten Handeln oder zum Erfolge oder zum Zweck desselben gemeint ist, für die Entwickelung der Theorie von der subjektiven Verschuldung in der Rechtssprechung verhängnisvoll sein muß und es in der That auch schon gewesen ist. Insbesondre dürfte dies auf denjenigen strafbaren Thatbestand, auf dessen Formulierung jene Theorie naturgemäß einen bedeutenden Einfluß gewinnen mußte, weil bei ihm die objektive Seite verkürzt erscheint, nämlich auf den Thatbestand des strafbaren Versuchs Anwendung finden.

Wie mir nämlich scheinen will, wäre das Reichsgericht in Hinsicht auf diesen Thatbestand zu einem andern Resultat gelangt, als zu welchem wir es gelangt sehen, wenn es von einer schärferen Sonderung des Wollens und des Vorstellens in Beurteilung der subjektiven Verschuldung ausgegangen wäre und sich demgemäß weniger der Versuchung ausgesetzt hätte, die die Handlung des Thäters begleitende Vorstellung desselben und dessen schuldhaften Willen als gleichbedeutend zu behandeln.

Bekanntlich hat das Reichsgericht von der subjektiven Willensschuld ausgehend den sogenannten untauglichen Versuch — und zwar sowohl denjenigen mit untauglichen Mitteln als auch denjenigen am untauglichem Objekte — unter den aus §§ 43, 44 R. St. G. B. strafbaren Thatbestand des Versuchs subsumiert. [19])

Diese Stellungnahme des Reichsgerichts hat bisher im wesentlichen nur vom Standpunkte der objektiven Theorie aus, welche außer der in dem Anfange der Ausführung der That objektivierter Willensrichtung zur Konsummation des strafbaren Versuchs auch noch die in der Dienlichkeit [20]) der Versuchshandlung zur Herbeiführung des die Strafthat vollendenden Erfolgs hervortretende objektive Gefährdung des zu schützenden Rechtsguts erfordert, Angriffe erfahren. [21])

---

[19]) Entsch. d. R. G.: Pl.-Entsch. v. 24. Mai 1880. Bd. I S. 439 — ferner Bd. I S. 451 — Bd. VIII S. 198 u. S. 351.

[20]) Art. 178 der C.C.C. „etliche scheinliche Werke, die zur Vollbringung der Missethat dienstlich sein mögen.“ Code pénal. Art. 2.

[21]) Auch v. Liszt, welcher die Prämisse des Reichsgerichts, daß jede

Dagegen hat man (abgesehen von dem unter Anm. 21 erwähnten Einwurfe v. Liszts) es bisher als selbstverständlich hingenommen, daß bei Zugrundelegung der in dem Anfange der Ausführung der That hervortretenden Willensschuld als einzigen Strafgrundes auch der untaugliche Versuch unter den § 43 R. St. G. B. fallen müsse.

Zu den Ergebnissen, zu welchen die nachfolgende Erörterung des Verhältnisses, welches Vorstellen und Wollen in der subjektiven Verschuldung miteinander eingehen, führen soll, gehören auch solche Folgerungen, welche den vom Reichsgericht eingenommenen Standpunkt mit dem im § 43 R. St. G. B. vom Gesetzgeber eingenommenen nicht wohl vereinbar erscheinen lassen.

Die Begriffe: „Vorstellung und Wille" sind nun nicht rechtlicher, sondern thatsächlicher Natur und daher nicht aus dem geltenden Rechte und der Rechtsgeschichte zu entwickeln. Da sie psychologischen Ursprungs sind, wird ihr Inhalt aus der Psychologie und den Grundlagen derselben, Philosophie und Naturwissenschaft, zu gewinnen sein.

Die Berechtigung dieser Anleihe für die wissenschaftliche Behandlung des Strafrechts erkennt selbst Loening in seiner gegen die philosophische Begründung und Behandlung desselben gerichteten und

Versuchshandlung unter § 43 R. St. G. B. falle, mit Recht zurückweist, aber im übrigen die Richtigkeit der vom Reichsgericht aus der subjektiven Theorie begründeten Folgerungen anerkennt (Zeitschrift f. Strafrechtswiss. Bd. I S. 104—107. Lehrbuch, II. Aufl. S. 190, 191), kommt schließlich doch auf die objektive Theorie insoweit hinaus, als er — wenn auch nicht aus dem Gesetz, das uns hier im Stiche lasse — so doch aus „unserm Rechtsbewußtsein" die Norm gewinnt, daß nur der gefährliche Versuch strafbar sei. Ähnlich III. Aufl. S. 191 ff., 200 ff. Ebenso kommt auch die Geyer'sche Abhandlung über diesen Gegenstand (Zeitschr. f. Strafr. Bd. I S. 30), welche darauf hinweist, daß bei dem untauglichen Versuch Wille und objektive That sich nicht decken, hierdurch auf die objektive Theorie hinaus. Einen ähnlichen, wenn auch weiteren Umweg macht die Cohnsche Theorie von der potentiellen Kausalität. (L. Cohn, Zur Lehre vom versuchten und vollendeten Verbrechen, und Goltdammers Archiv Bd. 28 S. 361.) Lammasch findet „den tiefsten Grund des Zweifels an der Strafbarkeit des objektiv ungefährlichen Versuchs" nicht in der subjektiven Schuldseite, sondern in der Art, wie die Gefahr vorgestellt zu werden pflege. (Das Moment objektiver Gefährlichkeit im Begriffe des Verbrechensversuches 1879, u. Grünhuts Zeitschrift Bd. 9 S. 274.) Siehe auch v. Rohland, Gefahr im Strafrecht S. 66—100. Ganz auf dem Standpunkte der objektiven Theorie stehen die von Zimmermann (Archiv Bd. 29 S. 182 u. Zeitschr. f. Strf. Bd. II S. 156), Rotering (Archiv Bd. 31 S. 266), Wahlberg (Zeitschr. Bd. II S. 194), Hagemann (Archiv Bd. 32 S. 221) gegen die Auffassung des Reichsgerichts gerichteten Angriffe.

die historische Forschung als die einzige reguläre Grundlage der Strafrechtswissenschaft proklamierenden Abhandlung über geschichtliche und ungeschichtliche Behandlung des deutschen Strafrechts — wenn auch nur beiläufig — mit folgenden Worten an: [22])

„Das bestehende Recht knüpft seine Vorschriften an Thatbestände, thatsächliche Voraussetzungen. Zur Erkenntnis der wirklichen Natur und Beschaffenheit dieser letztern, z. B. des **Willens, des kausalen Zusammenhangs**, werden vielfach aus dem positiven Recht oder dessen Geschichte nicht zu gewinnende Hilfskenntnisse erforderlich sein, welche dann aber **immer mehr naturwissenschaftlichen, als philosophischen Charakters** sind. Auf Grund dieser Hilfskenntnisse kann unter Umständen die gesetzliche Auffassung der natürlichen Beschaffenheit der supponierten Thatsachen als eine irrige sich herausstellen; denn natürliche Verhältnisse können durch Gesetze nicht geändert werden." [23])

---

[22]) Antrittsrede zu Jena, abgedruckt i. d. Zeitschr. f. Strafr. Bd. III S. 219. — Anm. 1 S. 226.

[23]) Gegen **Loening** muß hier jedoch zur Rechtfertigung der nachfolgenden Darstellung, welche die philosophische Grundlage nicht — wie **Loening** es verlangt — **hinter** die naturwissenschaftliche setzt, folgendes bemerkt werden. So entschieden der Ansicht **Loenings** insoweit beizutreten ist, als anerkannt werden muß, daß philosophische Systeme, welche in ihren Grundlehren transcendenter Natur sind — wie z. B. das System Hegels mit seiner der Erfahrung spottenden Lehre von der Identität des Denkens und des Seins und der realen Wirklichkeit und selbständigen dialektischen Fortbewegung der Begriffe — nicht geeignet sind, die Grundlage der Wissenschaft des positiven Strafrechts zu bilden, so dürfte **Loening** doch zu weit gehen, wenn er bei benötigtem Gebrauch der Hilfswissenschaften die Philosophie hinter die Naturwissenschaft zurückdrängen will, statt beide als gleichberechtigt anzuerkennen. Denn es ist nicht zu vergessen, daß auch die Grundsätze von der Erfahrung, die Lehre von der Abgrenzung des Erfahrungsgebiets, von der Eigenthätigkeit des erfahrenden Subjekts bei Gestaltung seiner Wahrnehmungen, daß auch die Kritik der Urteilskraft philosophischer Arbeit verdankt wird (**Bacon, Locke, Hume, Berkeley, Kant** u. s. w.), daß die Naturwissenschaft uns zwar die Zergliederung des Stoffes in seine stofflichen Teile ermöglicht, aber den Begriff dieses Stoffes selbst nicht erklärt, sondern als gegeben voraussetzt, daß die Atomistik als Grundlage der modernen Naturwissenschaft selbst nicht auf Empirie beruht, sondern eine Hypothese philosophischer Natur ist. Die Auffassung des Materialismus, welcher den Stoff auf Grund der Sinneseindrücke als reales außer dem anschauenden Subjekt stehendes Sein setzt und zum Wesen der Dinge macht, ist nicht roher, als derjenige des Geschichtsforschers, welcher ohne jede philosophische Grundlage an die Geschichte herantretend die

Auch der Vorsatz selbst gehört zu den Begriffen thatsächlicher Natur, welche das Strafgesetzbuch voraussetzt und nicht definiert, wenigstens insoweit, als sein Inhalt aus den Begriffen des Willens und der Vorstellung mit Hilfe der Psychologie zu gewinnen ist, womit selbstverständlich die Bedeutung, welche der geschichtlichen Entwickelung des Dolusbegriffes zukommt, nicht geleugnet werden soll.

Wenn nun v. Liszt[24]) bemerkt:

> „Eben weil das Strafrecht nicht Psychologie zu betreiben berufen ist, hat es in psychologischen Fragen sich an diese anzulehnen. — Die Gegner dieser Ansicht verzichten auch keineswegs auf die Verwertung der psychologischen Grundbegriffe; nur holen sie dieselben nicht aus der Psychologie, sondern ziehen es vor, sie selbst anzufertigen",

so muß dieser Ansicht beigetreten werden, jedoch mit der Maßgabe, daß diese Begriffe nicht nackt, sondern mit ihrer Begründung in die Strafrechtswissenschaft hinüberzunehmen sind. Denn bei der Verschiedenartigkeit der in der Psychologie einander bekämpfenden Lehrmeinungen, welche insbesondre in Hinsicht auf den Willen und dessen Verhältnis zu den andern Seelenvermögen keineswegs übereinstimmen,

---

Thatsachen derselben allein zur Grundlage seines aus der Geschichte zu gewinnenden philosophischen Systems macht. Denn so falsch es ist, einseitig vom erkennenden Subjekt auszugehen, wie Berkeley und Fichte es thaten, ebenso falsch und einseitig ist es, das Objekt als gegebenes allein zum Ausgangspunkt des Erkennens zu machen. (Siehe hierzu auch Langes Geschichte des Materialismus in fine und im Kapitel über Kant.) Wenn die Strafrechtswissenschaft daher auch mit Recht dahin trachtet, an Stelle philosophischer Systeme, wie das Hegelsche ist, die Geschichtsforschung als Grundlage zu gewinnen und Naturgeschichte und Soziologie als Hilfswissenschaften heranzuziehen (Albert Herrmann Post: Die Grundlagen des Rechts. Oldenburg 1884), so ist doch die Gewinnung dieser Grundlage selbst ohne philosophische Vorkenntnisse nicht möglich. Die richtige Erkenntnis des Gegenstandes hat zur Voraussetzung die Kenntnis von den Grundsätzen des Erkennens. Aus diesem Zirkel ist nicht herauszukommen. Die Grundsätze des Erkennens kann man aber nicht festzustellen versuchen, ohne nicht an die Grundprobleme des Lebens und des Seins zu rühren. Auch Naturwissenschaft und Soziologie können daher der Hypothese nicht entbehren. So ist auch die auf soziologischer Grundlage stehende Rechtfertigung des Strafrechts, wonach: „die Wurzel der Strafe der Selbsterhaltungstrieb des Individuums im unbewußten Dienst der Arterhaltung ist" (v. Liszt, Lehrbuch S. 10; Zweckgedanke, Zeitschrift III S. 10), wie v. Liszt anerkennt, Hypothese.

[24]) Lehrbuch, II. Aufl. S. 105.

heißt es nicht nur bestimmte Stellung zu nehmen, sondern auch den gewählten Standpunkt behufs dessen Verständnisses zu motivieren.

III.

Die nach dem einheitlichen Grunde der psychischen Seite des individuellen Organismus suchende psychologische Wissenschaft hat das naturgemäße Bestreben, die begrifflich voneinander getrennten psychischen Thätigkeiten — die sogenannten Grundvermögen der Seele — das Vorstellen, das Fühlen und das Wollen womöglich durch Analyse auf ein die Wurzel der sich durcheinander verzweigenden Seelenthätigkeiten bildendes Grundelement zurückzuführen.

So hat man geglaubt, zunächst dem Wollen als Grundvermögen den Garaus machen zu können, indem man dasselbe auf die beiden Grundformen des Vorstellens und Fühlens zurückführen wollte.

Spitta[24a]) schreibt: „Die Analyse der vielfach komplizierten Erscheinungen des psychischen Lebens führt, soweit wir dieselbe bis jetzt verfolgen können, auf zwei letzte Formen, in und unter welchen sich uns alles psychische Leben darstellt, zwei Formen des einen Lebens, die wir, mögen sie nun an sich Eins sein oder nicht, doch jedenfalls in unserm Bewußtsein unterscheiden müssen." — „Das Vorstellen und das Fühlen; aus ihnen beiden müssen wir alle übrigen psychischen Vorgänge zu begreifen versuchen; auf den Willen oder das Begehren als für sich bestehende Fakultas führt die psychologische Analyse nicht." Diese Auffassung scheint auch in der Strafrechtswissenschaft Boden zu gewinnen und nicht zum wenigsten dazu beizutragen, daß in der modernen Jurisprudenz „der Vorsatz" immer mehr zu einer bloßen Vorstellung verflüchtigt wird.

So schreibt Kärcher in einem Aufsatze über „den Thatbestand der Schuld":[25])

> „Der Wille ist aber nur eine Verbindung des Gefühlvermögens mit dem Verstand und letztrer bleibt neben jenem fortwährend auch seinerseits in Thätigkeit".

Und noch weiter geht Waag in seiner Abhandlung über „Kennen, Meinen und Wissen", indem er ausführt:[26])

[24a]) Willensbestimmungen S. 13.

[25]) Gerichtssaal Bd. 34 S. 222.

[26]) Gerichtssaal Bd. 34 S. 243, 250.

„Unter Denken verstehe ich nicht bloß eine Seite der in dem menschlichen Bewußtsein sich vollziehenden Thätigkeit, sondern die gesamte Seelen- oder Geistesthätigkeit des Menschen. Diese meine Auffassung entspricht dem lateinischen cogitare und dem abgeleiteten Hauptwort „Gedanke" (l. 18 D. de poenis. 48. 19.) sicher mehr, als derjenige Sprachgebrauch, welcher das Fühlen und Wollen von der Bezeichnung durch Denken ausschließt. — Aus Denken kann sich ein Handeln entwickeln, welches nichts weiter ist, als ein Denken, dessen Bewegung die Körperoberfläche mitergriffen hat. — Teilt sich die Bewegung des Willensgedankens der Körperoberfläche mit, so ist der Gedanke zur Handlung ausgewachsen. Zur echten Unterlassung (z. B. § 139 St. G. B.) gehört als notwendiges Geleit die Ruhe der Körperoberfläche."[27])

Mit Recht bemerkt jedoch Ortloff:[28])

„Wenn die neuere Theorie der Schuldlehre (v. Bar, Binding, v. Liszt, Cohn u. a.) mit einer gewissen Sorgfalt vermeidet, die Vorstellungen, welche die strafbaren Handlungen erzeugen, auf einzelne Grundvermögen des menschlichen Geistes zurückzuführen und bei der Analyse der verbrecherischen Psyche überhaupt nur mit dem vagen Begriffe der Vorstellung (etwa der Vernunft oder des Bewußtseins oder des Willens) zu operieren versucht, so kann darin im Vergleich zu den Bemühungen älterer Kriminalisten (Heffter, Berner, Köstlin, Hälschner, Bekker) und Psychologen kein Fortschritt zur Ergründung der Wahrheit auf diesem Gebiete anerkannt werden. Die Verfolgung der Verbrechensgenesis in ihren einzelnen geistigen Fäden rückwärts nach den der menschlichen Seele immanenten Grundvermögen oder Geistesgaben gibt allein eine lebensgetreue Rekonstruktion des immer wiederkehrenden inneren Ganges der Vorbereitung der strafbaren Handlungen bis zu ihrer Verwirklichung in der Außenwelt."

Freilich muß zugegeben werden, daß weder das Vorstellen, noch das Fühlen, noch das Wollen in der Weise selbständige Faktoren

---

[27]) Aber auch mit dem „Denken" ist Stoffwechsel als Parallele verbunden, also leibliche Bewegung, welche bei bloßgelegtem Gehirn an der Körperoberfläche liegt.

[28]) Gerichtssaal Bd. 34 S. 405.

sind, daß jemals eines von ihnen isoliert auftreten könnte. Vielmehr sagt Windelband[29]) mit Recht, daß es keinen Vorstellungszustand gäbe, der nicht in einer, sei es auch noch so schwachen Weise, mit einer Gefühlserregung verknüpft wäre, und ähnlich Wundt,[30]) daß unsre inneren Zustände im allgemeinen immer komplexer Art seien, und daß es sich daher nur um die Frage handeln könne, was denn unsre Reflexion nachträglich zu einer Trennung dieser Zustände veranlasse. So ist auch das Wollen stets mit einem Vorstellen und demgemäß mit einem Fühlen verknüpft.

Zuzugeben ist allerdings ferner, daß derjenige Teil des sogenannten Willensaktes, welcher dem die Handlung einleitenden und sie durchführenden Willensimpulse voraufgeht — welchen Teil Siegwart im Anschluß an den gewöhnlichen Sprachgebrauch auch zum „Wollen" zurechnet, — in die Formen des Vorstellens und Fühlens sich auflösen läßt und außer diesen Grundformen keine andern enthält.

Der in die Handlung selbst hineinfallende zweite Teil des sogenannten Willens, welcher Teil im genauen Sinne allein den Namen „Wollen" verdient, enthält aber neben dem Vorstellen und dem Fühlen noch ein drittes Element, was wir als eigentümliche bewegende Kraft im Innern der Seele deutlich empfinden und in der Reflexion von dem Vorstellen und dem Fühlen ebenso zu trennen vermögen, als das Fühlen von dem Vorstellen.

Die Vorstellung von Licht und Wärme, das Lust- oder Leidgefühl, das Licht und Wärme in gewisser Nähe von uns in uns hervorrufen, scheiden wir ebenso deutlich voneinander, wie wir von dieser Vorstellung und diesem Gefühl die Empfindung der inneren Kraft zu unterscheiden vermögen, mit welcher wir die Muskelkräfte als Hebel benutzend uns dem Licht und der Wärme aus eigner Bestimmung nähern oder von denselben entfernen. Diese innere thätige Kraft ist das Wollen. Selbst wenn aber auch die empirisch als heterogen empfundenen psychischen Thätigkeiten, das Vorstellen, das Fühlen und das Wollen in ihrem eigentlichen Wesen Mischungen von einer Art oder von zwei Arten von Elementen wären, deren quantitative Verhältnisunterschiede sich unserm Bewußtsein als qualitative Verschiedenheiten darstellten, so würden wir mit Recht diese

---

29) Vierteljahrsschrift, herausgeg. v. Avenarius, 1878. S. 277 des III. Hefts.

30) Vierteljahrsschrift v. Avenarius, 1879. S. 138 des II. Hefts.

empirisch empfundenen Unterschiede wörtlich und begrifflich zu scheiden haben und im Interesse des klaren Denkens und Sprechens auf scharfe Trennung dieser Begriffe halten müssen.

Man darf sich daher in bezug auf die Frage, ob nur eine einzige ursprüngliche Äußerungsweise der Seele vorhanden ist, aus deren gemeinsamer Wurzel die übrigen scheinbaren Grundvermögen hervorwachsen, Lotze anschließen, welcher in Hinsicht auf diese schreibt:[31])

„Diese Frage hat die frühere Psychologie verneint; sie hat vor allem geglaubt, daß Gefühl und Wille eigentümliche Elemente enthalten, welche weder aus der Natur des Vorstellens fließen, noch aus dem allgemeinen Charakter des Bewußtseins, an dem beide mit diesem zugleich teil haben; dem Vermögen des Vorstellens würden sie deshalb als zwei ebenso ursprüngliche Fähigkeiten zugesellt, und neuern Auffassungen scheinen nicht glücklich in der Widerlegung der Gründe, die zu dieser Dreiheit der Urvermögen veranlaßten. Zwar nicht das können wir behaupten wollen, daß Vorstellung, Gefühl und Wille als drei unabhängigen Entwickelungsreihen mit geschiedenen Wurzeln entspringend sich in den Boden der Seele teilen und, jede für sich fortwachsend, nur mit ihren letzten Verzweigungen sich zu mannigfachen Wechselwirkungen berühren. Zu deutlich zeigt die Beobachtung, daß meistens Ereignisse des Vorstellungslaufes die Anknüpfungspunkte der Gefühle sind und daß aus diesen, aus Lust und Unlust, sich begehrende und abstoßende Strebungen entwickeln. Aber diese offen vorliegende Abhängigkeit entscheidet doch nicht darüber, ob hier das vorangehende Ereignis in der That als die volle und hinreichende bewirkende Ursache aus eigner Kraft das nachfolgende erzeugt, oder ob es nur als veranlassende Gelegenheit dieses nach sich zieht, indem es zum Teil mit der fremden Kraft einer unserer Beobachtung entgehenden, im stillen mithelfenden Bedingung wirksam ist".

Fragen wir nun, wodurch hauptsächlich das Vorstellen sich von dem Wollen unterscheidet, so dürfte die Antwort dahin gehen müssen, daß das Wesen des Vorstellens rezeptiv, das des Wollens produktiv ist, und zwar letztres nicht im Sinne freier schöpferischer Thätigkeit, sondern im Sinne des motivierten Wirkens.

Denn indem ich mir vorstelle, ergreife ich einen mir gegebenen

---

[31]) Mikrokosmus, IV. Aufl. Bd. I S. 199.

Inhalt, sei es, daß dieser Inhalt vermöge der äußeren Sinne direkt von außen[32]) in die Seele[33]) hineinkommt oder durch Wahrnehmung meiner psychischen Thätigkeit von dem inneren Sinne[34]) gewonnen wird, sei es daß der auf dem Wege der äußeren und inneren Erfahrung erworbene Vorstellungsinhalt vermöge der Gedankenassociation in mir reproduziert wird. Alle, auch die abstraktesten Begriffe sind in ihrem letzten Entstehungsgrunde auf den aus der Außenwelt und der inneren psychischen Welt, über welche Welten die Erfahrung und unser Wissen nicht hinausgehen können und dürfen, empfangenen sinnlichen Vorstellungsinhalt zurückzuführen. Auch unsern willkürlichsten Vorstellungen, wie z. B. unsern Phantasieen und Träumen entnehmen wir den Inhalt der einzelnen Bilder, aus welchen sie zusammengesetzt sind, aus rezipierten Eindrücken, die wir durch unsre äußere und innere Wahrnehmung in uns aufgenommen haben, und nur die eigentümliche Zusammensetzung des einmal im Gedächtnis vorhandenen Materials kommt hier auf Rechnung des Wollens, der produktiven Kraft der Seele.

Die idealistische Schule (Kant, Schopenhauer u. s. w.) will nun zwar der die Vorstellungen bildenden, also anschauenden Thätigkeit der Seele ein produktives Element beimessen, indem sie behauptet, daß Raum und Zeit nicht von außen in die Seele hineinkommen, sondern nur die Form sind, unter der die Seele sich vorstellt, daß also die anschauende Seele dem durch äußere und innere Erfahrung empfangenen sinnlichen Inhalte den Raum und die Zeit als Kleider überziehe. Abgesehen davon, daß diese produktive Thätigkeit der Seele nur die Form, nicht den Inhalt der Vorstellungen berühren würde, würde sie in das „Unbewußte" hineinfallen. Denn unsre innere Erfahrung sagt uns nichts von einer derartigen Gestaltungskraft unsrer Seele. Ist jene Lehre Kants also richtig, — und ihre Richtigkeit soll hier durchaus nicht geleugnet werden — so bleibt doch für die bewußte Vorstellung der rezeptive Charakter bestehen. Dagegen ist die Willensthätigkeit der Seele produktiver Natur, wenn auch nicht frei schöpferisch. Die Seele will, indem sie von einer Vorstellung, die gegenwärtig ist

---

[32]) Unter „außen" ist hier auch die innere Leiblichkeit zu verstehen.

[33]) „Seele", d. h. das Substrat, welches den empirisch feststehenden Thätigkeiten, dem Vorstellen, Fühlen und Wollen als einheitlicher Träger hypothetiziert wird, also in das transcendente Gebiet fällt.

[34]) Dessen Anschauungsform nach Kant die Zeit ist.

und sie mit Unlust erfüllt, zu einer Vorstellung, die in der Zukunft und mit Lust verbunden vorgestellt wurde, fortschreitet, bis letztre Vorstellung in der Gegenwart liegt. Gefühle und Vorstellungen sind also zwar die unerläßlichen Voraussetzungen des bewußten Wollens, ohne welche eine Richtung des Willens und also auch ein konkretes Wollen überhaupt nicht möglich wäre. Sie sind aber nicht das Wollen, sondern nur dessen Anfangs- und Endpunkte. Zwischen diesen beiden, für die Willensaktion an sich zeitlose Punkte, welche das Anfangs- und das Schlußmoment der Aktion bilden, liegt der eigentliche Inhalt des Wollens, welcher von den das Wollen begleitenden Vorstellungen und Gefühlen in der Reflexion deutlich getrennt wird.

Da die Richtung dieses Wollens durch Vorstellungen und Gefühle bestimmt ist, so ist das Wollen sonach motiviertes Wollen. Dasselbe ist aber deshalb noch in keiner Beziehung identisch mit dem Vorstellen und Fühlen. Vielmehr ist es in dem Handeln des Wollenden identisch mit der Erregung der motorischen Nerven und der Muskelverkürzung durch Zusammenziehung derselben, als welche sich die äußere Körperbewegung, durch welche die kausalwirkende Handlung vollbracht wird, ihrem Inhalte nach darstellt. Wille und Muskelkontraktion sind also nur verschiedene Seiten derselben Sache, nämlich der Handlung, welche sich äußerlich als Körperbewegung, innerlich als Wille darstellt.

Wollen ist also innere, psychische Bewegung. Es beginnt mit dem Impuls, der die handelnde Fortbewegung einleitet und endigt mit dem Impuls, der diese Bewegung zum Abschluß, Anhalten oder Umkehr bringt.

Der Sprachgebrauch bezeichnet nun bekanntlich als „Wollen“ auch dasjenige psychische Stadium, welches der geschilderten Willensaktion voraufgeht, und von welchem schon oben zugegeben ist, daß sein Inhalt sich in der That auf die Grundformen des Fühlens und Vorstellens zurückführen läßt. Siegwart glaubt sich diesem Sprachgebrauche anschließen zu müssen, indem er den inneren bewußten Prozeß des Wollens in folgende zeitlich aufeinander folgende Abschnitte zerlegt:[35])

I. Innerlicher Vorgang:

a) Vorstellung eines zukünftigen Zustandes auf äußere Veranlassung (Vorschlag eines andern, Projekt, Reiz).

[35]) Kleine Schriften Bd. II S. 119 ff.

b) Überlegung des Verhältnisses, in welchem das Projekt zur überlegenden Person steht. α. Soll ich? β. Kann ich?

c) Die Willensentscheidung, durch welche ich den zukünftigen Zustand als meinen Zweck setze, als Gegenstand meines Wollens mit Bewußtsein bejahe oder verneine. (Der Beschluß zu wollen oder nicht zu wollen.)

II. Verwirklichung des Zweckes:

a) Feststellung der Mittel, d. h. die durch das Denken zu leistende Aufstellung des bestimmten Plans, nach welchem reale Ursachen in Bewegung gesetzt werden sollen, aus denen der vorgebildete Zustand als ihre Wirkung hervorgeht, der Beschluß des zweckmäßigsten Mittels.

b) Die Ausführung. Der Willensimpuls zu einer bestimmten Bewegung.

Nach der in der vorliegenden Arbeit vertretenen Auffassung des Willens fällt von obigem Prozeßsystem nur die Abteilung II. b. in das Wollen hinein, während die übrigen Abschnitte nicht dem Hauptverfahren, sondern dem Vorverfahren angehören. Daß diese psychischen Antezedentien der Willensaktion in der That noch kein eigentliches Wollen sind, das beweist eben der Umstand, daß sie sich im empirischen Bewußtsein auf Fühlen und Vorstellen zurückführen lassen. Lammasch[36]) löst sie in folgende Elemente des Fühlens und Vorstellens auf: a) Empfindung einer Unlust und Urteil, daß der als gegenwärtig existierend vorgestellte Zustand Ursache dieses Unlustgefühls sei; b) die Vorstellung eines von dem gegenwärtigen verschiedenen Zustandes, als der Ursache eines Gefühls der Lust; c) die Vorstellung, daß die äußeren Umstände durch einen Akt dahin ergänzt werden können, daß jenes Lustgefühl sich ereignet.

Das der Willensaktion zu Grunde liegende Wollen ist aber durchaus verschieden von dem Wollen, welches dem voraufgehenden Überlegungsstadium angehört und im strengen Sinne diesen Namen nicht verdient, sondern zunächst als „Begehren", dann als „Wünschen" auftritt.

Siegwart bekämpft diesen Standpunkt, indem er ausführt:[37])

„Da, wo von der Betrachtung der Handlung ausgegangen wird, (— welchen Gang der Historiker und der Jurist nach Siegwart einzu-

---

[36]) Grünhuts Zeitschrift Bd. 9 S. 224.

[37]) S. 137 a. a. O.

schlagen pflegen —) ist die Neigung vorhanden, als den „Willen“ im eigentlichen und strengen Sinne nur die Thätigkeit zu verstehen, welche eine bestimmte Bewegung unmittelbar hervorruft, als das notwendige Korrelat des Wollens die That zu bezeichnen, die in einer Veränderung der körperlichen Welt besteht, für diejenigen bewußten Zustände dagegen, welche nicht unmittelbar nach außen kausal sind, andre Bezeichnungen, Wunsch, Absicht u. dergl., zu verwenden. Allein damit kommt der wissenschaftliche Sprachgebrauch mit dem allgemein üblichen in eine Kollision, die gerade auf psychologischem Gebiete besonders gefährlich ist; er muß es für falsch erklären, wenn ich sage: Ich will heute nachmittag abreisen, auch wenn mir vollkommen feststeht, daß die Reise um irgend eines Zweckes willen notwendig ist, und ich an die Möglichkeit gar nicht denke, daß ich sie nicht mache; erst wenn ich den Weg nach dem Bahnhofe einschlage, wäre der Wille da. Ja es dürfte dann streng genommen immer nur von dem Wollen der Bewegung, nicht einmal vom Wollen ihres nächsten Erfolgs geredet werden.“

Diese von Siegwart gezogenen Konsequenzen des hier eingenommenen Standpunkts, um deren willen Siegwart jenen Standpunkt ablehnen zu müssen glaubt, sind folgerichtig. In der That ist bei jemandem, der eine Reise zu machen beabsichtigt, ernstlicher Wille zur Reise erst mit dem die Handlung des Reisens einleitenden Willensimpulse vorhanden. In der That kann man im strengen Sinne nur von einem Wollen der konkreten Bewegung, nicht einem Wollen des Erfolgs dieser Bewegung sprechen.

Eben diese Erwägung hat wahrscheinlich v. Liszt dahin geführt, den auf den Erfolg gerichteten Vorsatz in das Vorstellen und nicht in das Wollen zu verlegen. Zu letztrem Schritte ist man jedoch so lange noch nicht gezwungen, als man die Hoffnung noch nicht aufgibt, die Frage, wie es möglich sei, daß eine Vorstellung eines künftigen Erfolgs eines konkreten Handelns in das auf dies Handeln gerichtete Wollen eingehen und dasselbe in Hinsicht auf diesen Erfolg zu einem vorsätzlichen machen könne, beantworten zu können. Daß dieses durch das Handeln objektivierte Wollen individuell verschieden ist von dem der Aktion voraufgehenden sogenannten Wollen spricht Siegwart mit äußerster Schärfe selbst aus mit den Worten:[38]) „Der Schein, als ob der Zweck als solcher den Grund des Wollens

[38]) S. 158 a. a. O.

enhalte, entsteht nur, wenn zweierlei Wollen verwechselt wird, das Wollen des Zweckes und das Wollen der auf seine Hervorbringung gerichteten Handlung; für dieses allerdings liegt der Grund in dem Zweck, genauer in dem vorangehenden Wollen des Zweckes."

Daß diese beiden Wollungen nicht bloß individuell, sondern auch ihrem Gattungscharakter nach voneinander verschieden sind, erkennt Siegwart ebenfalls an, indem er schreibt:[39])

„Die Möglichkeit der Differenz zwischen dem berechneten und dem wirklichen Erfolg unserer Willensimpulse gibt doch allem Wollen zum Handeln, wenn auch in sehr verschiedener Abstufung, seinen eigentümlichen psychischen Charakter; sie offenbart, daß der Wille zum Handeln niemals die reine logische Konsequenz der Erwägung der Mittel für den gewollten Zweck sein kann, weil die absolute Sicherheit, daß unser Zweck und nur unser Zweck realisiert werde, gar nie erreichbar ist; das Wollen des Zwecks kann nicht zum Wollen der Handlung führen ohne das Moment des Mutes, der auch auf die Gefahr des Mißlingens hin wagt."

In der That, wenn jemand sich sagt: „Ich habe jetzt den festen Willen dies oder jenes zu thun", so folgt hieraus noch keineswegs, daß er wirklich so handeln wird, als er sich vorgenommen hat. Erst im Momente des Handelns, in welchem er oft zu seinem eignen Erstaunen sich zu einer andern Handlung bewogen fühlt, als beabsichtigt war, erkennt er sein eigentliches Wollen, welches ihm wie ein Blitz in dunkler Nacht Licht über seinen inneren Charakter bringt.

Obwohl nun zwar niemand sein konkretes Wollen für den ein zelnen Fall mit Sicherheit voraus berechnen kann, liegt die Ursache desselben doch nicht in dem dunklen Jenseits der Erfahrung, sondern in dem empirischen Diesseits, in welchem jedes einzelne der zusammenwirkenden Motive des Wollens an und für sich für den endlichen Geist des Menschen im Prinzip erkennbar ist.

Diese Motive sind nur so kompliziert und vielgestaltig, daß der einzelne menschliche Geist für jeden gegebenen Fall sie nicht übersehen und umfassen kann.[40]) Außer den von endlosen Möglichkeiten ab-

---

[39]) S. 170 a. a. O.

[40]) Ein Geist, der für einen gegebenen Augenblick alle Kräfte der Natur, alle Reize des Wollens eines Individuums und dessen empirischen Charakter

hängig erscheinenden äußeren ins Gewicht fallenden Reizen, sind in jedem Falle in Betracht zu ziehen die inneren Bestimmungen des Wollens, die vererbten, anerzogenen, angewöhnten Dispositionen der Psyche, welche man unter dem gemeinsamen Begriff „des Charakters“ zusammenzufassen pflegt. Aus dem Zusammenwirken dieser mannigfachen Motive erhält in jedem einzelnen Fall der handelnde Wille seine bestimmte und unausbleibliche Richtung. Diese Richtung ist für den die sämtlichen Motive des menschlichen Wollens durchschauenden höheren Geist[41]) im voraus ebenso berechenbar, wie für den Mathematiker die Richtung derjenigen Kraft, welche aus verschiedenen auf einen Punkt wirkenden Kräften resultiert, berechenbar ist, sobald er Richtung und Stärke der auf dem gemeinsamen Punkte wirkenden Kräfte kennt.

Erst in dem Momente, in dem die Handlung beginnt, ist die Richtung des Wollens für den endlichen Geist, der in Hinsicht auf die komplizierten Motive solche Vorausberechnung nicht zu unternehmen vermag, endgültig entschieden. Das in diesem Moment bei dem Handelnden eintretende Bewußtsein dieser Richtung stellt sich dem Handelnden als Entschluß dar. Entschluß ist also die im Beginn der Handlung im Thäter vorhandene Vorstellung der von ihm eingeschlagenen Willensrichtung. Anderseits bildet dieser Moment des Entschlusses den zeitlichen Endpunkt des Kampfes der Gefühle und Vorstellungen, welche die Willensrichtung zu beeinflussen geeignet sind. Zwischen diesem Endpunkt und jenem Anfangspunkt gibt es keinen Zeitraum. Diese Zeitpunkte fallen vielmehr ineinander. Es ist zeitlich kein Raum vorhanden, um zwischen dem Endpunkte des Kampfes der verschiedenen Motive, welche wie verschiedene, auf einen Punkt wirkende, einander entgegengesetzte Kräfte eine resultierende Kraftrichtung erzeugen und keines Mittlers für dies natürliche Ergebnis bedürfen, und dem Anfangspunkte des Handelns noch ein Mittelglied, den frei wählenden Willen einzuschieben. Derselbe kann nicht mehr wählen, denn die zu wählende Willensrichtung ist schon durch die wirkende Kraft der Motive entschieden.

Dasjenige, was nach der Behauptung der Indeterministen sich in unsrer inneren Erfahrung als unser freier Wille kundgibt, ist bei

---

durchschaut, würde das konkrete Wollen desselben für den nächsten Augenblick voraussagen können. Laplace: Essai philosophique sur les Probabilités. Seconde Edition p. 2. et suiv.

[41]) Der zu Anm. 40 beschriebene.

Licht besehen die in unser Bewußtsein tretende motivierte Selbstbestimmung zum Handeln, welche sich uns als frei von äußerem mechanischen und inneren, die Überlegung ausschließendem Zwange darstellt. Daß in der That ein solches Bewußtsein der unbedingten Freiheit des Wollens von den Motiven im Menschen nicht vorhanden ist, dafür spricht am meisten die aus tiefstem Grunde der Seele kommende Bitte des Vaterunsers: „Herr, führe uns nicht in Versuchung", eine Bitte, welche keinen Sinn hätte, wenn der Mensch von der Macht der Motive sich frei fühlen dürfte. Unter Freiheit des Willens darf man nur die durch Vererbung, Erziehung oder Gewohnheit dem empirischen Charakter des Individuums erworbene relative Unabhängigkeit von Motiven, welche der jeweilige Stand der Gesittung als unsittliche betrachtet, verstehen wollen. Diese — nur relative — Freiheit kommt nicht sowohl dem Wollen, als vielmehr der in der Psyche liegenden Potenz, der sogenannten Willenskraft, welche mit dem Willen nicht verwechselt werden darf, zu. Der Wille in concreto, d. h. das einzelne Wollen ist den Motiven gegenüber unfrei.

Diese ganze Deduktion der Unfreiheit des menschlichen Wollens gilt jedoch nur für die Erscheinungswelt, nicht für das hinter dieser sinnlichen Welt liegende Wesen der Dinge. Insbesondre soll hier keineswegs geleugnet werden, daß der Mensch dasjenige, was er als empirisches unter dem Kausalitätsgesetz stehendes Individuum in dieser räumlichen und zeitlichen Welt aus Notwendigkeit thut, möglicherweise als hinter der Erscheinung stehendes, der intelligiblen Welt angehörendes Wesen aus Freiheit thun kann.[42])

---

[42]) Gegen diese die Freiheit in das Jenseits verlegende Hypothese Kants wird bekanntlich eingewendet, daß Kant in derselben das für die Erscheinungswelt aufgestellte, als subjektive Form des Denkens des erkennenden Individuums auf das Diesseits beschränkte Gesetz der Kausalität über die Grenzen der Erfahrung hinaus und aus dem Subjekt heraus verlegt habe, insofern er der Erscheinung außer der diesseitigen Ursache auch noch eine im Jenseits liegende Ursache, nämlich die Freiheit voraufgehen lasse. Dieser Einwand erscheint jedoch nicht als durchgreifend, da erstens „die Freiheit" keine zeitliche vorhergehende „Ursache" ist und da zweitens die subjektive Herrschaft des Kausalitätsgesetzes, welche innerhalb der Erscheinungswelt gilt, die Möglichkeit nicht ausschließt, daß in der realen Welt ein diesem Gesetze analoges Gesetz gilt. Auch Kant und Schopenhauer haben in ihren späteren Lebensjahren, wie ihre Schriften beweisen, sich der Lehre von der realen Geltung eines solchen Gesetzes mehr und

Mag jedoch diese Hypothese Kants den Stern unsres Hoffens und Glaubens bilden, wissenschaftlich soll man sie für die Begründung des Strafrechts so lange nicht verwerten, als man genügende empirische Grundlagen desselben hat.

Am allerwenigsten aber darf man, auf diese Hypothese Kants sich stützend, wie Binding[43]) dies thut, behaupten wollen, daß die im Jenseits liegende Freiheit in die diesseitige Erscheinungswelt hinüberreiche, mit ihrer äußersten Spitze gewissermaßen zwischen den Motiven und der Handlung in die diesseitige Kausalkette hineinrage. Denn Kant hat klar und deutlich die ausnahmslose Herrschaft des Kausalgesetzes für die Welt der Erfahrung ausgesprochenermaßen anerkannt und die Möglichkeit der Freiheit lediglich für das Jenseits proklamiert.[44]) Dieselbe darf nach ihm also nicht in diese Welt hineinragend, sondern — wenn man sich eines sinnlichen Bildes hierbei überhaupt bedienen darf — höchstens als den diesseitigen Erscheinungen im Jenseits parallellaufend vorgestellt werden.

Es soll hier nicht nochmals die ganze Reihe der Gründe, die für den Determinismus und gegen den Indeterminismus sprechen, reproduziert werden, da dies in andern Schriften besser und gründlicher geschehen ist, als es hier nach Zweck und Raum dieser Arbeit auch einem fähigeren Verfasser erreichbar wäre. Vielmehr darf hier auf die berühmten Rechtfertigungen, welche der deterministischen Weltauffassung von den größten Philosophen neuerer Zeiten, von Spinoza,[45]) Leibnitz,[46]) Hume,[47]) Kant[48]) und Schopen-

---

mehr genähert. Wenigstens muß man es für die sinnlichen Reize, als Ursachen unsrer Erscheinungswelt zugeben, wenn man nicht in den widerspruchsvollen Subjektivismus eines Berkeley und Fichte verfallen will.

[43]) Normen II S. 10. Binding gibt zwar dort auch zu, daß die Welt der Erscheinung dem Kausalitätsgesetz unterliege, er operiert aber in der Folge immer mit „dem freien Willen" als einem Mittelgliede zwischen Motiven und Handlung.

[44]) Kant, Kritik d. r. V. III. Aufl. (v. Kirchmann) S. 435 ff.

[45]) Ethik. T. IV, L. 4 B. Z. Briefwechsel (v. Kirchmann) S. 65—68 u. S. 200—207.

[46]) Leibnitii opera philosophia etc. Ed. J. E. Erdmann. Berolini 1840. B. 4 S. 183 ff.

[47]) Eine Untersuchung des menschlichen Verstandes. Abt. VIII — (in der v. Kirchmannschen Aufgabe S. 79—102).

[48]) Kritik S. 435—459 a. a. O.

hauer[49]) geworden sind, verwiesen werden. Nur einige Bemerkungen mögen mit Rücksicht darauf, daß der Determinismus in den letzten Jahren im juristischen Lager von hervorragenden Seiten aus heftige Angriffe erfahren hat,[50]) zur Rechtfertigung des trotz dieses schwerwiegenden Widerspruchs hier festgehaltenen Standpunktes gestattet sein.

Diejenigen, welche den freien Willen als eine innerhalb der Erscheinungswelt wirkende Ursache nicht aufgeben zu können meinen, teilen sich in zwei Klassen, in solche, welche annehmen, daß ein wollendes Wesen auch ohne Motive, also grundlos etwas wollen könne (liberum arbitrium indifferentiae), und in solche, welche zwar das Vorhandensein von Motiven als notwendige Voraussetzung jedes Wollens erachten, aber annehmen zu dürfen glauben, daß der willenskräftige Mensch im stande sei, zwischen verschiedenen Motiven wählend einem derselben aus freien Stücken nachzugeben, das bestimmende Motiv als maßgebendes selbst zu setzen.

Der innere Widerspruch, in welchen die erste Klasse gerät, indem sie ein inhaltsloses, leeres Wollen als „Wille“ bezeichnet, ist von den Vertretern der zweiten Klasse selbst am besten dargethan, insbesondre von Lotze,[51]) Binding,[52]) Hugo Sommer.[53])

Aber auch diese zweite Klasse fällt selbst in den Fehler, welchen sie perrhoresziert, in den Irrtum, daß ein liberum arbitrium indifferentiae, eine ursachlose Selbstbestimmung des Willens möglich sei. Denn um die Wahl zwischen verschiedenen Motiven nicht grundlos zu treffen, bedarf es wiederum eines Motivs, wenn anders das Wollen nicht grundlos sein soll. Dies Motiv kann aber eben nur in dem empirischen Charakter des sein zukünftiges Handeln Erwägenden, in der Disposition der psychischen Individualität, welche selbst unter der Herrschaft des Kausalitätsgesetzes geworden

---

[49]) Über die vierfache Wurzel des Satzes v. zur. Ger. S. 48 und Welt als Wille u. Vorst. Bd. 1 S. 339 ff., 396 ff., 405 ff., Bd. 2 S. 681 V. Aufl.

[50]) Hälschner: Strafrecht — v. Buri: Über Kausalität und Teilnahme. Zeitschrift f. Strafrecht Bd. 2 S. 232 ff. — Die in dieser Beziehung schon citierten „Normen“ Bindings II S. 11 ff. Siehe auch die an Lotze sich anschließende Schrift Hugo Sommers: Über das Wesen und die Bedeutung der menschlichen Freiheit, Berlin 1882.

[51]) Mikrokosmus Bd. I Buch 2.

[52]) S. 1 ff. Bd. II der Normen.

[53]) S. 3 ff. a. a. O.

ist und welche auf die äußeren Motive nach ihrer Art reagiert, gesucht und gefunden werden.

Wenn von Buri[54]) gegen die von Merkel[55]) an dem Hälschnerschen Strafrecht im deterministischen Sinne geübte Kritik zur Rechtfertigung des Indeterminismus schreibt:

> „Aber sollte er (Merkel) niemals einen Spaziergang gemacht haben, obgleich er sich sagte, es sei doch eigentlich richtiger, an der Arbeit zu bleiben, und er könne das auch ganz gewiß bewerkstelligen, wenn er nur ernstlich wolle? Dann muß er doch wohl von seiner Wahlfreiheit überzeugt gewesen sein. Und wenn die Motive pro mit den Motiven contra von gleicher Stärke wären, der Wille aber nur gezwungen durch die Motive eine Entscheidung treffen könnte, so müßte absolute Unthätigkeit die Folge sein. Das aber würde in dem Falle etwas unangenehm empfunden werden, daß jemand zwei Zwanzigmarkstücke von ganz der nämlichen Beschaffenheit, das eine rechts, das andre links in gleicher Entfernung vor mir hinlegt, mit der Aufforderung, mir das eine als Geschenk wegzunehmen",

so haben wir es hier mit dem alten, oft widerlegten Einwande der Indeterministen zu thun, welcher mit einem zwischen zwei gleich weit von seinem Maule entfernten Heubündeln stehenden Esel operiert und nach welchem dieser Esel bei Wegleugnung der Willensfreiheit verhungern muß.[56])

Es gibt eben keine Stelle in der Erscheinungswelt, in welcher das Rechts dem Links, das Oben dem Unten vollkommen gleich wäre. Auch die Säugetiere sind rechts nicht genau so konstruiert wie links. Jemand, der die rechte Hand der Regel nach mehr gebraucht als die linke, wird in dem oben gesetzten Falle nach dem rechter Hand liegenden Goldstück greifen. Hier wird die Gewohnheit des Gebrauchs der rechten Hand das Motiv dafür bilden, daß dies Goldstück genommen wird. Wenn beide Goldstücke übereinander liegen, wird voraussichtlich die Vorstellung der größeren Bequemlichkeit das Motiv dafür bilden, das obere zu ergreifen. Wenn nun

---

[54]) Zeitschrift f. Strafrecht Bd. II S. 237.

[55]) Zeitschr. f. Strafrecht Bd. I S. 553 ff.

[56]) Der bekannte Esel Buridans.

Intra duo cibi, distanti e moventi
d'un modo. (Dante).

aber v. Buri, um seine Willensfreiheit zu zeigen, gerade nach dem unten oder links liegenden Goldstück greift, so ist hier sein Motiv eben dieser Zweck, welcher ihn veranlaßt, absichtlich das Unbequeme zu wählen. Motivlos hat er also auch hier nicht gewollt.

Ebenso liegt der Fall hinsichtlich desjenigen, der zwischen den beiden Reizen des Spazierengehens und des Arbeitens schwankt. Wenn derselbe, um sich von seinem freien Willen zu überzeugen, den ersteren Reiz überwindet und an die Arbeit geht, so ist der dritte Reiz, sich als Selbstbeherrscher zu bespiegeln, das ausschlaggebende Motiv geworden. Folglich fehlt es auch hier an einer freien Selbstbestimmung, an einer unmotivierten Wahl zwischen verschiedenen um die künftige Willensrichtung kämpfenden Reizen. Die hervorragenden Vertreter des Indeterminismus würden wahrscheinlich unter dem Zwange der Logik des Determinismus in das Lager des letzteren schon lange übergetreten sein, wenn nicht ein sehr achtungswertes Motiv sie von diesem Sritte zurückhielte. Es ist dies ihre Befürchtung, mit dem Aufgeben des freien Willens die Grundlage der sittlichen Verantwortung des Menschen und hiermit die Rechtfertigung des Strafrechts überhaupt zu verlieren.[57])

Daß aber diese Befürchtung nicht gerechtfertigt ist, daß die Verantwortlichkeit des handelnden Menschen nicht sowohl in seinem Handeln[58]) an und für sich, sondern in seinem an dem Handeln zu Tage tretenden inneren Wesen, im esse, nicht im operari liegt, und daß das Werturteil, mit welchem wir eine Handlung als gute oder schlechte charakterisieren, sich auf den an der Handlung manifestierten sittlichen Charakter des Thäters bezieht, und nicht die frei gewollte, sondern gerade die aus diesem Charakter notwendig fließende Handlung voraussetzt, haben Merkel[59]) und Haupt,[60]) letzterer im Anschluß an Schopenhauer[61]) überzeugend nachgewiesen.

Hierbei ist festzuhalten, daß das verantwortliche Sein des Thäters

---

[57]) Binding, Normen II S. 21 ff.

[58]) Die Handlung wird nur durch die Beziehung zum moralischen Charakter des Handelnden zu einer moralisch guten oder schlechten. An und für sich ist sie weder gut noch schlecht.

[59]) Zeitschrift f. Strafrecht Bd. I S. 560 ff.

[60]) Zeitschrift f. Strafrecht Bd. II S. 533 ff.

[61]) Schopenhauer, Grundlage der Moral. Gesamtausgabe. II Aufl. Bd. 4 S. 177, 256. — Siehe auch Hume, Unters. d. Verst. (v. Kirchmann) S. 96, 97.

empirisch nur im Handeln hervortritt, und daß also nur die im Handeln sich äußernde Persönlichkeit strafbar werden kann.

Die Polemik von Buris[62]) gegen diese den Zusammenhang zwischen der sittlichen Verantwortlichkeit und dem Erfordernis der Willensfreiheit leugnende und erstere von letzterem emanzipierende Lehre ist nicht geeignet, dieselbe zu widerlegen. Diese Polemik kommt im wesentlichen — ebenso wie Bindings und Hälschners Ausführungen gegen den Determinismus — auf den Vorwurf hinaus, daß es widersinnig sei, den Thäter für das, was er aus von ihm unabhängigen Motiven — aus der von ihm selbst meist nicht verschuldeten, sondern angeborenen und anerzogenen Schlechtigkeit seines Charakters — notwendigerweise habe thun müssen, ein Leid zuzufügen, und daß man bei Leugnung des freien Willens den Verbrecher weder mit Leibes- und Lebens-, noch mit Freiheitsstrafe belegen dürfe, sondern nur berechtigt sei, ihn in Krankenhäusern oder Erziehungs- und Besserungsanstalten unterzubringen und so für die Gesellschaft unschädlich zu machen.

Dieser Vorwurf geht von einer Prämisse aus, deren Richtigkeit — trotz der Überzeugung Hälschners, daß ein Zweifel gegen dieselbe heute gewiß nicht aufkommen könne[63]) — nicht zuzugeben ist, nämlich von der Voraussetzung, daß die Strafe nur durch die absolute Theorie, wie sie besonders von Kant und Hegel entwickelt worden ist, gerechtfertigt werden könne und daß also der Begriff der Strafe sich als logische Notwendigkeit aus dem Begriffe des Verbrechens ergeben müsse. Die Strafe ist aber ihrer Wurzel nach kein aus dem philosophischen Kopfe eines Gesetzgebers entsprungenes logisches Resultat metaphysischer Grundsätze, sondern, wie die Geschichte lehrt, der Ausdruck des Triebes zur Selbsterhaltung zuerst der Individuen, dann der Familien, dann der Gesellschaft und endlich des Staates. Sie war in ihrer ursprünglichsten rohsten Gestalt Privatrache, später der Ausgleichungsakt, durch welche das vermöge Einbruchs in die Rechtsordnung gestörte Gleichgewicht der sozialen Körper wiederhergestellt wird, schließlich die bewußte und zweckmäßige[64]) Reaktion des Staates gegen

---

[62]) Zeitschrift f. Strafrecht Bd. II S. 232 ff.

[63]) Strafrecht S. 4.

[64]) v. Liszt: Der Zweckgedanke im Strafrecht. Zeitschrift für Strafrecht Bd. III S. 17 ff.

die Störung seiner Ordnung durch schuldhaftes Eingreifen des Individuums.[65])

Die Möglichkeit, daß ein Staat einmal an Stelle der Strafanstalten Erziehungsanstalten, Arbeits- und Besserungshäuser, Krankenanstalten und Irrenhäuser setzt, ist wahrscheinlich praktisch in unabsehbarer Ferne liegend zu betrachten, im Prinzip aber nicht ausgeschlossen. Unser gegenwärtiger kultureller Standpunkt verlangt zweifellos ein Strafensystem von der Härte des gegenwärtig geltenden, ja man kann begründete Zweifel hegen, ob dasselbe nicht hier und da noch zu human ist. Daraus folgt aber keineswegs die Notwendigkeit der begrifflichen Entwicklung der Strafe aus dem Verbrechen.

Hiermit fällt die Hauptstütze der Indeterministen. Wenn v. Buri[66]) darauf hinweist, daß zweifellos die Ansicht noch die herrschende sei, daß der Mensch Willens- oder Wahlfreiheit besitze, und das gerade hierin die Verantwortlichkeit für seine That begründet sei, so muß die thatsächliche Unterlage dieses die Autorität auf die Majorität stützenden Beweismittels gegenwärtig noch zugegeben werden. Aber im Mittelalter hat die Majorität der Gelehrten, auch der Juristen, noch ganz andre Dinge geglaubt, für deren Existenz sich heutzutage kaum noch eine schwache Anzahl von Gläubigen finden wird. In der fraglichen Minorität befinden sich z. B. Männer, wie Augustinus, Spinoza, Leibnitz, Hume, Kant, Schopenhauer u. s. w. Noch weniger gewichtig erweist sich der v. Buri daselbst erhobene weitre Einwand, daß der Determinismus impotent sei, einen Unterschied zwischen Vorsatz und Fahrlässigkeit zu konstruieren, weil in beiden Fällen der Thäter den Erfolg nicht wolle (soll wohl heißen nicht frei wolle), sondern ihn verursachen müsse. Denn mit derselben Logik könnte dem Indeterminismus diese Impotenz um deshalb vorgeworfen werden, weil nach ihm sowohl der vorsätzlich Handelnde als auch der fahrlässig Handelnde aus freiem Willen handeln. Der Unterschied, daß der erstere mit Kenntnis, der letztere ohne Kenntnis des rechtsverletzenden Erfolgs handelt, bleibt aber bestehen, mag der Determinismus oder der Indeterminismus recht haben. Hinsichtlich des „Versuchs", welchen

---

[65]) v. Liszt, Lehrb. II. Aufl. S. 9, 10. III. Aufl. S. 17, 23—26. — Albert Herrmann Post, Grundlagen d. Rechts, Oldenburg 1884, § 1 u. 4 des Kap. I Buch 1 S. 1 ff., 26 ff.

[66]) Zeitschrift f. Strafrecht Bd. II S. 233.

der Determinismus nach v. **Buri** ebenfalls nicht konstruieren kann, wird weiter unten die Auseinandersetzung erfolgen.

Wenn man aber auch, um die Verantwortlichkeit des menschlichen Handelns zu retten, auf den freien Willen nicht verzichten zu dürfen glaubt, so zwingt doch nichts dazu, diesen Willen als selbstständiges Wesen zu hypostasieren und als Mittelglied zwischen Motiven und Willensaktion einzuschieben. Dasjenige, was frei wollen würde, wäre nicht der Wille, sondern die wollende Person. Der „freie Wille" würde also nur die Potenz des Menschen, grundlos wollen zu können, bedeuten dürfen. Auch unter dieser Annahme liegt zwischen Motiven und Willensaktion kein Mittelglied. Nur die Verbindung zwischen Motiven und Willensaktion wäre aufgelöst. Dieselben ständen nicht mehr im Verhältnis von Ursache und Wirkung, indem vielmehr jede Willensaktion als neue Schöpfung eine selbständige Kausalkette eröffnen würde.

Da also auch der frei wollende Mensch die Freiheit seines Willens nur im **handelnden** Willen zum Ausdruck und zur Erscheinung bringen könnte, so würde auch unter der Voraussetzung der Freiheit des Willens der Wille erst mit dem Handeln beginnen und demselben nicht voraufgehen.

Also auch in diesem Falle ist der Wille

1. nicht zu identifizieren mit dem Vorhaben, dem Plan des Handelns, welche der vorstellenden Thätigkeit der Seele angehören;
2. ebenso nicht zu identifizieren mit der sogenannten Willenskraft, der Potenz der Seele, Wollen zu entwickeln;
3. kein Mittelglied zwischen Motiven und Handlung.

Die Neigung, den Willen zu hypostasieren und ihn als bewegende Kraft der körperlichen Bewegung zeitlich voraufgehen zu lassen, entspringt aus der dem Menschen natürlichen dualistischen Weltauffassung, nach welcher Leib und Seele zwei grundverschiedene Dinge sind, während dieselben zwei grundverschiedene Seiten eines und desselben — uns seinem Wesen nach unbekannten — Dinges sind.

Diese Neigung ist so stark, daß auch diejenigen, welche weder dem Dualismus noch dem Indeterminismus huldigen, ihr verfallen.[67])

---

[67]) So spricht v. **Hartmann** im Kap. I des. Abschnitt A. der Philosophie

Man denkt sich den Willen als ein geheimnisvolles Medium, daß die Erregung der motorischen Nerven hervorbringt und zeitlich nach sich zieht.

Bevor aber nicht die Handlung begonnen hat, steht überhaupt nicht fest, ob ernstlicher Wille vorhanden ist, erst im Moment des Beginns der Handlung geht das Begehren zum Wollen über. Schopenhauer spricht dies in folgenden Worten aus:[68])

„Keineswegs erkennen wir den eigentlichen unmittelbaren Willensakt als ein von der Aktion des Leibes Verschiedenes und beide als durch das Band der Kausalität verknüpft, sondern beide sind eins und unteilbar. Zwischen ihnen ist keine Succession, sie sind zugleich. Sie sind eins und dasselbe, auf doppelte Weise wahrgenommen: was nämlich der inneren Wahrnehmung (dem Selbstbewußtsein) sich als wirklicher Willensakt kundgibt, dasselbe stellt sich in der äußeren Anschauung, in welcher der Leib objektiv dasteht, sofort als Aktion desselben dar." Und an andrer Stelle:[69]) „Willensbeschlüsse, die sich auf die Zukunft beziehen, sind bloße Überlegungen der Vernunft über das, was man dereinst wollen wird, nicht eigentliche Willensakte: nur die Ausführung stempelt den Entschluß, der bis dahin immer nur noch veränderlicher Vorsatz ist und nur in der Vernunft, in abstracto existiert."

Binding schließt sich dieser Auffassung an,[70]) ohne jedoch diejenigen Konsequenzen zu ziehen, die bei Voraussetzung der zwischen Wille und Handlung herrschenden Einheit unumgänglich sind. Aus dieser Einheit der psychischen Willensthätigkeit und der als äußere

---

d. Üb. Bd. I S. 52, vom Willen als Ursache unsres Handelns, obwohl er, wie die dort citierten Beispiele aus der Tierwelt zeigen, unter Willen hier das einzelne Wollen versteht, so v. Liszt in seiner älteren Definition des Vorsatzes (I. Aufl. seines Lehrbuches S. 108) von dem Vorsatze als dem die Handlung verursachenden Willen, so Lammasch (Grünhuts Zeitschrift Bd. 9 S. 226) von der Willensaktion als einem „rätselhaften psychischen Vorgang, dem eine Bewegung des Körpers mit Notwendigkeit folgt.

[68]) Welt als W. u. V. Bd. II S. 42.

[69]) Welt als W. u. V. Bd. I S. 120. Siehe auch Laas: „Die Kausalität des Ich", Vierteljahrsschrift für wissensch. Philos. IV S. 44 (H. 1, 2, 3): „That muß sein, wo wirklich Wille und Absicht zugestanden werden soll." Auch Laas faßt jedoch das Wollen als Ursache des Handelns auf, indem er schreibt: „Jeder eine willkürliche Bewegung hervorbringende Wunsch ist ein Wollen."

[70]) Normen II S. 104.

Handlung sich darstellenden Körperbewegung folgt, daß Wille nur so weit vorhanden ist, als Handlung vorliegt, daß also als „gewollt“ im eigentlichen Sinne nur das konkrete Handeln, die kausal wirkende Körperbewegung, nicht der Erfolg des Handelns hingestellt werden darf. Denn nur insoweit ist die vor dem Handeln als Wunsch gehegte Vorstellung des Zukünftigen durch den Willen allein verwirklicht. Der Erfolg des Handelns ist, abgesehen davon, daß er nicht selbst Handlung, also nicht selbst Wille ist, bekanntlich nicht durch das Handeln allein, sondern durch unzählige andre, außerhalb des Willens liegende äußere Ursachen mitbedingt. Es liegt also nicht innerhalb des Machtkreises des Willens, wenn er auch vermöge des Kausalnexus, der zwischen ihm und der Handlung, als einer der vielen den Erfolg bedingenden Mitursachen, besteht, dem Thäter mit Recht zugerechnet wird.

Wenn man dagegen mit Binding nicht bloß das konkrete Handeln, sondern auch den Erfolg desselben als „gewollt“ erachtet, so ist die von Binding gezogene Folgerung, daß auch der nicht vorgestellte Erfolg — unbewußt — gewollt sei, unabweislich. Zu dieser Konsequenz, welche den Weg zur Begründung der Zurechnung des fahrlässigen Delikts bereiten soll, fehlt es an der zwingenden Voraussetzung. Denn nur die den Willen objektivierende Bewegung liegt innerhalb des Willens, ist „gewollt“.

Daß dies Wollen durch die Vorstellung des Thäters von dem strafbaren Erfolge seines Handelns oder durch den fahrlässigen Mangel an Vorstellung dieses Erfolges zu einem schuldhaften wird, drängt nicht zu dem Schlusse, daß dieser Erfolg ein gewollter sein müsse. Faßt man den Begriff des Wollens in diesem strengen Sinne, so ist auch der Zweck des Handelns, der das maßgebende Motiv des Wollens bildende Teil des Erfolges nicht als „gewollt“ zu bezeichnen. Derselbe ist vielmehr als solcher nur „beabsichtigt“. Nur, wenn das Handeln zugleich Selbstzweck ist, — wie z. B. das Turnen für denjenigen ist, der dasselbe lediglich aus Lust an der Bewegung ohne weitergehende Absichten treibt — darf man, weil hier Handlung und Erfolg in Eins zusammenfallen — in diesem Sinne von gewolltem Erfolge sprechen. Diese Konsequenz erscheint nur dem Sprachgebrauche gegenüber, welcher eben „Wollen“ und „Beabsichtigen“ in gleichem Sinne anwendet, als eine harte. Wenn dem Sprachgebrauch auch meist eine richtige Trennung der Begriffe zu Grunde liegt, so ist dies doch keine ausnahmslose Regel. Indem Siegwart — obwohl er den Begriff des „Willens“ mit Recht als einen Proteus in der sprachlichen Anwendung bezeichnet — von dem Sprachgebrauche ausgeht,[71]) gelangt er zu dem zurückzuweisenden Schlusse, daß der erste Teil der Willensaktion in die Vorstellung hineinfalle.

Wenn Siegwart mit Recht darauf hinweist, daß bei vielen Handlungen — z. B. bei dem „Sprechen“ — die Art und Weise der kausal wirkenden Muskelbewegung dem Handelnden nicht bewußt sei, — so folgt hieraus, daß es auch ein unbewußtes Wollen gibt, nicht aber, daß nur der Erfolg und nicht die Handlung gewollt sei. Übrigens fällt auch bei diesen Handlungen die Muskelbewegung selbst in das Bewußtein. Unbewußt bleibt nur die Überleitung des Bewegungsstromes vom Sensorium in diejenigen Nervencentra, von denen die unmittelbare Leitung der betreffenden Bewegung ausgeht.[72])

Wollen ist also innere Handlung, es ist die psychische Seite desjenigen Aktes, dessen äußere Seite sich bei den in die Außenwelt tretenden, sichtbaren Handlungen physiologisch als Erregung der motorischen Nerven und Verkürzung der Muskeln durch Zusammenziehung derselben darstellt.

Dieser Annahme tritt nun der schwerwiegende Einwand entgegen, daß bei den Unterlassungsdelikten und zwar sowohl bei den echten, ein Präzeptivgesetz übertretenden, als auch bei den sogenannten unechten, ein Prohibitivgesetz verletzenden, durch Omission begangenen Kommissivdelikten die Willensschuld in einem Nichtthun, nicht also in einer Handlung zu beruhen scheint.

Dieser Einwaud macht ein näheres Eingehn auf den Charakter der Unterlassung als Delikts notwendig.

IV.

Will man der Notwendigkeit, die Verschuldung bei Unterlassungsdelikten in einem Nichtthun suchen zu müssen, entgehen, so bieten sich nur zwei Auswege. Entweder man sucht nachzuweisen, daß das Unterlassen auch nichts Wenigeres sei, als ein Handeln, oder

---

[71]) S. 117, 119 a. a. O.

[72]) E. v. Hartmann, Zur Physiologie der Nervencentra. Anhang zur Phänomenologie des Unbewußten.

man opfert bei dieser Art von Delikten das handelnde Wollen als den die Kausalität vermittelnden Faktor auf und stellt an Stelle desselben ein aus dem verantwortlichen Sein des Thäters, aus dessen Charakter fließendes Nichtthun als vermittelndes Glied in die Kausalkette ein, so daß also als erstes kausales Glied das den Schuldgrund in sich tragende verantwortliche „Sein" des Schuldigen, als zweites das durch die äußern Beweggründe in Verbindung mit diesem Charakter motivierte Nichtthun, als letztes der durch die Unterlassung herbeigeführte strafbare Erfolg erscheint.

Der erstere Weg ist der am meisten ausgetretene. Die Lehrmeinungen der ihn Wandelnden lassen sich in vier Gruppen sondern.

Zu der ersten gehören diejenigen, welche annehmen, daß das Unterlassen von Handlungen, zu deren Ausführung man verpflichtet sei, im weitern Sinne selbst ein Handeln sei und daß man auch durch solches Handeln bewirken könne. Diese älteste von Feuerbach und Spangenberg vertretene Ansicht ist neuerdings wieder durch v. Liszt aufgenommen und feiner ausgebildet.[73]) Den Kausalnexus zwischen der Unterlassung und dem strafbaren Erfolge findet v. Liszt darin, daß man den Wegfall einer als selbstverständlich erwarteten Bedingung, deren Eintritt den rechtsverletzenden Erfolg verhindert haben würde, als mitwirkende Ursache dieses Erfolgs bezeichnen könne, wenn auch in Wirklichkeit jener Erfolg nur die Wirkung der nach jenem Wegfall restierenden positiven Ursache sei. Ein solcher Wegfall liege vor, wenn eine Handlung unterlassen sei, die man zu erwarten berechtigt gewesen sei. Selbst wenn man die Richtigkeit letzterer Deduktion zugeben wollte,[74]) so kann doch die Prämisse, daß jedes pflichtwidrige Unterlassen ein Handeln sei, von dem hier eingenommenen Standpunkte aus, nach welchem jedes Handeln sich innerlich als Wollen, äußerlich als eine Bewegung, die einen Widerstand überwindet, kundthut, nicht eingeräumt werden. Denn das reine Unterlassen, wenn es auch „eine Nichtthätigkeit mit Rücksicht

[73]) Lehrbuch, II. Aufl. S. 112 - 117. III. Aufl. S. 123—128.

[74]) Nach jenem Gedankengange würde strenggenommen auch der Nichteintritt eines erwarteten Naturereignisses Ursache des Erfolges sein, welcher durch Eintritt solchen Ereignisses verhindert worden wäre. Denn auch solcher Nichteintritt erscheint uns als Wegfall einer erwarteten Bedingung. Mit Recht bemerkt aber Haupt, daß nur bei Veränderungen, für die das Verhalten eines mit Willenskraft begabten Wesens, welches „die Macht hat, einzugreifen", eine Bedingung bildet, Unthätigkeit zum kausalen Faktor werden könne. Zeitschrift f. Strafrecht Bd. II S. 539.

auf ein ganz bestimmtes erwartetes Thun" ein „Etwas nicht thun" ist, ist doch an und für sich keine Bewegung, sondern absolute Ruhe. Es kann vielleicht das Resultat eines sich als sogenannte innere Handlung charakterisierenden Kampfes und des in demselben herbeigeführten Unterliegens des Pflichtmotivs sein, ist aber mit letzterem Akte selbst nicht identisch. Auch ein bestimmtes, konkretes Nichtthun kann eine innere psychische Seite, ein Wollen in unserm Sinne nicht enthalten.

Deshalb sucht eine andre Gruppe — nach dem Vorgange Ludens[75]) an Stelle dieses negativen Begriffes des Unterlassens einen positiven, den „des Andershandelns" zu setzen. Es ist schon oft mit Recht darauf hingewiesen, daß hierdurch das negative Wesen des Inhalts nicht beseitigt wird. Richtig ist zwar, daß jeder bewußten Unterlassung eine positive, äußere Handlung des Unterlassenden parallel läuft. Denn ein vollständiger Stillstand jeder bewußten Erregung der motorischen Nerven ist nur bei bewußtlosen, also unzurechnungsfähigen Personen denkbar. Schon das Erhalten des Körpers in derjenigen Lage, in welcher sich derselbe in dem Momente befunden hat, in welchem die Pflicht zu einer die Vornahme einer andern Muskelkontraktion bedingenden Handlung an die Person herantrat, ist ohne Nervenerregung nicht möglich, auch die bewußt eingenommene vollständig ruhige Körperhaltung ist innerlich Wille und äußerlich Handlung. Es ist durchaus nicht notwendig, daß die Außenseite der Handlung als Bewegung der Körperoberfläche in das Auge fällt, wie z. B. Waag[76]) voraussetzt. Diese Außenseite kann auch als Bewegung der innern Teile des Leibes z. B. als Überwindung einer Erregung der motorischen Nerven durch eine stärkere, in entgegengesetzter Richtung laufende Erregung derselben bei vollständig ruhiger Körperoberfläche erscheinen. Wenn jemand dem innerhalb seiner Armeslänge Ertrinkenden seine Hand nicht hilfreich hinstreckt, sondern dieselbe absichtlich zurückhält, so bedarf es, um Arm und Hand in ihrer vorigen Lage zu erhalten oder mit ihnen eine andre Bewegung auszuführen, der Erregung der motorischen Nerven: Ein vollständig schlaffes Verhalten dieser Glieder im bewußten Zustande setzt deren Lähmung voraus. Diese positive konkrete Handlung, welche der Unterlassende zur Zeit

---

[75]) Abhandlungen II S. 219 ff.

[76]) Gerichtssaal, Bd. 34 S. 243, 250.

der Unterlassung begeht, steht aber weder mechanisch noch unter Zurhilfenahme der Motivation in irgend welchem kausalen Zusammenhange mit dem strafbaren Erfolge; ersteres deshalb nicht, weil diese Handlung keineswegs identisch ist mit dem „Andershandeln“, als welches nur die positive Bezeichnung des negativen Begriffes des „Nicht dies thuns“ ist, dem letztern also nur parallel läuft; letzteres deshalb nicht, weil jene positive Handlung kein Motiv für die Unterlassung bildet, abgesehen davon, daß das Verhältnis von Ursache und Wirkung zwischen dem positiven Handeln und dem Unterlassen hier um deshalb ausgeschlossen ist, weil beide gleichzeitig geschehen.

Da jedes Unterlassungsdelikt ein gesetzliches Pflichtgebot voraussetzt, in dessen Verletzung die Unterlassung beruht, so hat eine dritte Gruppe[77]) den kausal wirkenden Faktor bei Unterlassungsdelikten in derjenigen der Strafthat voraufgehenden positiven Handlung gesucht, durch welche die Übernahme jener Pflicht gesetzlich begründet wurde, z. E. in dem bekannten Schulbeispiel von der durch eine pflichtwidrige Unterlassung eines Bahnbeamten herbeigeführten Entgleisung des Eisenbahnzuges die Übernahme des Amtes, vermöge deren jene Pflicht begründet wurde, als den positiven Faktor angesehen, der durch Hinzutreten der pflichtwidrigen Unterlassung kausalwirkende Kraft erhält. Um ein Beispiel zu wählen, das drastischer wirkt: Bei einem durch Verletzung der durch das Gesetz gebotenen väterlichen Pflichten begangenen Unterlassungsdelikt würde der kausal wirkende Faktor der Zeugungsakt sein. Den üblichen und auch durchschlagenden Einwand gegen diese Lehre bietet die Erwägung, daß die Verschuldung nur in den Zeitpunkt des pflichtwidrigen Verhaltens des Thäters, nicht in einen Zeitpunkt verlegt werden kann, in welchem derselbe sich in gutem Glauben befand. Es läßt sich aber auch weiter gegen dieselbe einwenden, daß es verletzbare gesetzliche Pflichten gibt, welche durch keinen positiven Akt des gegen dieselben Verstoßenden begründet worden sind, so z. B. die staatsbürgerlichen Pflichten der im Inlande geborenen Staatsbürger, sofern man nicht behaupten will, daß der Geburtsakt auch auf seiten des Geborenen eine gewollte Aktion sei.

---

[77]) Krug: Abhandl. aus d. Strafrecht (1855) S. 21 ff. Glaser: Abhandl. aus dem Österr. Strafrecht S. 287 ff. Merkel: Kriminalistische Abhandlung I S. 76 ff. v. Bar: Lehre vom Kausalzusammenhange (1871) S. 90 ff.

Die vierte Gruppe (Binding, v. Buri, Ortmann, Hälschner u. a.[78]) verlegt die in der Unterlassung zu Tage tretende Handlung in das Innere des Thäters. Indem derselbe unter Verletzung eines Pflichtgebots eine Handlung unterläßt, die den rechtsverletzenden Erfolg verhindert hätte, beseitigt er eine in seiner seelischen Verfassung liegende Bedingung, welche dem rechtsverletzenden Erfolge hinderlich war, und verursacht so den letztern. Die Art des Kausalnexus gibt hier zu keinem ernstlichen Bedenken[79]) Anlaß, wohl aber die Frage, ob und inwieweit die Verletzung eines Pflichtgebots durch Unterlassen den Charakter einer Handlung in unserm Sinne haben, sich also als eine Aktion darstellen kann, die sich innerlich als Wollen, äußerlich als körperliche Bewegung kundthut. Denn sehr richtig führt v. Berger in seiner Abhandlung über „Bewirken durch Unterlassen"[80]) folgendes aus: „Die entseelende Wirkung der hindernden Gruppe von Phänomen auf die Antezedenzien der Handlung ist nicht die Folge eines Wollens, sie ist eine ganz unwillkürliche. Wenn das Verabscheuen eines Erfolges der Antezedenzien einer ihn verwirklichenden Handlung unmittelbar ihre Kraft raubt und die Handlung deshalb unterbleibt, so liegt nichts als eine nuda cogitatio vor. Zwischen dem Verabscheuen und dem Unwirksamwerden jener Antezedenzien fehlt ein Mittelglied, welches der Ausführung entspräche. Das Anwachsen der Abneigung gegen den Erfolg bewirkt unmittelbar das Schwinden der Neigung, ihn zu verwirklichen. Eine interne That ist vorhanden, wenn zwischen dem Abscheu und dem Nichtwirken der Antezedenzien der Handlung ein willkürlicher, durch den Abscheu

---

[78]) Binding: Die sog. Kommissivdelikte durch Unterlassung, Normen II S. 224 ff. In Hinsicht auf den Kausalnexus bei echten Unterlassungen neigt Binding zur dritten Gruppe. S. 451 a. a. O. — Ortmann u. v. Buri im Gerichtssaal 1874 S. 439 ff.; 1875 S. 25 ff., S. 209 ff.; 1876 S. 82 ff., 170 ff. u. Goldammer, Archiv Bd. 23 S. 268 ff., Bd. 24 S. 93 ff. u. S. 89 ff. Hälschner, Strafrecht I, 234 ff.

[79]) Bindings eignes Bedenken — welches Hälschner adoptiert hat — wonach niemand dadurch verursachen könne, wenn er eine von ihm selbst gesetzte, den Erfolg abhaltende Bedingung wieder vernichte, sondern nur, wenn er zugleich andre Schutzwehren gegen den Erfolg, welche sich mit seiner eignen untrennbar verbunden hätten, niederreiße (Normen II S. 234 ff.), ist durch v. Buri treffend widerlegt. (Zeitschr. f. Strafr. Bd. I S. 400 ff. insbesondere S. 409, 410.)

[80]) Grünhuts Zeitschrift Bd. 9 S. 734 ff., 762, 768. „Über Bewirken durch Unterlassen".

motivierter Akt als Mittelglied steht, welcher die Handlung nicht stattfinden läßt. Daß dieser Akt ein psychischer ist, nimmt ihm den Charakter einer Ausführungshandlung nicht. — Gewiß ist, daß bei den dem eignen heißen Blute abgerungenen Unterlassungen ein Bewirken d. h. ein Verhindern des Erfolges der unterbleibenden Handlung stattfindet."

v. Berger glaubt den positiven Willensakt, welcher den rechtsverletzenden Erfolg vermittelt, in der innern Kraftanwendung gefunden zu haben, vermittelst deren die zum pflichtmäßigen Handeln treibende Seelenregung niedergekämpft wird (Interferenzerscheinung) und welche sich vermöge der Paralysation der einander entgegengesetzten Erregungen der motorischen Nerven als äußerliche Körperruhe darstellt.

So annehmbar diese Auffassung für die Erklärung des in dem vorsätzlichen Unterlassungsdelikt liegenden Willensaktes ist, so läßt dieselbe doch die Frage, wie bei fahrlässigen Omissionsdelikten die Unterlassung sich als Handlung charakterisieren könne, gänzlich unbeantwortet. Denn wenn, wie bei fahrlässigen Unterlassungen, ein Pflichtbewußtsein im Thäter nicht vorhanden ist, kann von einer Niederkämpfung des Pflichttriebes und also von einer Handlung im obigen Sinne nicht die Rede sein.

Die Unmöglichkeit, bei allen Arten der Unterlassungsdelikte den Begriff der Handlung in gleichmäßiger Weise festzustellen, hat zu dem Versuche getrieben, das Erfordernis eines den vermittelnden Kausalfaktor abgebenden Handelns im positiven Sinne für diese Gattung von Delikten ganz fallen zu lassen.

Diesen zweiten Ausweg schlägt Haupt[81]) ein, indem er an Stelle des Handelns das motivierte Nichtthun, d. h. dasjenige Nichtthun, zu welchem nach voraufgegangener Abwägung der einander ausschließenden Motive die verantwortliche Person durch das auf ihren Charakter am stärksten wirkende Motiv bestimmt wird, als Kausalglied zwischen dem die Verantwortung für widerrechtliches Unterlassen in sich tragenden Sein der Person und dem Erfolge einschiebt. An Siegwarts Worte: „Der Mensch sei kein Stein oder Klotz, der keine Wirkung ausübe, solange er ruhe; Ruhe und Bewegung seien in gleicher Weise Wirkung des Wollens, das nicht

---

[81]) „Zur Lehre von den Unterlassungsdelikten". Zeitschrift f. d. ges. Strf.-R. Bd. II, S. 533.

weniger intensiv kausal seine könne, wo es Bewegungen hemme, als wo es Bewegungen hervorbringe" anknüpfend, hält er für den Fall, daß diese Worte buchstäblich wahr wären, „die viele Mühe für unbegreiflich, welche Binding und Hälschner — ausgehend von der Annahme, ein Nichthandeln könne nicht kausal und also nicht Thatbestand eines Delikts sein, — sich gegeben haben, das Handlungsmoment in der Unterlassung nachzuweisen". Diesen Kausalnexus findet Haupt, indem er im Anschluß an Schopenhauer drei[82]) verschiedene Formen, nach welchen sich das Gesetz der Kausalität in der Erscheinungswelt vollzieht — nämlich die drei äußerlich verschiedenen Formen, in welchen sich — a) die Mechanik der Körper, b) die durch Sinnesreize hervorgerufene Reflexthätigkeit der Organismen, c) die motivierte Aktion der denkenden und wollenden Personen bewegen, voraussetzt und für die ersten beiden Formen die Möglichkeit, daß eine Unthätigkeit etwas bewirken könne, für ausgeschlossen erachtet, innerhalb der dritten Form. „Wenn ich mir im Freien eine Zigarre anzünde, so ist der Umstand, daß der Wind nicht weht, der mir das Zündholz ausblasen könnte, nicht als ursächliche Bestimmung für das Brennen meiner Zigarre zu bezeichnen. Wenn ich aber an meinem Schreibtisch sitzend ruhig zuschaue, wie ein Bleistift von demselben herunterrollt, so ist meine Unthätigkeit kausal für das Herabfallen des Bleistiftes. Das brennende Streichhölzchen kann nicht den Wind erregen, damit dieser es verlösche; aber der rollende Bleistift kann durch das Medium des Intellekts meinen Willen motivieren, seinen Fall abzuwenden. — Überall, wo gleichsam vor den Augen eines Menschen eine Kausalreihe abläuft, in welche einzugreifen diesem die Macht gegeben ist, bildet der Umstand, daß der Mensch nicht zum Eingreifen motiviert wird, daß er unthätig bleibt, eine Bestimmung des für das Eintreten eines gewissen Erfolges kausalen Zustandes."[83])

Diese Theorie läßt in Hinsicht auf den Nachweis des zwischen der Unterlassung und dem strafbaren Erfolge bestehenden Kausalnexus nichts zu wünschen übrig. Auch der Umstand, daß die Pflichtwidrigkeit der Unterlassung für diesen Kausalnexus irrelevant erscheint, kann die Kraft jenes Beweises nicht schwächen; denn auch schuldloses Verhalten von Personen kann die mitwirkende Ursache eines Rechtsgüter

[82]) Über die vierfache Wurzel S. 46 ff.

[83]) S. 539 a. a. O.

verletzenden Erfolges sein. Unaufgeklärt bleibt aber, wo dann die bei vorsätzlichen Unterlassungsdelikten unentbehrliche Willensschuld liegen soll. Zwar haben wir oben anerkennen müssen, daß der eigentliche Verschuldungsgrund nicht sowohl in dem einzelnen Wollen oder Unterlassen, sondern in dem an den einzelnen Wollungen und Unterlassungen zu Tage tretenden Sein, dem Charakter der schuldigen Person zu suchen ist. Bei vorsätzlichen Handlungen kann aber die Schuldhaftigkeit des Charakters nur an dem objektivierten Wollen zu Tage treten, sofern man nicht den Entschluß und den Willen zur That in die Zeit vor Beginn der That verlegen will, was nach unserer früheren Annahme unzulässig ist.

Ein Wollen kann bei Unterlassungsdelikten nur in der Richtung des Willens auf die Unterlassung gefunden werden, weshalb denn auch Siegwart und Haupt von der „gewollten Unterlassung" sprechen. Da nun aber „Wollen" nur so weit vorhanden ist, als „Handeln" gegeben ist, das „Unterlassen" aber nach Haupt kein Handeln, sondern ein reines „Nichtsthun" ist, so wäre in letzterm Sinne die sogenannte „gewollte Unterlassung" nur eine beabsichtigte, begehrte, erwünschte, aber keine gewollte. Wenn daher Haupt von der im Willen liegenden Schuld bei Unterlassungsdelikten spricht, so versteht er unter Willen hierbei nicht das Wollen, sondern die in der menschlichen Seele liegende Potenz zum Wollen, die sogenannte Willenkraft, deren Unzulänglichkeit an dem pflichtwidrigen Unterlassen zu Tage tritt. Diese Auffassung der subjektiven Verschuldung ist sehr brauchbar für die Erklärung des fahrlässigen Omissivdelikts, da bei diesem in der That weder ein positives Handeln, noch ein konkretes Wollen nachweisbar ist. Sie reicht aber nicht hin für den benötigten Nachweis einer Willensschuld bei vorsätzlichen Unterlassungsdelikten.

Die Betrachtung der hauptsächlichsten Lehrmeinungen, welche über das Wesen des Unterlassungsdelikts Aufklärung zu bringen übernommen haben, zeigt uns also, daß keine derselbe an und für sich allein hinreicht, beide Arten der Unterlassungsdelikte, die vorsätzlichen und die fahrlässigen, aus sich heraus zu erklären, daß aber für das vorsätzliche Unterlassungsdelikt die in der dritten angeführten Gruppe der das Handlungsmoment festhaltenden ersten Abteilung vertretene Annahme, welche die verursachende Handlung in das Innere des Thäters verlegt, für das fahrlässige Unterlassungsdelikt dagegen die in der zweiten Abteilung verfochtene Ansicht, welche auf das Handlungsmoment verzichten zu können glaubt, als die allein annehmbare, weil in Widersprüche nicht verfallende erscheint. In der That zwingt auch nichts dazu, die fahrlässigen und vorsätzlichen Unterlassungsdelikte — abgesehen von dem Gegensatze, der zwischen der Nichtkenntnis und der Kenntnis des rechtsverletzenden Erfolges errichtet ist — im übrigen mit einem Maßstabe zu messen. Vielmehr sind diese beiden Gattungen von Delikten nicht nur in Hinsicht auf den zwischen dolus und culpa waltenden Unterschied, sondern auch in Hinsicht auf die zwischen Handlung und Nichtthun bestehende Verschiedenheit und die an letztere sich anknüpfende Verschiedenartigkeit der Formen der kausalen Verbindung zwischen dem verantwortlichen „Sein" des Schuldigen und dem rechtsverletzenden Erfolge voneinander zu trennen. Hierbei ist jedoch, wenn man sämtliche Delikte allein nach dem Gegensatze klassifiziert, welcher zwischen Handlung und Nichtthun besteht, von den fahrlässigen Unterlassungsdelikten eine Klasse abzutrennen und derjenigen Abteilung zuzuweisen, in welcher die durch positives Handeln begangenen, also sowohl die vorsätzlichen und fahrlässigen Kommissivdelikte, als auch die durch vorsätzliche Omission begangenen Kommissivdelikte (die sogenannten uneigentlichen Unterlassungsdelikte, insoweit sie mit Vorsatz begangen sind) und endlich auch die eigentlichen vorsätzlichen Unterlassungsdelikte zu stehen kommen würden, wofern man eben unter positiver Handlung auch die oben beschriebene innere Handlung desjenigen verstehen darf, welcher eine durch die Pflicht gebotene Handlung mit Bewußtsein dieser Pflicht unterläßt.

Diese von den fahrlässigen Unterlassungen im engern Sinne loszutrennende Klasse ist diejenige der fahrlässigen Kommissivdelikte, welche durch bewußte Omission begangen werden, also die sogenannten uneigentlichen Unterlassungsdelikte, insoweit dieselben durch Fahrlässigkeit begangen werden.

Die Fahrlässigkeit kann nämlich erstens darin liegen, daß die gebotene Pflichthandlung aus Fahrlässigkeit unterlassen und hierdurch der rechtsverletzende Erfolg herbeigeführt wird, oder darin, daß der rechtsverletzende Erfolg einer mit Bewußtsein begangenen und gegen ein Pflichtgebot verstoßenden Unterlassung aus Fahrlässigkeit nicht vorausgesehen wird.[84])

---

[84]) Sofern der Fall, daß bei fahrlässigem Mangel der Voraussicht des Erfolges durch bewußte Omission einer durch das Gesetz gebotenen Handlung die

In ersterm Falle befindet sich der Weichensteller, welcher die vorgeschriebene Weichenstellung vorzunehmen aus Leichtsinn vergißt oder dieselbe verschläft und hierdurch die Zugentgleisung herbeiführt, in letzterm Falle derselbe Beamte, welcher die in bestimmtem Zeitpunkte gebotene Weichenstellung aus Bequemlichkeit unterläßt, indem er zufolge mangels gehöriger Überlegung irrtümlich annimmt, daß der herankommende Zug noch fern sei und ihm noch genügende Zeit bleiben werde, das Versäumte nachzuholen.

Die Fahrlässigkeitsdelikte letzterer Art stehen in Hinsicht auf die Art des Kausalnexus den Kommissivdelikten gleich, insofern auch bei ihnen eine positive Handlung, also auch ein Wollen die Verbindung zwischen der verantwortlichen Persönlichkeit und dem rechtsverletzenden Erfolge vermittelt.

Daß nun dieser innere Akt, durch welchen das Pflichtgefühl niedergekämpft und so der Wegfall einer den rechtsverletzenden Erfolg abhaltenden Bedingung, also dieser Erfolg selbst mitbewirkt wird,[85]) in der That eine positive Handlung ist, darf um deshalb, weil es bei demselben an einer äußern sichtbaren Bewegung des Körpers, welche dies Wollen objektiviert, fehlt, nicht bezweifelt werden.

Denn die innere Erfahrung lehrt uns, daß dieser Akt nicht nur die psychische Seite des thatkräftigen, den Widerstand überwindenden Wollens, sondern auch eine äußere Seite hat, welche wir als Erregung und oft sogar als Erschütterung unseres Nervensystems ebenso deutlich empfinden, als eine Muskelbewegung, vermittelst deren wir eine in dem — idealen — Raume zur Erscheinung kommende, sogenannte körperliche Aktion ausführen. Dieser innern Erfahrung gegenüber kann das Bedenken, auf welches v. Berger in seiner oben citierten Abhandlung hinweist, nämlich, daß solcher Kampf eine Zweiteilung des einheitlichen Bewußtseins voraussetze, nicht wesentlich ins Gewicht fallen. Zu deutlich empfinden wir bei solchem innern Kampfe eine solche Zweiteilung und die hiermit verbundene schmerzliche Disharmonie, als daß wir dieselbe leugnen könnten. „Zwei Seelen wohnen, ach! in meiner Brust,“ sagt bekanntlich

---

Unterlassung einer andern durch das Strafgesetz gebotenen Handlung verursacht wird, praktisch denkbar ist, gehört auch dieser in die erste Abteilung.

[85]) Kausal wirkend ist jedes positive Ereignis — vorübergehendes und dauerndes (Zustand) — bei dessen Wegfall der Erfolg sich nicht ereignet hätte. Lammasch a. a. O. S. 282.

Faust. Die höhere Einheit der Seele ist darum nicht ausgeschlossen, weil wir sie nicht immer sinnlich erfassen können. „Nicht daraus schließen wir die Einheit der Seele, daß wir uns als Einheit erscheinen; sondern dies, daß uns überhaupt etwas erscheinen kann, überzeugt uns (durch Vernunftschluß) von der Ungeteiltheit unseres geistigen Wesens.“ (Lotze: Mikrokosmus Bd. I. S. 182.) Die äußere Seite jener Handlung ist also nicht an der Körperoberfläche zu suchen. Wenn jemand, um den Ertrinkenden, welchem er Hilfe zu bringen gesetzlich verpflichtet ist (Schwimmmeister), zu töten, diese in seiner Macht liegende Hilfe absichtlich demselben entziehend vom Wasser fortgeht, so ist durch die Muskelkontraktionen, vermittels deren er diese Schritte thut, nicht der Wille zum Töten, sondern lediglich der Wille zum Fortgehen objektiviert. Die Objektivierung des letztern bildet nur ein Beweismittel für die unter der Körperoberfläche liegende und deshalb nicht sichtbare Objektivierung des ersteren Wollens. Mag nun die äußere Seite der das Pflichtgefühl niederkämpfenden inneren Aktion sich als motorische Erregung, die durch eine entgegengesetzte Erregung paralysiert wird (v. Berger), oder als eine andre — der Physiologie mangels genügender Beobachtungsinstrumente noch unbekannte — Bewegung in den Nerven oder Muskeln, in diesem oder jenem Teile des innern Leibes (Herz, Gehirn, Blutumlauf usw.) kundthun, jedenfalls darf als sicher angenommen werden, daß dem psychischen Wollen auch bei dieser inneren Aktion eine Körperbewegung parallel läuft. Kann sogar jeder Gedanke (nuda cogitatio) — wegen des nachgewiesenen Stoffwechsels, der mit dem Denken verbunden ist — nur in Begleitung einer äußerlichen Bewegung der Moleküle der Gehirnsubstanz gedacht werden, um wieviel mehr eignet der den Pflichttrieb besiegenden innern Aktion die begleitende Körperbewegung. Diese innere positive Handlung steht nun zwar nicht in direktem mechanischen Kausalnexus mit dem rechtsverletzenden Erfolge, wohl aber in einer Kausalverbindung nach dem Gesetze der Motivation. Denn die Unterlassung ist motiviert durch den siegreichen Kampf des Egoismus gegen das Pflichtgefühl. Daß aber die motivierte Unterlassung in kausalem Nexus mit dem Erfolge steht, darf nach der an der Hand Schopenhauers gemachten Beweisführung Haupts wohl angenommen werden.

Diese innere Aktion liegt nun sowohl bei den durch vorsätzliche Omission begangenen Kommissivdelikten, als auch bei den echten Unterlassungsdelikten, soweit dieselben vorsätzlich begangen werden, vor. Hieraus folgt, daß unumgängliche Voraussetzung dieser Delikte das Pflichtbewußtsein der eine solche vorsätzliche Omission begehenden Person ist. Das Vorhandensein desselben wird in den meisten Fällen bei einem normal angelegten Menschen zu vermuten sein. Gilt dasselbe als nicht nachgewiesen, so kann, sofern der Unterlassende überhaupt zurechnungsfähig war, höchstens nur fahrlässige Omission festgestellt werden.

Bei den vorsätzlich begangenen, echten Unterlassungsdelikten wird das Bewußtsein der Pflichtwidrigkeit des Unterlassens der Regel nach zusammenfallen mit dem sogenannten „Bewußtsein der Rechtswidrigkeit". Im folgenden Abschnitt wird nachzuweisen versucht werden, daß das Erfordernis eines solchen Bewußtseins für die vorsätzlichen Delikte trotz der schweren Angriffe, welche dasselbe in neuerer Zeit erfahren hat, allgemein, also nicht bloß für die Unterlassungsdelikte aufrecht erhalten werden muß, wenn man nicht den Begriff des Vorsatzes zu einem bloßen Vorhaben sich verflüchtigen lassen will.

V.

Als Resultat der bisherigen Erörterungen ergeben sich folgende Sätze:

a) *Jedes vorsätzliche* Delikt, sei es Unterlassungs- oder Kommissiv-Delikt, kann nur durch *positives Handeln* begangen werden.

b) *Handlung liegt aber nur so weit vor, als Wollen vorliegt, und Wollen ist nur insoweit existent, als Handlung existiert.*

c) *Gewollt in diesem Sinne des Worts ist nur die konkrete Handlung, nicht der Erfolg.*

Aus dem Satze zu b) ergibt sich eine für die Lehre vom strafbaren Versuch wichtige Folgerung.

Wenn nämlich nach Beginn einer Handlung vermöge Hinzutritts oder Wegfalls äußerer oder innerer Beweggründe die ursprüngliche Willensrichtung des Thäters sich ändert, bevor die vorgehabte Handlung beendet ist, so ist Wille auch nur insoweit vorhanden, als Handlung in der ursprünglichen Richtung vorliegt. Mag das der Aktion voraufgegangene Vorhaben eine bedeutend weitere Strecke der eingeschlagenen, aber nicht eingehaltenen Richtung des Willens in der Vorstellung durchlaufen haben, mag der den Verlauf der abgebrochenen Handlung begleitende Kreis der Vorstellungen des Thäters eine ganze Reihe von Thatumständen mitumfassen, die wegen nachträglicher Änderung der Willensrichtung nicht effektuiert worden sind, so liegt doch kein das ursprüngliche Vorhaben, sondern nur ein den vollendeten Teil desselben umfassender Wille vor.

Wie stellt sich nun der Begriff des verbrecherischen Vorsatzes, welcher doch offenbar über die Grenzen des Handelns hinausgreifend den rechtsverletzenden Erfolg des Handelns mitumfaßt, zu dem über die Grenzen der Handlung nicht hinausreichenden verbrecherischen Willen?

Diese Frage scheint eine müßige zu sein in Hinsicht auf diejenigen strafbaren Thatbestände, die schon durch die Handlung selbst konsumiert erscheinen und zu deren Herstellung ein bestimmter Erfolg der Handlung überhaupt nicht zu gehören scheint[86]), wie z. B. die Thatbestände der Beleidigung, des Meineids, der Sittlichkeitsverbrechen und der echten Unterlassungsdelikte. Wie jedoch Lammasch im Schlußabschnitte seiner Abhandlung über Handlung und Erfolg[87]) zur Widerlegung Cohns überzeugend ausgeführt hat, ist bei jeder sogenannten Handlung die konkrete Körperbewegung, als Handlung im engern Sinne, von dem Erfolge zu scheiden. Denn letzterer ist nicht nur durch jene, sondern durch eine Reihe von objektiven Bedingungen, welche außerhalb des Handelns des Thäters liegen, bedingt und ist die Wirkung dieser konkurrierenden Mitursachen.

So ist z. B. bei der mündlichen und wörtlichen Beleidigung die Muskelbewegung, durch welche die Töne hervorgebracht werden, das konkrete Handeln, während der strafbare Erfolg, die Auffassung der beleidigenden Äußerung durch das Gehör einer Person — sei dieselbe der Beleidigte selbst oder eine dritte Person mitbedingt ist durch das Vorhandensein der Luft oder eines andern Leiters, dessen Schwingungen selbst eine Wirkung jener Muskelbewegungen sind, ferner durch das zur Auffassung dieser Schwingungen geeignete Hörorgan der hörenden Person, sowie deren örtlichen Standpunkt und die Aufmerksamkeit derselben. In einem luftleeren Raum oder einer gänzlich tauben Person, welche auch nicht im stande ist, aus den Lippenbewegungen des Sprechenden oder seinen sonstigen Mienen

---

86) Wie neuerdings wieder Lucas angenommen hat. S. 16, 111 a. a. O.

87) Grünhuts Zeitschrift IX, Abschnitt VI jenes Aufsatzes. Siehe auch v. Liszt, Zeitschrift Bd. I S. 95, 96.

den Sinn der Äußerung zu schließen, gegenüber ist die Vollendung einer mündlichen wörtlichen Beleidigung nicht möglich. Ganz ebenso liegen die Fälle der Unzucht und des Meineides. Was die vorsätzlichen Unterlassungsdelikte anbetrifft, so haben wir oben gesehen, daß die innere Handlung, als welche sich der Kampf und Sieg des schließlich maßgebenden Motivs dem Pflichtbewußtsein gegenüber darstellt, nicht identisch ist mit dem Unterlassen der durch die Pflicht gebotenen Handlung, daß das Unterlassen vielmehr die Wirkung jenes siegreichen Kampfes des treibenden Beweggrundes mit der Pflicht ist, welche im Augenblicke, da der Sieg entschieden ist, eintritt, also den Erfolg dieser innern Handlung bildet.

Sonach ist die Frage nach dem Verhältnis, in welchem sich der die Handlung umfassende verbrecherische Wille zu dem den Erfolg derselben mitumfassenden verbrecherischen Vorsatze stellt, ganz allgemein in bezug auf alle vorsätzlichen Delikte zu beantworten.

Wie wir nun oben annehmen mußten, ist die Vorstellung mindestens in Hinsicht auf ihren Inhalt nicht produktiver, sondern rezeptiver Natur, mehr passiv als aktiv. Dagegen trägt der Vorsatz im allgemein sprachlichen Sinne einen entschiedenen aktiven Charakter. Denn das, was den Gegenstand meines Vorsatzes bildet, wird mir nicht vorgesetzt, wie der Inhalt der Vorstellungen, sondern ich selbst setze es mir willkürlich — wenn auch unter dem kausalen Zwange der Motive — vor. Gegen dies aus dem Sprachgebrauche hergenommene Argument kann eingewendet werden, daß zwar in der unjuristischen Sprachweise Absicht und Vorsatz durcheinander als gleichbedeutend gebraucht würden, daß jedoch im juristisch-technischem Sinne das „Sich Vorsetzen des Erfolges" gerade das charakteristische Zeichen der Absicht sei, während zum Vorhandensein des Vorsatzes nur die rezeptive Vorstellung vor dem bevorstehenden Eintreten des Erfolges erforderlich sei.

So richtig letzteres insofern ist, als der Begriff des Vorsatzes nicht bedingt, daß der vorgestellte Erfolg des konkreten Handelns Zweck und leitendes Motiv des Handelns sei, so folgt doch daraus keineswegs, daß jene Vorstellung des Erfolges der Vorsatz, also mit diesem identisch sei. Vielmehr spricht gegen diese Identität die Erwägung, daß bei Voraussetzung derselben eine reine Denkoperation, ein cogitare den regelmäßigen Strafgrund in subjektiver Hinsicht bilden würde.

Nach anerkanntem Grundsatze bildet jedoch nicht das Denken

sondern das Wollen die subjektive Seite der strafbaren Handlung. Auch das Reichsgericht steht auf diesem Standpunkte, indem es für die Herstellung des Versuchs außer dem Anfang der Ausführung der That nur den verbrecherischen Willen, für die vollendete That außer dem vollständigen Erfolge ebenfalls nur diesen Willen postuliert.

In der bekannten Plenarentscheidung vom 24. Mai 1880 führt dieser Gerichtshof aus:[88])

> „Darüber nun kann kein Zweifel aufkommen, daß im Versuche der verbrecherische Wille diejenige Erscheinung ist, gegen welche das Strafgesetz sich richtet, im Gegensatz zu dem in der Vollendung zu Tage tretenden aus dem verbrecherischen Willen hervorgegangenen rechtswidrigen Erfolge",

und der III. Strafsenat in seinem Urteile vom 30. März 1883:[89])

> „Besteht der Versuch nicht in der durchgeführten Verletzung des Rechtsgutes und auch nicht in einer objektiven Gefährdung desselben, so kann er nur in der Kundgebung eines auf die Verletzung gerichteten Willens durch eine äußere Handlung bestehen, welche über die Grenze der bloßen Vorbereitung hinausgegangen ist."

In den oben citierten Definitionen des Vorsatzes, welche Berner, Binding, Geyer, Hälschner, v. Liszt (in der ersten Auflage seines Lehrbuches) und Lucas geben, wird daher auch der Vorsatz als der Wille, nicht als die Vorstellung hingestellt, in den Definitionen der beiden letzgenannten mit der Maßgabe, daß dieser Wille von der Vorstellung des Erfolgs der gewollten Handlung begleitet (v. Liszt), beziehentlich mit dieser Vorstellung verbunden (Lucas) sei.

Wenn nun der subjektive Schuldgrund lediglich der Wille und dessen Beschaffenheit ist, so kann eine neben der Willensaktion nur einherlaufende, dieselbe äußerlich begleitende Vorstellung an und für sich allein den Willen noch nicht zum strafbaren Vorsatz machen; sondern, nur soweit die Vorstellung in den Willen eingegangen, zur Eigenschaft des Willens geworden ist, kann sie für den strafbaren Charakter der Willensaktion maßgebend sein. Dies läßt auch die Bernersche Definition des Vorsatzes herausfühlen, indem sie denselben als Grad der Tiefe und Entschiedenheit des

---

[88]) Entscheid. i. Strf. Bd. I S. 439.

[89]) Entsch. Bd. VIII S. 189.

Willens hinstellt, sowie die schon citierte Ausführung, welche Lucas seiner Definition voraufschickt, insofern er die Vorstellung dem an sich farblosen Willen diejenige Färbung verleihen läßt, vermöge deren der Wille zu einem schuldhaften wird:[90])

> „Im Vorsatze tritt der Wille nicht in Beziehung zu einem bestimmten Erfolge, der herbeigeführt, sondern nur zu einer Handlung, die vorgenommen werden soll. Diese Handlung kann verschiedene Erfolge haben, verschiedenen Zwecken dienen und je nach denselben also eine verschiedene Bedeutung für das Rechtsleben gewinnen. Deshalb ist der Vorsatz insoweit etwas gewissermaßen Farbloses, nur der Entschluß des Thäters zur Handlung. Seine Färbung gewinnt er aber durch das Wissen des Handelnden von denjenigen Merkmalen, welche die Handlung zu einer vom Gesetze mit Strafe bedrohten machen."

Deutlich spricht auch das Reichsgericht diesen Gedanken aus in der Entscheidung vom 23. Dezember 1881[91]) und zwar in dem schon citierten Passus, wonach „die als notwendig erkannten Folgen der Handlung von dem Handelnden in den Willen aufgenommen werden auch wenn ihm an diesen Folgen nicht liegt, also seine Absicht nicht auf Herbeiführung derselben gerichtet ist."

Die Vorstellung des Erfolges kann nun in den auf die Handlung gerichteten Willen offenbar nur dann eingehen, wenn sie zu den die Motive des Wollens bildenden Vorstellungen gehört und vermöge dessen entweder in der Richtung des Willens oder in dem Stärkegrade oder in einer sonstigen Eigenschaft desselben zum Ausdrucke gelangt. Wir haben nun oben anerkennen müssen, daß gerade zur Feststellung des Vorsatzes nicht erforderlich ist, daß die Vorstellung des Erfolgs das Motiv des Handelns bildet, und daß man von einer auf den Erfolg gerichteten Absicht nicht bloß von vorsätzlichem Handeln sprechen soll, wenn dieser Erfolg bezweckt und die den Erfolg herbeiführende Handlung durch dieselbe motiviert war.

Dieser Widerspruch ist jedoch nur scheinbar, indem er sich bei Auseinanderhaltung der beiden verschiedenen dem Worte Motiv untergelegten Bedeutungen auflöst.

---

[90]) Subjektive Verschuldung S. 8.

[91]) Entsch. Bd. V S. 317.

Motiv im engern Sinne nennt man diejenige bei Fassung des Entschlusses zur That in dem Thäter vorhandene Vorstellung, welche bei der Konkurrenz der zur Abwägung gelangenden Lust- und Leidvorstellungen vermöge der Charakteranlage des Thäters das entscheidende Gewicht in die eine Wagschale wirft, dieselbe zum Sinken bringt, die andre Wagschale aber emporschnellen läßt und so scheinbar allein dem Willen die Richtung verleiht. Das Gewicht dieses leitenden Motivs kann nun an und für sich ein sehr kleines sein und dennoch deshalb den Ausschlag geben, weil die übrigen Lust- und Leidvorstellungen, welche für oder wider die schließlich eingeschlagene Willensrichtung sprechen, einander fast oder ganz das Gleichgewicht halten. Die Grade des Winkels, — durch welche nur das Gewicht des ausschlaggebenden Motivs aufgezeigt wird, sobald die übrigen Gewichte einander das Gleichgewicht halten, sind daher nicht das Produkt dieses einen Gewichts, sondern sämtlicher für und wider die schließliche Willensaktion gewichtigen Motive, ebenso wie die Resultate verschiedener auf demselben Punkte wirkender Druckkräfte das Produkt dieser sämtlichen Kräfte, nicht derjenigen Kraft allein ist, welche mit der resultierenden Kraft in einer Richtung wirkt. Im weitern Sinne nennt man daher mit Recht alle bei Fassung des Entschlusses ins Gewicht fallenden, miteinander konkurrierenden Vorstellungen, als deren Produkt die Willensaktion erscheint, Motive.

In diesem weitern Sinne gehört aber auch die Vorstellung von dem Erfolge des Handelns zu den Motiven der Willensaktion, indem sie demjenigen Motive, welches in der Vorstellung der den Zweck des Handelns bildenden Lust liegt, als Gegengewicht entgegenwirkt. In den vielfachen Fällen, in welchen die in jener Lustvorstellung liegende motivierende Kraft durch die in der Vorstellung des Erfolges der Handlung als eines Leides in sittlicher Beziehung liegende Gegenkraft paralysiert erscheint und die Handlung zufolge dessen unterbleibt, ist der Charakter letzterer Vorstellung als einer das Wollen motivierender ohne weiteres klar. Aber auch in den Fällen, in denen die den Zweck des Handelns bildende Lustvorstellung der Wagschale, welche die für dies Handeln ins Gewicht fallenden Motive trug, das Übergewicht verlieh, ist und bleibt der verbrecherische Wille unter dem Einflusse des in der Vorstellung von dem Erfolge des Handelns liegenden Motivs, indem der Stärkegrad dieses Willens — sei es, daß derselbe im Laufe der Handlung vor diesem Motive zurückweichend eine andre Richtung einschlägt, die ursprünglich im

Vorhaben gelegene That nicht zur Ausführung bringt, sei es, daß er sie vollendet — in Bekämpfung dieses Gegengewichts durch die Handlung zum Ausdruck gelangt. Wer also eine strafbare Handlung begeht, thut es trotz der seiner Lustvorstellung entgegenwirkenden Vorstellung vor dem Eintritte der den strafbaren Erfolg involvierenden konkreten Folgen seines Handelns.

Nicht um diesen Erfolg zu erreichen, sondern obwohl er sich diesen Erfolg vorstellt, handelt der Thäter vorsätzlich.

Hierin liegt die tiefere Rechtfertigung der Scheidung der Begriffe Absicht und Vorsatz im strafrechtlichen Sinne. Vorsatz und Absicht in diesem Sinne verhalten sich zu einander wie zwei auf derselben Linie in entgegengesetzter Richtung wirkende Kräfte. Dies ist auch dann richtig, wenn der vorgestellte Erfolg der Handlung zugleich den Zweck des Handelns bildet, der Erfolg also nicht nur vorsätzlich, sondern auch absichtlich herbeigeführt ist. Denn in diesem Falle erscheint der Erfolg in zwiefachem Lichte als Inhalt zweier verschiedener Vorstellungen, nämlich einmal in der Vorstellung der Lust, welche vorgespiegelt wird, und einmal in der Vorstellung des sittlichen Leids.

Wenn Lucas schreibt:[92])

> „Die Absicht geht weiter als der Vorsatz und schließt letztern regelmäßig in sich",

so ist dies zwar insoweit richtig, als bei geführtem Nachweise der auf den Erfolg gerichteten Absicht implicite der Nachweis geführt ist, daß der Erfolg vorsätzlich herbeigeführt war. Die Vorstellung, welche den Erfolg zu einem „beabsichtigten" macht, schließt aber die Vorstellung, welche ihn als „vorsätzlich gewollten" erscheinen läßt, nicht ein. Beide Vorstellungen schließen einander aus, wie Lust und Leid. Sie sind Motive, welche in entgegengesetzter Richtung wirken, auch wenn der Erfolg beabsichtigt war.

Der Handelnde nimmt die Vorstellung von dem Erfolge seines Handelns in seinen Willen auf, indem er das Gegengewicht des in dieser Vorstellung liegenden Motivs beim Handeln niederkämpft. Nicht die Vorstellung dieses Erfolges an sich, sondern der kämpfende Wille ist der Vorsatz im strafrechtlichen Sinne. Vorsatz ist der verbrecherische Wille, welcher das in der Vorstellung des zu erwartenden Eintritts des rechtsverletzenden Er-

---

[92]) Subjektive Verschuldung S. 9.

folgs liegende sittliche Gegenmotiv handelnd überwindet.

Dieser innere Kampf, in welchem der verbrecherische Wille Sieger bleibt, findet auch dann statt, wenn der Handelnde sich den Eintritt des rechtsverletzenden Erfolges nicht gerade als notwendig, aber wenigstens als wahrscheinlich vorstellt. Es bedarf also zur Annahme des vorsätzlichen Handelns nur des Nachweises, daß letztere Vorstellung im Thäter vorhanden gewesen ist. Dagegen fällt jener Kampf, also auch die Vorsätzlichkeit des Handelns fort, wenn der Eintritt des rechtsverletzenden Erfolges als eine ganz entfernte Möglichkeit, als nicht wahrscheinlich vom Thäter vorgestellt wurde. Zu gleichem Resultat gelangt auch das Reichsgericht,[93]) obwohl es von der obigen Auffassung des Vorsatzes nicht ausgeht, wie — letzteres — daraus erhellt, daß es das Bewußtsein der Rechtswidrigkeit für die vorsätzliche That nicht erfordert. Läßt man aber die Voraussetzung des Kampfes zwischen verbrecherischem Triebe und Pflichtgefühl als einer Bedingung der vorsätzlichen That fallen, so fällt auch der Grund der oben gemachten Unterscheidung zwischen Wahrscheinlichkeit und fern liegender Möglichkeit fort und ist nicht abzusehen, warum dann auch nicht dasjenige Thun als vorsätzliches gelten soll, bei dessen Ausführung der Thäter sich den Erfolg nicht in einer nahe liegenden, sondern in einer fern liegenden Möglichkeit vorgestellt hat. Denn die Vorstellung von dem kausalen Zusammenhange zwischen dem konkreten Handeln und dem schließlich eintretenden Erfolge ist auch in letzterm Falle vorhanden gewesen.

Daß nun von solchem inneren Kampfe, von dem Siege des verbrecherischen Willens über den Pflichttrieb nicht die Rede sein kann, wenn der Thäter mit dem Bewußtsein, nichts Unrechtes zu thun, handelt, d. h. wenn er sich dessen nicht bewußt ist, daß der als notwendig oder wahrscheinlich vorgestellte Erfolg sein Handeln als ein pflichtwidriges erscheinen läßt, liegt auf der Hand.

Nur unter der Voraussetzung des Bewußtseins der Pflichtwidrigkeit des einen — pflichtgemäß zu vermeidenden — Erfolg notwendig oder wahrscheinlich erzielenden Handelns tritt die Vorstellung

---

[93]) So genügt nach dem Urteil vom 28. April 1884 (Entsch. Bd. 10 S. 337) für die Anwendbarkeit des § 176 Ziff. 3 d. R. St. G. B. das Bewußtsein des Thäters, daß er es höchst wahrscheinlich mit einem Mädchen unter 14 Jahren zu thun habe. Ähnlich die Entsch. v. 3. März 1884 Bd. 10 S. 234.

jenes Erfolges — welche bei Mangel solchen Bewußtseins indifferent wäre — in die Reihe derjenigen Vorstellungen ein, welche bei Fassung des Entschlusses zur That zur Abwägung miteinander gelangen und welche die Motive des Handelns — im weitern Sinne des Wortes — bilden. Nur unter dieser Voraussetzung geht die Vorstellung des Erfolges in den Willen ein, wird der Wille zu einem vorsätzlichen in Hinsicht auf den Erfolg. Will man daher in Übereinstimmung mit v. Wächter, v. Liszt, Meyer und Lucas[94]) und in Übereinstimmung mit dem III. und dem II. Senat des Reichsgerichts[95]) das von dem ehemaligen Obertribunal[96]) und der älteren Theorie aufgestellte Erfordernis eines sogenannten „Bewußtseins der Rechtswidrigkeit" als traditionellen Zopf gänzlich abschneiden und auch nicht einmal das im Thäter vorhandene Bewußtsein der Pflichtwidrigkeit seines Handelns als notwendige Voraussetzung der Vorsätzlichkeit der That festhalten, so wird nichts andres übrig bleiben, als den Vorsatz ganz außerhalb des Willens zu verlegen und ihn mit der Vorstellung zu identifizieren. Diese Folgerung zu ziehen, hat v. Liszt mit achtungswerter Konsequenz sich nicht gescheut, indem er, wie schon hervorgehoben ist, den Vorsatz als die Vorstellung von der Kausalität des Thuns oder Unterlassens bezeichnet. Dagegen geraten die andern Theoretiker, welche jenes Erfordernis fallen lassen, sowie das Reichsgericht mit sich in Widerspruch, indem sie daran festhalten wollen, unter Vorsatz den Willen in seiner Beziehung auf die Vorstellung des Erfolges zu verstehen.

Die weitere Konsequenz aus jenen Prämissen führt dahin, die subjektive Verschuldung bei der vorsätzlichen That lediglich in die Denkoperation, in das cogitare zu verlegen. Denn das Wollen, welches bei dem Mangel des Bewußtseins der aus dem rechtsverletzenden Erfolge sich ergebenden Pflichtwidrigkeit des Handelns zu jener indifferenten Vorstellung des Erfolges in keiner Beziehung steht, umfaßt, wie oben erörtert ist, an und für sich nur die konkrete

---

[94]) Gerichtssaal Bd. XVI S. 56. — Meyer, Lehrbuch S. 163 ff. — v. Liszt, Lehrbuch § 38, V II. Aufl. S. 151. III. Aufl. S. 167. — Lucas, Subjektive Verschuldung S. 65.

[95]) Urt. v. 25. Sept. 1880, Entsch. Bd. II S. 268 u. vom 1. Januar 1881 Bd. III S. 181.

[96]) Oppenhof, Rechtsp. d. Obertr. Bd. 14 S. 106, 471, Bd. 15 S. 177, Bd. 16 S. 287, 754.

Körperbewegung, bei äußern Handlungen nur die Muskelkontraktionen und nicht den Erfolg dieser Bewegung, durch welchen die Strafthat erst konstituiert wird. Letztere würde daher unter jener Voraussetzung nur von der Vorstellung des Thäters umfaßt werden. Hiermit verblaßt aber und entschwindet auch der fast so ängstlich festgehaltene Unterschied zwischen dem der That voraufgehenden Vorhaben und dem mit der That ins Leben tretenden Vorsatze des Thäters. Denn die für das Wollen indifferente Vorstellung des zukünftigen Erfolges des konkreten Handelns ist während dieses Handelns inhaltlich in nichts verschieden von der vor Beginn desselben vorhanden gewesenen Vorstellung des Erfolges des beabsichtigten Handelns. Demnach muß jene Prämisse, vermöge deren von dem Erfordernis des sogenannten Bewußtseins der Rechtswidrigkeit Abstand genommen wird, falsch sein, ist man genötigt, an jenem Erfordernis bei Konstruktion des Vorsatzes festzuhalten. Hierbei hat man den Trost, sich auf die Praxis des Obertribunals, auf die Majorität der Theoretiker,[97]) auf hervorragende Kommentatoren[98]) des Strafrechts und auf die Praxis der Untergerichte berufen zu dürfen.

Die gegen die Annahme dieses Erfordernisses vorgebrachten Gründe, welche gegenüber den bisher zum Nachweise desselben gewöhnlich aufgeführten Gründen gewichtig erscheinen mögen, sind zusammen nicht so schwerwiegend, als die für jene Annahme sprechende Erwägung, daß bei Fallenlassen jenes Erfordernisses die subjektive Verschuldung bei vorsätzlichen Delikten in die Denkoperation hineinfällt, der Vorsatz zu einem bloßen Vorhaben verflüchtigt wird.

Daß nun unter dem sogenannten Bewußtsein der Rechtswidrigkeit nicht die bei Begehung der That im Thäter vorhandene Kennnis des Strafgesetzes, welches durch die That verletzt wird, zu verstehen ist, darüber ist Theorie und Praxis einig, und fragt es sich, welches Rechtsbewußtsein nach Abzug jener Kenntnis noch übrigbleiben kann.

Nur scheinbar als bequemer Ausweg bietet sich die in Bindings geistvollem Werke über die Normen aufgestellte Theorie, nach welcher jeder eine Strafandrohung enthaltenden gesetzlichen Norm eine andre selbständige Norm voraufgeht, durch welche eine Kategorie von

---

[97]) Citiert bei Lucas a. a. O. S. 65. — Majoritäten entscheiden in diesen Fragen allerdings nicht.

[98]) Olshausen Nr. 12 zu § 59 und v. Schwarze Anm. zu § 59.

Handlungen verboten oder geboten wird. Nur scheinbar! Denn Binding hat selbst schon in der Vorrede zum zweiten Teil jenes Werkes zugeben müssen, daß die verbietende oder gebietende Norm nur begrifflich, aber nicht notwendig auch zeitlich dem Strafgesetz vorausginge. Man fragt vergeblich, wie eine Norm, deren zeitliche Entstehung mit der Entstehung eines bestimmten Strafgesetzes zusammenfällt, also auch nicht auf Gewohnheitsrecht beruhen kann, und welche durch kein anderweites Gesetz begründet wird, außerhalb der die Strafe androhenden Norm und derselben begrifflich vorausgehend als selbständiger Rechtssatz soll bestehen können.

Muß man aber von der Annahme einer derartigen Möglichkeit Abstand nehmen, so bleibt, wie Lucas[99]) überzeugend ausgeführt hat, außer dem Strafgesetze der Regel nach[100]) kein Rechtssatz übrig, der in dem Bewußtsein des vorsätzlich Handelnden sich als verletzt darstellen könnte.

Zur Ermöglichung des siegreichen Kampfes, welchen der verbrecherische Wille des vorsätzlich Handelnden über den Pflichttrieb besteht, bedarf es jedoch nicht der Annahme einer solchen Rechtskenntnis, sondern hierzu genügt das im Bewußtsein des Menschen vorhandene Sittengesetz, welches — wenn auch seine Erscheinungen unter dem Kausalitätsgesetz stehen und in historischer Wandlung begriffen sind — jedem einzelnen Menschen als ein Angeborenes innewohnt und sich durch den Imperativ des Gewissens: „Du sollst" oder „Du sollst nicht" — mag die Vorstellung dieses Gesetzes in dem Verstandsbewußtsein noch so unklar sein — bei der Vorstellung des Erfolges seines Thuns im Thäter deutlich kundthut. Das Vorhandensein dieses Pflichttriebes ist bei jedem normal veranlagten und zurechnungsfähigen Mitgliede derjenigen menschlichen Gesellschaft oder desjenigen Volkes, dessen sittlichem Standpunkt das geltende Strafgesetz wirklich entspricht, vorauszusetzen. Dem bei weitem größten Teile unsrer Strafgesetze gehen solche sittliche Normen, die als dem Handelnden bekannt vorausgesetzt werden müssen, begrifflich und zeitlich vorauf. Den übrigen Strafgesetzen gehen Normen der Kriminalpolitik, der Wirtschaftspolitik, der Gesundheits- und Sicherheitspolizei[101]) vorauf, die — wenn

---

[99]) S. 81—83 a. a. O.

[100]) Die Fälle, in denen dem Strafgesetz ein anderweitiges gesetzliches Verbot oder Gebot vorausgesetzt ist, sind hier selbstverständlich ausgeschlossen.

[101]) Auch Lucas nimmt dies an. S. 64 a. a. O.

auch nicht so allgemein, wie die eigentlichen Moralgesetze — meistens doch als den Thäter bekannt gelten dürfen und als Pflichtgebot in ihm wirken.

Soweit ausnahmsweise den Strafgesetzen solche Normen nicht voraufgehen oder sofern in dem einzelnen Falle nicht vermutet werden kann und nicht erwiesen ist, daß der Thäter sich der Norm bewußt gewesen sei, kann nach Obigem von einem vorsätzlichen Begehen der mit Strafe bedrohten That nur unter der Voraussetzung, daß dem Thäter das Strafgesetz bekannt gewesen sei, die Rede sein.

Das sogenannte Bewußtsein der Rechtswidrigkeit führt also allerdings im genauen Wortsinn seine Benennung mit Unrecht, wenn es als allgemeines Erfordernis für die Konsumierung des vorsätzlichen Delikts hingestellt wird. Es ist vielmehr das Bewußtsein der Pflichtwidrigkeit des Handelns. Noch besser läßt es sich vielleicht negativ dahin bezeichnen, daß der dieses Bewußtseins ermangelnde Thäter beim Handeln sich in dem guten Glauben befindet, nichts Unrechtes zu thun. In diesem Sinne pflegt auch die Praxis jenes Erfordernis meistens aufzufassen.

Einem Hauptvorwurfe, der die hier vertretene Ansicht anscheinend trifft, ist an dieser Stelle zu begegnen, dem Vorwurfe, daß die Einbeziehung des Bewußtseins der Pflichtwidrigkeit in den Thatbestand des vorsätzlichen Delikts ein Übergreifen aus dem Rechtsgebiete in das Gebiet der Moral involviere, daß man hiermit den festen Boden verlasse und in das grenzenlose Gebiet leerer und vager Gebiete hinüberschweife.

Lucas [102]) gibt diesem Vorwurfe in folgender Weise einen ziemlich bestechenden Ausdruck: „Wenn wir noch weiter gehen und dem Begriffe der „Rechtswidrigkeit" noch einen andern Inhalt geben wollen, so verlassen wir bereits das Gebiet des Rechts und bedienen uns dieses Begriffes nur uneigentlich. So thuen Bekker, welcher von Staatswidrigkeit, Geßler, welcher von Strafwürdigkeit, Heinze, welcher von Pflichtwidrigkeit, Binding, welcher von Normwidrigkeit spricht. Diese Begriffe sind zum Teil überhaupt unklar. Es gibt keinen andern Codex, nach welchem entschieden werden könnte, was staatswidrig, was strafwürdig ist, als den der bestehenden Gesetze, darüber hinaus würde die willkürliche Absicht des Individuums

---

[102]) S. 83 a. a. O.

in das Richteramt treten. So fallen diese Begriffe im Grunde zusammen mit Rechts- oder Gesetzwidrigkeiten oder zerfließen, wenn man sie über diese Grenzen hinaus ausdehnen will, in die schwankenden Ansichten der Staatsangehörigen über Begriffe, hinsichtlich deren selbst unter den Gelehrten von Fach keine Einigkeit herrscht. Die Heinzesche Pflichtwidrigkeit aber trägt Gesichtspunkte in das Strafrecht hinein, welche demselben fremd sind. Der Kreis der Pflichten des Menschen ändert sich je nach dem bestimmten Verhältnis desselben zur Außenwelt, und da die Beziehungen zu letzterer die mannigfachsten sind, so steht jedes Individuum innerhalb verschiedener Kreise von Pflichten, welche keineswegs konzentrisch verlaufen, sondern sich mehrfach berühren und schneiden. Wir sprechen von einem Konflikt der Pflichten. Jeder Pflichtenkreis gehört einem andern moralischen Gebiete an, und es gehört schon eine weite Ausdehnung des Begriffes der Sittlichkeit dazu, um sie in diesen Gesamtbegriff einzubeziehen. Der Begriff der Pflicht ist daher an sich nicht geeignet, als Surrogat für Recht gesetzt zu werden. Er ist aber auch von demselben generisch verschieden. Das Strafrecht kann es als solches nur mit Rechtspflichten zu thun haben. Insofern Heinze nur diese meinte, würde sein Begriff „Pflichtwidrigkeit" mit Rechtswidrigkeit oder Gesetzwidrigkeit lediglich zusammenfallen. Insofern er den Begriff aber weiter ausdehnt, greift er über das Gebiet des Rechts in unzulässiger Weise hinaus und in das der Moralphilosophie hinein."

Dieser Vorwurf würde begründet sein, wenn das sogenannte Bewußtsein der Rechtswidrigkeit, welches im genauen Sinne ein Bewußtsein der Pflichtwidrigkeit ist, hier, wie es gewöhnlich zu geschehen pflegt, als ein selbständiges Thatbestandsmerkmal der vorsätzlichen Delikte postuliert würde. Dies ist aber hier keineswegs der Fall. Vielmehr ergibt die bisherige Erörterung, daß das Bewußtsein der Pflichtwidrigkeit nur eine Bedingung des Vorsatzes ist, in letzterm allgemeinen Erfordernisse als implicite mitenthalten ist. Wie schon früher im Anschlusse an Loening ausgeführt ist, gehören Vorstellung und Wille nicht zu den Rechtsbegriffen, über welche die Strafrechtswissenschaft entscheidet, sondern sind thatsächlicher und zwar speziell psychologischer Natur. Folgerichtig ist auch die Verbindung, welche Wille und Vorstellung vermöge des Bewußtseins der Pflichtwidrigkeit miteinander eingehen, eine Verbindung, welche im Strafrecht den technischen Namen des Vorsatzes führt, psychologischen, also thatsächlichen, nicht rechtlichen Charakters. Das Bewußtsein der Pflichtwidrigkeit ist ein thatsächlicher Hebel, durch welchen die Vorstellung des rechtsverletzenden Erfolges in den Willen eingeht und der Vorsatz gebildet wird.

Sache der Praxis, die hierin, wie die Erfahrung lehrt, einen sehr feinen Takt hat, ist es, im einzelnen Falle diese Thatfrage zur Entscheidung zu bringen, festzustellen, ob der Thäter mit dem Bewußtsein, Unrechtes zu thun, gehandelt habe und ob demgemäß ein vorsätzliches und kein fahrlässiges Handeln anzunehmen sei. Die Entscheidung über das Vorhandensein der psychologischen Voraussetzungen des Vorsatzes dem Richteramte zu unterbreiten, ist unumgängliches Erfordernis der Rechtspflege und kein unzulässiger Übergriff in das Gebiet der Moral. Daß bei solcher Entscheidung individuelle Anschauungen über das jeweilige Pflichtgebot maßgebend sind, ist ebenso unvermeidlich, wie bei allen Entscheidungen thatsächlicher Natur das Gewicht solcher Anschauungen nicht vermieden werden kann. Die Kodifikation der dem Strafgesetz begrifflich und zeitlich voraufgehenden Normen der Moral wäre wegen der Flüssigkeit der Materie unmöglich, aber auch, wenn sie möglich wäre, kein Vorteil, sondern ein gefährlicher Nachteil. Die Aburteilung jener Thatfrage dem Richteramt anzuvertrauen, heißt nicht, der Willkür Thor und Thür zu öffnen, das Schwert der Gerechtigkeit individueller Laune preiszugeben. Eine durch mehrere Jahrhunderte bewährte, an dem Erfordernis des sogenannten Bewußtseins der Rechtswidrigkeit festhaltende Praxis der Gerichte hat bewiesen, daß von dem judizierenden Richter keineswegs leichtsinnig mit diesem Erfordernis umgesprungen wird, daß nur in seltenen, wohlerwogenen Fällen der Mangel dieses Bewußtseins angenommen worden ist und daß in solchen Fällen die Freisprechung der Regel nach dem Rechtsbewußtsein des Volkes entsprach. Das Abgehen von dieser Praxis wird die Judikatur in einen Gegensatz zu diesem Rechtsbewußtsein bringen und das Ansehen der Justiz nicht erhöhen.

Wenn Lucas ausführt, daß selbst unter Gebildeten die Ansichten über das rechtlich Erlaubte und Unerlaubte unter Umständen recht schwankend seien, daß sogar die Gerichte und selbst höchste Gerichtshöfe denselben Fall mitunter verschieden beurteilten, so ist dies gewiß richtig, beweißt aber nichts gegen die Konstruktion des Vorsatzes auf der thatsächlichen Basis des Bewußtseins der Pflichtwidrigkeit. Irren in Thatfragen ist auch bei dem Judizieren menschlich. Deshalb die Entscheidung einer der wesentlichsten Thatfragen dem Richteramt zu entziehen, wäre nicht logisch. Lucas weist auch auf die politische und soziale Gefahr hin, welche durch die Voraussetzung der subjektiven Pflichtwidrigkeit als einer Bedingung der vorsätzlichen Strafthat heraufbeschworen werde, indem er ausführt: „In unruhigen Zeiten, nach großen Kalamitäten und sonstigen erregenden Ereignissen hat es Irrungen der Geister mit Bezug auf das Rechte gegeben, welche förmlich epidemisch sich verbreitet haben. Ist doch sogar überliefert, daß es unter denjenigen, welche den sogenannten „politischen Mord", ein Verbrechen, das in seinen Folgen meist viel schwerer und sittlich oft noch viel verwerflicher ist als der gemeine Mord, unter gewissen Umständen für entschuldbar erklärten, ernstliche Bekenner dieser Überzeugung gegeben hat, welche dieselbe auf mißverstandene Gründe der Rechtsphilosophie und der Moral stützten. Als Sand Kotzebue ermordete, hielt er seine Handlung für eine im höchsten Sinne sittliche, von einer höhern, ewigen Ordnung gebotene, und weite Kreise seiner Zeitgenossen haben diese Anschauung geteilt, mindestens Anstand genommen, die That als ein Verbrechen anzusehen. Man denke sich Zeiten revolutionärer Bewegungen . . . Gerade die Politik ist, wie Erfahrung und Geschichte lehren, dasjenige Gebiet, auf welchem Dilettanten, Schwärmer und Fanatiker mit besonderer Vorliebe ihr Wesen treiben, und die Begriffe über das Rechte am buntesten durcheinandergehen."

Die polemische Anführung dieser an sich richtigen Thatsachen unterstellt, daß bei einem Konflikt der Pflichten, in welchem dasjenige Pflichtmotiv, welches der dem Strafgesetz voraufgehenden sittlichen Norm entspricht, sich als das schwächere erweist und vor dem — als höhere sittliche Pflicht erscheinenden — den verbrecherischen Willen dirigierenden Motive zurückweicht, das Bewußtsein der Rechtswidrigkeit ermangele und deshalb unter Voraussetzung seiner Notwendigkeit Freisprechung erfolgen müsse. Diese Unterstellung ist nicht richtig. Denn das „Bewußtsein der Rechtswidrigkeit" in bezug auf eine bestimmte That setzt nur das Bewußtsein derjenigen Pflicht voraus, gegen welche im konkreten Falle verstoßen wird. Daß außerdem noch das Bewußtsein einer andern höhern Pflicht vorhanden ist, welche das edle Motiv der verbrecherischen

That bildet, hebt das erstere Bewußtsein nicht auf. Als Sand Kotzebue ermordete, wußte er sehr wohl, daß er gegen die sittliche Norm: „Du sollst nicht töten" verstieß. Dies Bewußtsein genügte zur Annahme seiner vorsätzlichen Schuld. Der Umstand, daß ein aus seiner Einbildung entsprungenes höheres Pflichtmotiv seinen verbrecherischen Willen hervorrief, hätte höchstens auf die Begnadigungsfrage Einfluß üben dürfen, auf die Schuldfrage nicht. Der Staat, welcher das Recht und die Pflicht des Richteramts, bei Mangel „des Bewußtseins der Rechtswidrigkeit" den Thäter von der vorsätzlichen That loszusprechen, anerkennt, steckt also weder „das Schwert der Gerechtigkeit vor den Verirrungen des Rechtsgefühls in die Scheide, noch verzichtet er auf seine Existenzbedingungen".[103])

Nicht „unter dem Drucke der Erkenntnis" solcher Gefahr des Staates, wie Lucas meint, kommt die Praxis „bei bestrittenem Bewußtsein der Rechtswidrigkeit" der Regel nach zu Verurteilungen, sondern deshalb, weil die dem Strafgesetz voraufgehende sittliche Norm dem sittlichen Standpunkte des Volkes entspricht und also meistens im Bewußtsein des Thäters zu präsumieren ist. Das Interesse des Staates, den Beweis der Anklage der Anklagebehörde gegen den schuldigen Thäter möglichst zu erleichtern, wird durch das anderweite Interesse an der Verhütung der Verurteilung eines Unschuldigen dermaßen eingeschränkt, daß auch kriminalpolitische Erwägungen dem hier vertretenen Standpunkt nicht entgegenstehen.

Der gegenteilige Standpunkt führt zur Bewahrheitung des Satzes: „summum jus summa injuria". Man denke sich, daß ein Australneger der Herrschaft des deutschen Strafgesetzes untersteht, weil dasselbe in den Kolonien eingeführt ist oder weil er Deutschland zugereist ist, und daß derselbe ohne Kenntnis des Strafgesetzes in Erfüllung einer seinem sittlichen Standpunkt, ja vielleicht seiner religiösen Pflicht entsprechenden Norm einen Akt begeht, der jenes Gesetz objektiv verletzt! Er würde, wenn er zurechnungsfähig war und den konkreten Thatbestand im Bewußtsein hatte (§ 59 R. St. G. B.), trotz seiner sittlichen Handlung dem Strafrichter verfallen.

Dadurch daß der Angriffspunkt, gegen welchen sich die gegnerische Meinung richtet, aus dem Gebiete des Rechts in das Gebiet der Psychologie verrückt wird, fällt die Hauptstütze jener Meinung fort.

---

[103]) Lucas S. 80 a. a. O.

Sowohl v. Wächter, v. Liszt und Lucas als auch das Reichsgericht stützen sich nämlich hauptsächlich auf die ganz richtige Erwägung, daß die objektive Voraussetzung der Strafbarkeit einer Handlung, die Gültigkeit und Anwendbarkeit des Strafgesetzes, nicht einen Teil der von dem Bewußtsein des Handelnden umfaßten Strafthat selbst bilden könne. Ob der Thäter wisse, daß er rechtswidrig handle, sei rechtlich ebenso gleichgültig, als ob er wisse, daß er zurechnungsfähig oder strafunwürdig sei, daß er vorsätzlich oder fahrlässig handle, daß seine Handlung als Versuch oder Vollendung als ein oder mehrere Delikte sich darstelle. Denn es handle sich für den Verbrecher nicht um die juristische Beurteilung, sondern um die materielle Wirkung seiner Handlung.[104]) In der That bewegt man sich in einem circulus vitiosus, wenn man als Thatbestandsmerkmal der mit Strafe bedrohten Handlung auch den Umstand, daß sie mit Strafe bedroht sei, rechnet.[105])

Ganz anders liegt aber die Sache, wenn das sogenannte Bewußtsein der Rechtswidrigkeit die thatsächliche Voraussetzung des Vorsatzes bildet, wenn der Vorsatz darin besteht, eine rechtswidrige Handlung ungeachtet der Erkenntnis ihrer Pflichtwidrigkeit zu begehen.

Lucas vermißt in seiner Polemik gegen Ortloff mit Recht den Beweis[106]) des Vordersatzes, daß der Vorsatz darin bestehe, eine rechtswidrige Handlung ungeachtet der Erkenntnis ihrer Rechtswidrigkeit zu begehen, und verwahrt sich deshalb gegen eine Schlußfolgerung, die im Grunde folgende sei: „Weil zum Vorsatze das Bewußtsein der Rechtswidrigkeit gehört, gehört dieses Bewußtsein zum Vorsatze".

Ein ähnlicher Vorwurf kann die gegenwärtige Darlegung nicht treffen, da der Nachweis des Vordersatzes, daß ohne Bewußtsein der Pflichtwidrigkeit ein vorsätzliches Handeln in Hinsicht auf einen rechtsverletzenden Erfolg nicht möglich sei, oben durch Analyse der Elemente des Vorsatzes, des Wollens und des Vorstellens aus der Art der Verbindung, welche diese Elemente im Vorsatze miteinander eingehen, geführt ist, und bei Richtigkeit dieses Vordersatzes die Folgerung, daß jenes Bewußtsein die unumgängliche Voraussetzung des vorsätzlichen Delikts bilde, zweifellos richtig ist.

---

[104]) v. Liszt, Lehrbuch II. Aufl. S. 151. III. Aufl. S. 163.
[105]) Lucas S. 74 a. a. O.
[106]) S. 73 a. a. O.

Ist diese Logik zwingend, so kommt es auf die Gründe, welche zur Verteidigung des Erfordernisses „des Bewußtseins der Rechtswidrigkeit" aus §§ 56—59 R. St. G. B. entnommen zu werden pflegen, nicht an. Diese Gründe sind nicht stichhaltig. Denn die §§ 56—58 sprechen, wie gegenerischerseits mit Recht geltend gemacht wird,[107]) nicht von der Erkenntnis der Strafbarkeit der **konkreten** verbrecherischen Handlung, sondern von der **zu** dieser Erkenntnis erforderlichen Einsicht, also von der Kapazität des Handelnden im Erkennen, und der § 59 St. G. B. verhält sich nur über die gesetzlichen Merkmale des konkreten Verbrechens, zu welchen eben das Bewußtsein der Rechtswidrigkeit nicht gehört, nicht über die allgemeinen Voraussetzungen der Verbrechen, wie z. B. Zurechnung, Vorsatz, Fahrlässigkeit. Für die begriffliche Konstruktion des Vorsatzes sind die §§ 56—59 R. St. G. B. ebensowenig sedes materiae als die fernerweit von den Verteidigern des „Bewußtseins der Rechtswidrigkeit" im vorsätzlich handelnden Thäter herangezogenen §§ 51 und 43 a. a. O. Das Strafgesetzbuch definiert nirgends den Begriff des Vorsatzes und zwar mit Recht, da sein Inhalt dem Gebiete der psychologischen Thatsachen angehört. Letzterer Gesichtspunkt läßt auch die aus dem römischen Recht, sei es für, sei es wider die Annahme, daß der Thäter nur dann vorsätzlich handle, wenn er sich dessen bewußt sei, daß sein Thun gegen eine Norm verstoße, herbeigeholten Gründe als irrelevant erscheinen. Denn „die gesetzliche Auffassung der natürlichen Beschaffenheit der supponierten Thatsachen kann sich als eine irrige herausstellen; natürliche Verhältnisse können durch Gesetze nicht geändert werden".[108]) Dies gilt nicht bloß von der gesetzlichen, sondern auch von der gewohnheitsrechtlichen Auffassung der thatsächlichen Bedingungen des Vorsatzes. Die Beweisgründe, welche das Reichsgericht[109]) daraus entnimmt, daß die Bestimmungen des preußischen Landrechts, Einleitung § 13 u. II. 20 § 10 ff. schon dem preußischen Strafgesetzbuch vom 14. April 1851 fern geblieben, und das deutsche Strafgesetzbuch gleich dem preußischen keinen Anhalt für die Annahme gewähre, daß das Bewußtsein der Strafwürdigkeit (des Verboten- bezw. Unerlaubtseins seiner Handlung) im Thäter als eine allgemeine Voraussetzung für die Strafbarkeit aufgefaßt

---

[107]) **Lucas** S. 70 a. a. O.

[108]) **Loening** in der schon früher citierten Anmerkung: Zeitschrift f. Strafrecht Bd. 3 S. 226.

[109]) Urt. v. 25. September 1880, Entsch. Bd. II S. 268.

sei, sowie daraus, daß der die Strafausschließungsgründe behandelnde Abschnitt 4 des ersten Teiles diese Materie erschöpfe, ohne anzudeuten, daß die Unkenntnis des Thäters über das Verbotensein seiner Handlung die Ausschließung der Strafbarkeit begründen könne, sind aus demselben Grunde hinfällig.

Nun gibt es allerdings eine Reihe von Gesetzen, welche die Verletzung anderweiter — begrifflicher voraufgehender — gesetzlicher Normen mit Strafe bedrohen, ganz unangesehen dessen, ob dem Thäter jene voraufgehende Norm bekannt gewesen sei oder nicht, wie z. B. viele gegen Zoll- oder Steuerkontraventionen gerichtete Strafbestimmungen. Zur Konsumierung derartiger Delikte bedarf es jedoch nicht der Vorsätzlichkeit, sondern genügt die Fahrlässigkeit des Thäters. Und zwar liegt die Fahrlässigkeit des gegen derartige gesetzliche Normen ohne Kenntnis derselben Verstoßenden darin, daß er, wozu ihn der Staat für verpflichtet halten muß, sich diese Gesetzeskenntnis nicht verschafft und deshalb nicht voraufgesehen hat, daß sein konkretes Handeln einen jene Normen verletzenden Erfolg herbeiführen mußte.

Sieht man von diesen Fällen, die im Grunde keine Ausnahmen bilden, ab, so gilt als Regel, daß die gegen Verletzung anderweiter gesetzlicher Normen sich richtenden Strafbestimmungen, sofern jenen Normen nicht wiederum andre, als dem Thäter bekannt vorauszusetzende sittliche Normen voraufgehen, nur dann zur Anwendung gelangen dürfen, wenn die verletzten gesetzlichen Normen als dem Thäter bekannt vorausgesetzt werden dürfen.

Da mit dem Wegfall der den rechtsverletzenden Erfolg umfassenden Vorstellung auch das Gegengewicht des Pflichtmotivs wegfällt, das der Wille zu überwinden hat, kann von einem vorsätzlichen Handeln nur insoweit die Rede sein, als jene Vorstellung nicht nur bei Beginn des Handelns, sondern auch im Fortgange desselben vorhanden war.

Ferner, da derjenige Teil der die Handlung begleitenden Vorstellungen, welche nicht in den Willen eingegangen sind, nach Obigem nicht zum Inhalt des Vorsatzes, sondern nur zum Gedankenplan, zum Vorhaben gehört, und da, wie wir ferner oben gesehen haben, Wille nur so weit vorhanden ist, als Handlung vorhanden ist, so ergibt sich als logischer Schluß, daß der Vorsatz nur die Folgen des durch Handlung effektuierten Teils des Gedankenplans umfassen kann, nur diese Folgen dem Willen zugerechnet werden dürfen. Nur die Vorstellung von den Folgen des effektiven

Handelns, nicht die Vorstellung von den Folgen des zukünftigen, vorgenommenen, aber nicht effektuierten Handelns kann in den Willen eingehen. Denn unlogisch wäre es, anzunehmen, der Thäter handle trotz seiner Vorstellung von den Folgen seines zukünftigen, noch nicht verwirklichten Handelns. Derselbe handelt vielmehr trotz der Vorstellung von den Folgen seines gegenwärtigen Handelns.

Diejenige Meinung, welche auch die Folgen des noch nicht verwirklichten, nur beabsichtigten Handelns in den Inhalt des Vorsatzes mit aufnimmt, setzt entweder das Vorhaben, den Gedankenplan, welcher vor dem Beginn des Handelns vorhanden ist und während des Handelns die Willensaktion begleitet, ohne in den Willen einzugehen, dem Vorsatze gleich oder setzt sich mit dem Satze in Widerspruch, daß Wille nur so weit vorhanden ist, als Willensaktion, nämlich Handlung, vorliegt.

VI.

Wenn die aus der psychologischen Natur des Vorstellens und Wollens entnommenen Prämissen, von denen in dieser Arbeit ausgegangen ist, richtige waren, so dürfte die Logik, mit welcher der Satz begründet wurde, daß der Vorsatz im strafrechtlichen Sinne nur die etwaigen Folgen des vollendeten Teils des geplanten Handelns, nicht die etwaigen Folgen des geplanten, aber noch nicht vollendeten Handelns umfassen könne, zwingender Natur sein.

Die schwerwiegende Bedeutung dieses Satzes für die Lehre vom versuchten Delikt liegt auf der Hand, weshalb hier zum Schlusse gestattet sein möge, dasselbe im Lichte jenes Satzes etwas näher zu betrachten.

Ein praktischer Fall läßt die Wirkung des letzteren auf die Konstruktion des Versuchs klar hervortreten.

Wenn jemand zwecks Begehung eines Diebstahls an einer in einer Mietswohnung befindlichen Sache, die unter Aufsicht des Hauswirts stehende Thür des Hauses, in welchem sich außer jener Wohnung noch mehrere Mietswohnungen befinden, erbricht, dann aber, durch äußere oder innere Motive bewogen, von der weitern Ausführung des geplanten Diebstahls Abstand nimmt, so ist die sein Handeln begleitende Vorstellung des ursprünglich beabsichtigten Thuns und der Folgen desselben nur so weit in seinen Willen aufgenommen, als die Handlung und die Folgen der Handlung reichen, durch welche das Erbrechen der Hausthür herbeigeführt ist.

Wenn man also hier davon ausgeht, daß das Erbrechen der Hausthür noch keinen Beginn der Störung des Gewahrsams des Mieters — insofern dessen Gewahrsam nicht über die gemietete Wohnung hinausreicht —, also auch noch keinen Beginn der Wegnahme der zu stehlenden Sache involviert, so würde auch der Vorsatz des Thäters nicht über Hausfriedensbruch und Sachbeschädigung hinausreichen. Die übrigen beim Erbrechen der Hausthür vorhanden gewesenen Vorstellungen des Thäters, also die Vorstellung von dem Erbrechen der Thür der Mietswohnung, von dem Erbrechen des Geldschrankes des Mieters, des Herausnehmens des Geldes u. s. w. würden in den Willen nicht eingegangen sein, dem Inhalte des Vorsatzes nicht zugerechnet werden dürfen, sondern nur dem in die Zukunft hinaussehenden Vorhaben, dem Gedankenplan des Thäters angehören.

Oder ein andres bekanntes Beispiel. Wenn jemand in der Absicht, eine Person durch Gift zu ermorden, derselben das Gift in einzelnen Dosen, von denen jede an und für sich, wie auch dem Thäter bekannt ist, nur Unwohlsein zu erregen, nicht zu töten geeignet ist, zuführt, so ist bei Hingabe jeder Dosis nur derjenige Teil der begleitenden Vorstellungen, welcher die Folgen der Hingabe dieser Dosis umfaßt, in den Willen eingegangen, bei Hingabe der ersten Dosis also jedenfalls nur die Vorstellung des den Thatbestand der Körperverletzung konstituierenden Erfolges, während die Vorstellung von den möglichen Folgen des Genusses der noch zu verabreichenden Dosen nicht dem Vorsatze, sondern nur dem Vorhaben angehört. Erst in dem Moment, in welchem Thäter diejenige Dosis, die in Verbindung mit den andern voraussichtlich und wahrscheinlich den Tod herbeiführen wird, wie auch dem Thäter bewußt ist, eingibt, tritt die Vorstellung des den Thatbestand des Mordes konstituierenden Erfolges in den Willen des Thäters ein, ist Vorsatz auf Mord vorhanden. Bis zu diesem Zeitpunkte steht es noch nicht fest, ob ernstlicher Wille zur Mordthat vorliegt. Die Entscheidung des Kampfes der miteinander streitenden sittlichen und unsittlichen Motive ist vor diesem Zeitpunkte nur in Hinsicht auf die vorsätzliche Körperverletzung getroffen. Thäter selbst kann vor diesem Zeitpunkte noch nicht wissen, ob bei dem entscheidenden Moment sein Wille sich in der geplanten Richtung bewogen oder von sittlichem Schauder ergriffen die entgegengesetzte Richtung einschlagen wird, oder ob die äußern Umstände die Durchführung der geplanten Willensaktion, also auch die Bildung des mit dieser Aktion identischen Willens gestatten oder verhindern werden.

Hieraus folgt zunächst, daß in denjenigen Fällen, in welchen die mit Strafe bedrohte That aus mehreren Thatbestandsmerkmalen besteht, vermöge deren die Ausführung der That in einzelne Abschnitte menschlichen Handelns zerfällt, die Bethätigung eines diese That umfassenden Willens dann nicht vorliegt, wenn nicht der Anfang der Ausführung aller zur That gehörigen Merkmale begonnen hat, daß dieser Wille vielmehr jedenfalls nicht weiter greift, als durch die Merkmale, deren Ausführung durch die vorliegenden konkreten Handlungen begonnen erscheint, indiziert wird.

Wenn man daher mit dem Reichsgericht den Strafgrund für das versuchte Delikt lediglich in dem durch den Anfang der Ausführung der That objektivierten Willen findet, gelangt man bei Zugrundelegung des oben erörterten Willensbegriffes zu der Konsequenz, einen strafbaren Versuchsdelikt dann nicht anzunehmen, wenn nicht wenigstens die Ausführung sämtlicher in den Kreis des verbrecherischen Handelns hineinfallenden Merkmale der That begonnen hat.

Dennoch hat das Reichsgericht mehrfach entschieden, daß zur Konsumierung des strafbaren Versuchs der Beginn der Ausführung auch nur eines Merkmals genüge. Es hat hierbei nicht einmal eine Einschränkung dahin getroffen, daß jenes eine Merkmal das die That hauptsächlich klassifizierende sein müsse, z. B. bei Diebstahl und Raub die Wegnahme der Sache, bei Unzuchtsverbrechen die unzüchtige Handlung, bei Betrug die Vorspiegelung der falschen Thatsache u. s. w. Vielmehr führt die Konsequenz der reichsgerichtlichen Auffassung dahin, den Versuch auch dann für konsumiert zu erachten, wenn vor Beginn des wesentlichsten Teils der That mit der Ausführung eines erschwerenden Moments, z. B. bei dem Diebstahl mit dem Erbrechen der Hausthür oder dem Einsteigen begonnen ist, sofern nur das Vorhaben des Thäters, sein Gedankenplan bei Vornahme jener Handlung jene nicht begonnenen Merkmale mit umfaßte.

Daß das Reichsgericht diese Konsequenz nicht scheut, ergibt sich aus der Begründung der Entscheidung vom 19. Oktober 1883:[109a])

[109a]) Entsch. Bd. 9 S. 81.

„Mit dem Beginne der Ausführung eines Thatbestandsmomentes, aber auch erst damit ist die Grenze der Vorbereitungshandlungen überschritten und das Gebiet strafbaren Versuches betreten. Das Wegnehmen des zwei Stock hoch auf dem Schüttboden lagernden Getreides ist damit nicht begonnen, daß der Angeklagte, wenn auch mit Brech- und Transportwerkzeugen versehen, bis dicht an die Außenseite des Gebäudes herangekommen ist. Denn das Wegnehmen erfordert eine Thätigkeit, welche die Sache aus dem fremden Gewahrsam in die eigne Verfügungsgewalt hinüberbringt. Aber auch, daß mit dem Einsteigen oder Einbrechen der Anfang gemacht worden, hat der Vorderrichter nicht festgestellt. Es liegt daher keine Thätigkeit des Angeklagten vor, durch welche er mit der Ausführung eines der zu den Thatbestandsmerkmalen des schweren Diebstahls gehörenden Handlungen den Anfang gemacht und damit den Bereich der bloßen Vorbereitungshandlungen überschritten hat."

Noch deutlicher spricht sich über diesen Punkt das Reichsgericht in der Entscheidung vom 2. Oktober 1882 [110]) aus, deren Begründung auch deshalb von großem Interesse ist, als sie deutlich erkennen läßt, daß das Reichsgericht bei dem Versuch, den Vorsatz des Thäters, also auch dessen verbrecherischen Willen [111]) identifiziert mit dem über den vollendeten Teil der Handlung und dessen Folgen hinausreichenden, die unvollendete That umfassenden Gedankenplan, und zwar folgenderweise:

„Das Strafgesetzbuch fordert für Annahme eines Versuchs zwei Hauptmomente: 1. den Entschluß, ein Verbrechen oder ein Vergehen zu verüben, 2. die Bethätigung dieses Entschlusses durch Handlungen, welche den Anfang der Ausführung des Verbrechens oder Vergehens enthalten. Der Entschluß muß also das gesamte Verbrechen umfassen, auf dessen Ausführung in seinem vollen Umfange und bezüglich aller seiner Thatbestandsmomente gerichtet sein. Die Bethätigung des Entschlusses hat dagegen nur den Anfang der Ausführung des Verbrechens oder Vergehens zu enthalten. Wenn daher auch einerseits als Hand-

---

[110]) Entsch. Bd. 7 S. 54.

[111]) Wie unter II. dargelegt war, verlegt das Reichsgericht den Vorsatz in den Willen, nicht in die Vorstellung.

lungen, welche zu diesem Zwecke genügen — im Gegensatze zu bloßen Vorbereitungshandlungen — nur solche gelten können, welche schon wirkliche Thatbestandsmomente der vom Gesetze mit Strafe bedrohten Missethat betreffen, so kann doch auf der andern Seite auch nicht verlangt werden, daß der Anfang der Ausführung schon alle Bestandteile des gesetzlichen Thatbestandes, welche für das vollendete Reat gefordert werden, umfasse. Es kann daher insbesondere bei solchen Verbrechen, deren Thatbestand sich aus einer Mehrheit aufeinanderfolgender, in ihrer Gesamtheit das vollendete Verbrechen bildender Einzelhandlungen zusammensetzt, nicht verlangt werden, daß der Versuch notwendig die zur schließlichen Vollendung des Verbrechens erforderliche Handlung mitumfasse und daß deshalb auch jede, bis zur letzten, dieser Handlungen schon begonnen sei, es wird vielmehr die Ausführung des Verbrechens auch dann als angefangen erachtet werden können, wenn die der Natur des Verbrechens nach vorausgehenden, also so recht eigentlich zum Anfange der Ausführung geeigneten Thatbestandsmomente auch wirklich zur Ausführung gelangt sind. Dies setzt allerdings notwendig voraus, daß aus dem Anfange das Ende, aus der angefangenen Ausführung das Auszuführende mit Sicherheit zu erkennen sei. Das vorwiegend entscheidende Moment ist hier die erkennbare Tragweite des Entschlusses. Das Erbrechen eines Behältnisses kann bloße Eigentumsbeschädigung sein; ist aber nach den Umständen des Falles festgestellt, daß das Erbrechen in diebischer Absicht geschah, so kann unbedenklich ein Diebstahlsversuch angenommen werden, wenn auch mit der Wegnahme des Inhalts noch nicht begonnen wurde. Umfaßt also die Absicht des Thäters den gesamten Thatbestand eines aus mehreren Thätigkeiten zusammengesetzten Reates, vermochte er aber, ohne seine Absicht aufgegeben zu haben, nur einzelne dieser Thätigkeiten auszuführen, während die Ausführung der übrigen und damit die Vollendung des Gesamtreats unterblieb, so wird regelmäßig ein strafbarer Versuch vorliegen."

Diese Annahme des Reichsgerichts ist nicht haltbar, wenn der Wille nicht weiter reicht, als der verwirklichte Teil der geplanten Handlung, wenn nur die Vorstellung der Folgen dieses vollendeten Teils in den Willen eingehen und demgemäß der Vorsatz sich über diese Folgen nicht hinaus erstrecken kann. Will man den verbrecherischen Willen als den für die Bestrafung des versuchten Delikts maßgebenden Grund hinstellen, so wird man nicht umhin können, denjenigen Versuch, welcher nicht bis zum Anfang der Ausführung sämtlicher je ein Thatbestandsmerkmal involvierender Handlungen gediehen ist, als straflos zu erachten.

Es ist aber noch ein bedeutender Schritt weiter in dieser Richtung zu thun. Die Konsequenz der subjektiven Theorie, welche allein in dem objektivierten Willen des Handelnden den Grund der Strafbarkeit des Versuchs gefunden zu haben glaubt, führt dahin, daß der sogenannte unbeendete Versuch — also auch derjenige Versuch, welcher den Anfang der Ausführung sämtlicher Thatbestandsmerkmale umfaßt und nur die Vollendung einer ein Thatbestandsmerkmal involvierenden Handlung vermissen läßt — straffrei bleiben muß, daß ein strafwürdiger Versuch vielmehr nur dann vorliegt, wenn der Thäter alles das gethan hat, was im subjektiven Sinn den Erfolg verbürgt, wenn alle auf den Erfolg gerichteten Bewegungen des Thäters vollzogen sind, dieser Erfolg aber wegen anderweiter Hindernisse nicht eingetreten ist, d. h. also im Falle des sogenannten beendeten Versuchs. Denn der Grundsatz, daß Wille nur so weit vorhanden ist, als Handlung, und daß Vorsatz nur so weit vorliegen könne, als die Folgen der Handlung reichen können, steht der Annahme entgegen, daß der Vorsatz den noch nicht beendeten Teil der Ausführung der die Thatbestandsmerkmale einschließenden begonnenen Handlungen und deren Folgen mitumfassen könne, und verbietet, diesen Teil in den Umfang der versuchten That bei Bestimmung ihrer Mermale hineinzuziehen. Auch hier kann nicht die Vorstellung der Folgen des erst beabsichtigten, noch nicht verwirklichten Thuns, sondern nur die Vorstellung der Folgen des effektiven Handelns in den Willen eingehen, auch hier ist die Möglichkeit nicht ausgeschlossen, daß der Wille vor Vollendung der geplanten That eine andre Richtung einschlägt.

Man könnte hiergegen einwenden, daß es für die Konsumierung des strafbaren Versuchs nicht darauf ankommen könne, ob der ganze verbrecherische Wille sich objektiviert habe, sondern daß es zur Feststellung der strafbaren Willensschuld genüge, wenn die vorliegende teilweise Ausführung der geplanten Handlung die Richtung des verbrecherischen Willens genügend erkennen lasse. Auch das Reichsgericht stützt sich in seiner oben wiedergegebenen Begründung seiner Entscheidung vom 2. Oktober 1882 auf die Erwägung, daß es lediglich darauf ankomme, ob die Tragweite des Entschlusses — d. h., wie der Zusammenhang ergibt, des verbrecherischen Willens — aus dem vollendeten Teil des geplanten Verbrechens erkennbar sei. Jenem Einwande liegt jedoch die falsche Voraussetzung zu Grunde, daß der Wille etwas Teilbares sei, wie eine mathematische Größe. Man denkt sich hier den Willen auf einer Linie einem Ziele zuschreitend und mißt ihn quantitativ nach Maßgabe des Verhältnisses des beschrittenen Teils der Linie zur Größe der ganzen Linie. Der Wille ist aber etwas Unteilbares. Der auf Begehung einer Handlung, die eins von mehreren Merkmalen einer mehrere Handlungsabschnitte umfassenden Strafthat involviert, gerichtete Wille ist kein mathematischer Teil des auf letztere That gerichteten Willens, sondern ein von Grund aus andrer Wille als jener. Wer eine Sachbeschädigung zwecks Ausführung eines Diebstahls begeht, hat bei Ausführung dieser Sachbeschädigung einen qualitativ andern Willen, als bei der nach Vollendung der Sachbeschädigung vorgenommenen Ausführung des Diebstahls, wenn auch der Gedankenplan, der beabsichtigte Zweck bei beiden Handlungen derselbe war. Ebenso ist aber auch der die Begehung eines Teils der ein Thatbestandsmerkmal umfassenden Handlung verwirklichende Wille kein quantitativer Teil desjenigen Willens, der im Moment der diese Handlung vollendenden Thätigkeit agiert. Da dieser erstere Wille vor Eintritt des Moments der Vollendung eine andre Richtung einschlagen kann, so ist der Anfang der Ausführung des geplanten Verbrechens kein Beweismittel dafür, daß der verbrecherische Wille der handelnden Person in dem entscheidenden Momente noch vorhanden sein wird. Sonach erscheint es vom Standpunkte der subjektiven Theorie des Reichsgerichts aus nicht möglich, die Strafbarkeit des sogenannten unbeendeten Versuchs zu rechtfertigen.

Das Reichsstrafgesetzbuch macht nun bekanntlich in Hinsicht auf den beendeten und unbeendeten Versuch keinen Unterschied. Der § 43 schließt von seiner Definition des Versuchs nur diejenigen Versuchshandlungen aus, welche von der Vollendung noch so weit entfernt liegen, daß man sie noch dem Vorbereitungsstadium, nicht dem Stadium der Ausführung der beabsichtigten That, zurechnen darf. Wie die in Abschnitt I. und II. des § 46 statuierten Ausnahmefälle, in welchen die Strafbestimmungen der §§ 43—45 auf den vorliegenden Thatbestand des § 43 nicht zur Anwendung kommen sollen und von denen der erstere ein Fall des unbeendeten, der letztere ein

Fall des beendeten Versuchs ist, beweisen, umfaßt die Definition des § 43 nach Absicht des Gesetzgebers beide Fälle.

Die subjektive Theorie des Reichsgerichts, welche den verbrecherischen Willen als dasjenige Moment, welches den Versuch strafbar macht, hinstellt, reicht daher zur Konstruktion des den unbeendeten Versuch einschließenden Begriffs vom Versuche, welchen der Gesetzgeber im Auge hat, nicht aus. Die subjektive Seite des unbeendeten Versuchs bildet aber, sofern der Wille nicht weiter reicht als die Handlung und der Vorsatz, nicht weiter, als die Folgen der verwirklichten Handlung, nicht der auf die That, um deren Versuch es sich handelt, gerichtete verbrecherische Wille, sondern der diese beabsichtigte That umfassende Gedankenplan mit Einschluß der Vorstellung von den Folgen des beabsichtigten, noch nicht verwirklichten Handelns, in dessen Ausführung der Anfang gemacht ist. Sofern man bei dem unbeendeten Versuche überhaupt noch von einem auf die vollendete That gerichteten Vorsatze sprechen darf — was bei Festhaltung des oben gewonnenen Inhaltes dieses Begriffes im genauen Wortsinne unzulässig ist — so würde solcher Vorsatz hier wirklich nicht innerhalb des Willens, sondern innerhalb des cogitare liegen, und würde die Definition v. Liszts, daß der Vorsatz die Vorstellung von der Kausalität des Thuns oder Unterlassens sei, in ihrer erstern Alternative hier zutreffen. Der Vorsatz umfaßt aber bei dem unbeendeten Versuch nicht die verbrecherische That, mit deren Ausführung begonnen ist, sondern nur die möglichen Folgen des gewollten, d. h. des vollendeten Teils der Handlung. Dies zeigt klar folgendes Beispiel. Wenn jemand sich von vornherein vorgenommen hat, eine durch das Strafgesetz bedrohte That — etwa um Schrecken zu erregen — nur bis zum Stadium des unbeendeten Versuchs auszuführen, und demgemäß handelt, so ist kein Zweifel, daß ein verbrecherischer Wille und demgemäß auch ein verbrecherischer Vorsatz nicht vorliegt. Ganz ebenso in Hinsicht auf Wille und Vorsatz liegt der Fall des unter § 43 fallenden unbeendeten Versuchs. Derselbe unterscheidet sich von dem erstern Fall nur dadurch, daß bei ihm der Gedankenplan nicht nur die Versuchshandlung, sondern die vollendete Handlung, und daß die Vorstellung des Handelnden nicht nur die Folgen der erstern, sondern auch die Folgen der letztern Handlung umfaßt. Wille und Vorsatz in dem hier vertretenen Sinne sind aber in beiden Fällen gleichen Inhalts, da die Handlung, über welche der Wille nicht hinausreicht, und die Folgen der Handlung, über welche der Vorsatz nicht hinausreicht, in beiden Fällen das Stadium des unbeendeten Versuchs nicht überschritten haben.

Die subjektive Theorie des Reichsgerichts kann sonach als Grundlage der Konstruktion des strafbaren Versuchs dem Gesetzgeber nicht imputiert werden.

Anzuerkennen ist, daß auch die objektive Theorie, insofern sie neben der objektiven Gefährdung des durch das Strafgesetz geschützten Rechtsguts noch die Objektivierung des verbrecherischen Willens postuliert, aus denselben Gründen außer stande ist, den unbeendeten Versuch zu konstruieren. Es ist nicht Aufgabe dieser mit der subjektiven Seite der Schuld sich beschäftigenden Arbeit, auf die Vorzüge und Schwächen der objektiven Theorie einzugehen und die Lösung des Problems des — aus der Willensschuld nicht herleitbaren — „unbeendeten Versuchs" von jener Seite her zu suchen.

Nur folgende Bemerkungen seien in dieser Richtung gestattet. Die objektive Theorie ist in der angenehmeren Lage, auf die „Objektivierung des verbrecherischen Willens" verzichten zu dürfen und an Stelle dieses Erfordernisses den im Anfange der Ausführung der geplanten verbrecherischen That sich dokumentierenden Gedankenplan, das verbrecherische Vorhaben als Erfordernis einzuschieben, da ihr dann immer noch als Grund der Strafbarkeit des Versuchs die objektive Gefährdung des Rechtsguts verbleibt, während der subjektiven Theorie nach Fallenlassen der Willensschuld nur der auf das Verbrechen gerichtete Gedanke, in dessen teilweiser Ausführung die Versuchshandlung, welche an sich nicht strafbar ist, begangen ist, als Grund der Strafbarkeit des Versuchs übrigbleibt.

Der Satz des Reichsgerichts:[112])

> „Besteht aber der Versuch nicht in der durchgeführten Verletzung des Rechtsgutes und auch nicht in einer objektiven Gefährdung desselben, so kann er nur in der Kundgebung eines auf die Verletzung gerichteten Willens durch eine äußere Handlung bestehen, welche über die Grenze der bloßen Vorbereitung hinausgegangen ist"

kann daher mit größerm Rechte dahin umgedreht werden:

> „Besteht der strafbare Versuch nicht in der Kundgebung eines auf die Verletzung gerichteten Willens und auch nicht in der durchgeführten Verletzung des Rechtsgutes, so kann

---

[112]) Entsch. v. 30. März 1883 Bd. 8 S. 198.

er nur in einer objektiven Gefährdung desselben, durch welche der auf die verbrecherische That gerichtete Gedanke des Thäters kundgegeben wird und welche die Grenze der bloßen Vorbereitung der That überschreitet, bestehen."

Immerhin erscheint im Lichte des erbrachten Nachweises, nach welchem der unbeendete Versuch aus dem Begriffe der Willensschuld nicht hergeleitet werden kann, nicht nur die subjektive, sondern auch die bisherige objektive Versuchstheorie, letztere, insofern sie auf das Erfordernis der Willensschuld ebenfalls nicht verzichtet, unzulänglich.

Den einzigen Ausweg aus diesen Schwierigkeiten scheint die Straße zu bieten, welche Lammasch und v. Liszt [113]) eingeschlagen haben, indem sie den Grund der Strafbarkeit des Versuchs nicht aus dem allgemeinen Begriffe des Versuchs herzuleiten suchen, sondern denselben in der psychologischen Thatsache finden, daß durch die Vorstellung der Gefährlichkeit der ein Rechtsgut bedrohenden Versuchshandlung in der Gesellschaft die Vorstellung der Strafbarkeit dieser Handlung oder — wie v. Liszt es nennt — das ressentiment, d. h. die instinktive Reaktion der Gesellschaft gegen diesen — hinsichtlich seiner objektiven Folgen nur scheinbaren, d. h. nur in der Vorstellung vorhandenen — Einbruch in die Rechtsordnung wachgerufen wird.

Diese Vorstellung der Gefährdung eines Rechtsguts ist nicht bloß bei dem beendeten, sondern auch — wenn auch in geringerem Grade — bei dem unbeendeten Versuch in dem Gefährdeten und dem unbeteiligten Zuschauer vorhanden, da die Vermutung gilt, daß der Handelnde bei dem durch den Anfang der Ausführung der That dokumentierten verbrecherischen Gedankenplan stehen geblieben wäre und denselben zur Ausführung gebracht haben würde, wenn er an dieser Ausführung nicht durch Umstände gehindert worden wäre, die außerhalb seines Willens und seiner Erwartung lagen. Jene Straße weiter zu verfolgen, ist hier nicht am Orte. Vielmehr muß es hier genügen, dem Vorwurfe vorzubeugen, daß die in dieser Abhandlung erzielten Resultate die Möglichkeit ausschließen, den strafbaren Versuch zu konstruieren.

Der Satz, daß die subjektive Theorie des Reichsgerichts nicht geeignet ist, die Strafbarkeit des unbeendeten Versuchs zu be-

---

[113]) v. Liszt, Lehrbuch S. 191. — Zeitschrift f. Strafrecht Bd. II S. 624 — Grünhut Bd. IX S. 274 ff.

gründen, und aus diesem Grunde für die Konstruktion des nach § 43 R. St. G. B. strafbaren Versuchs die genügende Grundlage überhaupt nicht bietet, bildet ein nur negatives, aber doch wichtiges Resultat für die Beurteilung des Versuchs.

Mit jener Grundlage fällt die einzige Stütze hinweg, durch welche man die Strafbarkeit des untauglichen Versuchs aufrecht zu erhalten vermochte.

Bildet nicht die Willensschuld den Grund für die Bestrafung des Versuchs, liegt vielmehr dieser Grund in der durch die Vorstellung der Gefährdung eines Rechtsguts hervorgerufenen Reaktion der sich bedroht fühlenden Gesellschaft, so fällt jene Stütze nicht nur hinweg, sondern es fällt gegen die Strafbarkeit des untauglichen Versuchs ins Gewicht die Erwägung, daß der untaugliche Versuch die Vorstellung der Gefährdung eines Rechtsgutes in der unmittelbaren Anschauung der — nicht reflektierenden — großen Menge, deren Rechtsbewußtsein bei der Bildung des Rechts vorzüglich maßgebend ist, nicht wachruft.

Schließlich ist noch folgendes Resultat der obigen Erörterungen hervorzuheben, weil dasselbe auf einen — de lege ferenda — wichtigen Gesichtspunkt hinweist.

Die Anwendung der aus den Begriffen des Vorstellens und Wollens und aus der Verbindung dieser beiden Elemente im vorsätzlichen Handeln hergeleiteten Folgesätze auf die subjektive Verschuldung bei dem versuchten Delikt hat ergeben, daß der unbeendete Versuch und der beendete Versuch, welche beiden Versuchsarten nach dem Maßstabe der objektiven Gefährlichkeit nur verschiedene Grade dieser Gefährlichkeit bezeichnen und deshalb in sehr bezeichnender Weise vom Gesetzgeber nicht auseinandergehalten werden, ihrem innern Wesen nach toto genere verschieden sind. Denn während der beendete Versuch mit den vollendeten dolosen Delikten darin auf einer Linie steht, daß die subjektive Seite der Schuld bei ihnen in gleicher Weise die Willensschuld ist, stellt sich die subjektive Seite des unbeendeten Versuchs nicht als Willensschuld, sondern nur als Gedankenschuld, als die Vorstellung des beabsichtigten, aber nicht in Willensaktion umgesetzten Handelns und des das Delikt konstituierenden Erfolgs dieses nicht effektuierten Handelns dar. Der strafbare unbeendete Versuch bildet die Ausnahme von der Regel, daß das in der Vorstellung konzipierte Verbrechen noch keinen Einbruch in die Rechtsordnung abgibt. Denn der Anfang der Ausführung des geplanten Handelns objektiviert, wie wir gesehen haben, nicht einen dieses Handeln umfassenden Willen, sondern nur einen diese Versuchshandlung umfassenden Willen. Versuchshandlungen als solche sind nicht verboten. Will man daher dem gegenwärtigen Rechtsbewußtsein entsprechend den unbeendeten Versuch wegen der auch ihm in der Vorstellung des Beobachters innewohnenden Gefährlichkeit nicht straflos lassen, so fordert doch die Gerechtigkeit, daß er nicht mit gleichem Strafmaße gemessen wird, wie der beendete Versuch, der mit Recht in Hinsicht auf das Strafmaximum auf gleicher Linie gestellt ist mit dem vollendeten Delikt. Vielmehr wird auch die Maximalgrenze der Strafe des unbeendeten Versuchs im Verhältnis zu derjenigen des vollendeten Verbrechens erheblich herabzusetzen sein.

Die Selbstbestimmung des verbrecherischen Willens und das Kausalitätsgesetz.

Über den bekannten Gegensatz deterministischer und indeterministischer Auffassung des Willens ist — nicht zum wenigsten aus den Federn von Strafrechts-Theoretikern — schon so viel Tinte geflossen und ist hierbei — wenn man die gegenwärtig von den Personen der Streitenden innegehaltenen Positionen gegenüber den früher von ihnen eingenommenen Stellungen als Merkzeichen der erzielten Erfolge ansieht, — auf der einen oder auf der andern Seite so wenig Terrain gewonnen werden, daß der Wunsch, diese schwierige Kontroverse in der Strafrechtswissenschaft auf sich beruhen zu lassen und die Kräfte lieber andern, mehr Aussicht auf Lösung bietenden Aufgaben derselben zuzuwenden, nahe liegt.

In der That scheint auf den ersten Blick — wenigstens in Hinsicht auf die praktische Rechtsprechung — für die Beurteilung einer Strafthat die Frage ziemlich müßig zu sein, ob man diese That als notwendiges Produkt der äußern und der in dem empirischen Charakter des Thäters liegenden innern Bedingungen seines Handelns — als die That einer so gearteten Person, daß sie unter gegebenen Verhältnissen nicht anders handeln konnte — aufzufassen hat, oder ob man zwischen jenen Bedingungen und der Handlung als Medium sich einen freien Wahlakt eingeschoben denken und diesen als selbstschöpferische Ursache der That betrachten soll.

Denn in jedem Falle stellen sich Handlung und Erfolg in Hinsicht auf die gesetzlichen Merkmale ihrer Strafbarkeit als dieselben dar.

Insbesondere wird die Unterscheidung der willkürlichen Handlung von der unwillkürlichen Bewegung, sowie diejenige der vorsätzlichen von der fahrlässigen Handlung durch jenen Gegensatz in der Auffassung des Willens gar nicht berührt.

Denn auch der Determinismus scheidet zwischen der willkürlichen — als der auf Motivation bewußt ausgeführten Willensaktion — und der unwillkürlich auf Reiz erfolgenden Reflexbewegung, welche keine Aktion des bewußten Willens ist, nicht „mit Willen" geschieht. Auch er scheidet die Handlungen, welche mit Voraussicht des rechtsverletzenden Erfolges vollführt werden, von denjenigen, bei deren Ausführung diese Voraussicht im Thäter zufolge mangelhafter Sorgfalt nicht vorhanden war; eine Scheidung, deren Schwerpunkt nicht in das Gebiet des Willens, sondern in dasjenige des Intellekts hineinfällt. Auch wenn man zur Bildung des „Vorsatzes im strafrechtlichen Sinne" das sogenannte Bewußtsein der Rechtswidrigkeit, richtiger der Normwidrigkeit oder Pflichtwidrigkeit — wie auch ich es thue [1]) — als unumgängliche Voraussetzung erfordert, läßt sich dieser Standpunkt nicht bloß mit der indeterministischen, sondern auch mit der deterministischen Auffassung des Willens vereinen.

Durch Vererbung und Anerziehung werden in die Gemüter der Menschen sittliche Neigungen (Disposition) eingepflanzt, welche dem jeweiligen — historisch erwachsenen — sittlichen Standpunkte der Gesellschaft, dem das betreffende Individuum angehört, entsprechen und welche der Gesetzgeber daher bei jeder strafmündigen Person als normalmäßige Anlagen voraussetzen darf. [2])

---

[1]) Siehe Abschnitt V der Abhandlung über „Vorstellung und Wille als Elemente der subjektiven Verschuldung". S. 43 ff.

[2]) Auch in dem sittlich verkommenen Menschen darf der Regel nach ein zur Bildung des Bewußtseins, daß eine Handlung gegen die sittliche Norm verstoße, hinreichender Rest jener Veranlagung vorausgesetzt werden. Auf den Grad dieses Bewußtseins kommt es für die strafrechtliche Handlung nicht an. Es genügt zur Annahme desselben, daß in dem Thäter bei dem Handeln das Gefühl, etwas Unrechtes zu thun, als vorhanden gewesen vorausgesetzt werden darf. Denn schon unter dieser Voraussetzung ist die Vorstellung des Erfolges, durch welchen die Rechtsverletzung konsumiert wurde, in den Willen des Handelnden eingetreten, hat derselbe in Hinsicht auf jenen Erfolg vorsätzlich gehandelt. Hiermit erledigt sich zugleich der gegen das Erfordern des Bewußtseins der Pflichtwidrigkeit geltend gemachte Einwand, daß nach jener Theorie in der Rechtsprechung der Grundsatz in Kraft treten müsse: „Je größer der Bösewicht, desto

Die Niederkämpfung des aus dem Bewußtsein der Pflichtwidrigkeit sich ergebenden Gegenmotivs durch den verbrecherisch handelnden Willen, durch welche die Vorstellung des die Strafthat konsumierenden Erfolges in den Inhalt des Willens hineintritt, ist aber vorhanden, gleichviel, ob man diese Niederkämpfung als Wirkung eines freien Wahlakts oder als notwendiges Produkt der äußern Bedingungen und der innern Motive der Handlung auffaßt.

Ebenso erscheint bei Beurteilung der fahrlässigen Handlung der Grad der Schuld, nämlich der Grad des vom Handelnden zu vertretenden Mangels an Sorgfalt (diligens paterfamilias) als der

---

weniger Schuld" (Lucas, Zur Frage der subjektiven Verschuldung. Gerichtssaal Bd. 36 S. 428 und v. Bar, Zur Lehre vom Rechtsirrtum. Gerichtssaal Bd. 38 S. 261) und daß folgerichtig der neben seinem Opfer ruhig schlafende Mörder wegen seiner Stumpfheit ganz straffrei bleiben müsse. Dieser Einwand geht von einer unzulässigen Identifikation des moralischen und des strafrechtlichen Schuldbegriffs aus. Vom Standpunkte der Moral aus ist allerdings „der Fall eines Engels", in welchem das Bewußtsein der Pflichtwidrigkeit im höchsten Maße vorhanden und die Niederkämpfung des sittlichen Gegenmotivs daher die kraftvollste war — mag dieser Fall auch die irdische Rechtsordnung an sich gar nicht berühren — eine unvergleichlich schwerere Schuld, als der schwerste Einbruch in diese Rechtsordnung, welchen der rückfällige Gewohnheitsverbrecher unter viel geringerem Ankampfe gegen das Motiv der sittlichen Pflicht begeht.

Die positivrechtliche Strafe ist eben — wie auch hier ersichtlich ist — keine aus dem moralischen Schuldbegriffe mit logischer Notwendigkeit geflossene Folgerung, sondern die auf dem Boden der Gesellschaft historisch erwachsene, im Staate zweckmäßig gestaltete Reaktion der Gesellschaft gegen den Einbruch des rechtswidrigen Willens in ihre Rechtsordnung, welche Reaktion naturgemäß den gemeingefährlicheren Verbrecher härter trifft, als den — in sittlicher Beziehung vielleicht relativ viel tiefer gefallenen —, aber weniger gemeingefährlichen. Was aber „den bei seinem Opfer eingeschlafenen Mörder" anlangt, so kann auch von diesem — sofern er geistig gesund war — nicht ohne weiteres angenommen werden, daß ihm bei Ausführung seiner Handlung das Bewußtsein der Normwidrigkeit gefehlt habe. Sollte jedoch in unsrer zivilisierten Nation der Fall wirklich denkbar sein, daß jenem in Stumpfheit über dem Leibe des Erschlagenen eingeschlafenen Thäter das Bewußtsein der Verletzung einer sittlichen Norm bei Ausführung seiner That gänzlich gefehlt habe, so haben wir es mit einem Individuum zu thun, das in sittlicher Beziehung auf der Stufe des Tiers steht und — indem ihm wie letzterm die Möglichkeit abgeht, in sich einen verbrecherischen Willen zu bilden — ebensowenig Strafe verdient, wie das Raubtier, das einen Menschen umgebracht hat, wohl aber, wie letztres, vom polizeilichen Standpunkte aus unschädlich zu machen ist. Solcher Fall wird aber kaum vorkommen.

selbe, mag man sich die Kausalkette durch Hineinschieben des freien Wahlakts durchbrochen vorstellen oder nicht.

Immerhin ist jedoch nach einer Richtung hin der Gegensatz der deterministischen und indeterministischen Auffassung von erheblich praktischer Bedeutung, nämlich auf dem Gebiete der Strafabmessung.

Diejenige Auffassung des Willens nämlich, welche davon ausgeht, daß nur die aus einem freien Wahlakte hervorgegangenen Willensaktionen strafrechtlich zu verantworten sind, wird stets geneigt sein, in solchen der Beurteilung unterliegenden Straffällen, in welchen die Motive der Strafthat teilweise deutlich hervortreten, diese Motive als solche um ihrer selbst willen — also abgesehen von ihrer besonderen konkreten Art und den in ihrer konkreten Gestaltung liegenden mildernden Umständen — als Strafmilderungsgründe aufzufassen, und zwar dies um deshalb, weil ihnen die Freiheit des Wahlakts durch den sichtbar gewordenen Teil der äußern und innern Bedingungen der Willensaktion — wenn auch nicht aufgehoben — so doch beschränkt erscheint. Denn die Auffassung, daß der Wille aus Freiheit sich selbst als Ursache der Handlung bestimmt, schließt die Annahme in sich, daß der freie Wille grundlos wolle. Auch diejenigen Vertreter der indeterministischen Richtung, welche, gegen letztre Annahme sich verwahrend, den Wahlakt sich in der Weise vorstellen, daß der Wille zwischen den sich darbietenden Motiven (Reizen) wählend eins derselben aus eigner Kraft verstärkt und zum ausschlaggebenden erhebt, setzen den Willen als einen grundlosen, wie ich in der oben citierten Abhandlung näher ausgeführt habe.[3])

Jene angebliche Verstärkung des schließlich maßgebend gewordenen Motivs ist entweder selbst durch andre, weiter zurückliegende Motive motiviert, also aus keinem freien Wahlakt hervorgegangen, oder ohne solche Motive, d. h. grundlos herbeigeführt.

Je mehr nun die Motive einer Strafthat ins Licht treten, desto weniger grundlos gewollt stellt sie sich dar, desto mehr geneigt ist der Indeterminist, sie milde zu beurteilen.

Daher sehen wir so häufig in den Straferkenntnissen Umstände als Milderungsgründe angeführt, welche in der That nichts weiter sind, als psychologische Erklärungsgründe des zu strafenden Verbrechens, die aber an und für sich in ihrer konkreten Gestalt dasselbe nicht in mildem Lichte erscheinen lassen. Ebensowenig als die

---

[3]) S. 24 ff.

in der Rückfälligkeit des Gewohnheitsverbrechers hervortretende Einwurzelung des verbrecherischen Triebes ein Strafmilderungsgrund ist — vielmehr sogar im positiven Strafrecht bei einigen Verbrechensarten als Schärfungsgrund gesetzlich anerkannt ist, — ebensowenig sind die aus Vererbung, Erziehung oder Umgang resultierenden verbrecherischen Anlagen des Thäters an und für sich betrachtet vom Standpunkte des Strafgesetzes, welches mit der Strafe gegen den Einbruch des verbrecherischen Willens in die Rechtsordnung reagiert, mildernde Umstände. Ebensowenig aber auch wie die subjektiv dem Verbrechen günstige Disposition des Thäters, ist die objektiv zur That günstige Gelegenheit an und für sich ein Strafmilderungsgrund.

Ohne daß diese beiden Dispositionen zusammentreffen, wird überhaupt selten ein Verbrechen geschehen.

Dennoch sehen wir häufig, daß die unsittliche Atmosphäre, in der ein Verbrecher aufgewachsen ist, seine verwahrloste Erziehung usw. ihm bei der Strafzumessung gutgeschrieben werden, daß bei Verbrechen gegen das Eigentum die Verlockung, welcher der Arme gegenüber dem Reichtum und Überfluß ausgesetzt war, bei Unzuchtsverbrechen die Stärke des sinnlichen Triebes, welchem der Verbrecher unterlegen ist, und die verführerische Lage, in welcher er sich befand, und Ähnliches als Milderungsgründe angesetzt werden.

Die Ahnung, daß der unter solchen Umständen seiner innern Charakterentwickelung gemäß handelnde Thäter nicht anders hat handeln können, als er gethan hat, tritt hier an den Indeterministen heran und treibt ihn — da er nur den frei aus sich selbst heraus, also grundlos handelnden Willen für verantwortlich hält, — die nachgewiesene Existenz der Motive an und für sich als Milderungsgrund zu betrachten.

Sollten einmal — was allerdings wegen der für die mangelhafte menschliche Einsicht unentwirrbaren Verworrenheit der Fäden, aus welchen das unser Dasein umstrickende Netz von Ursachen und Wirkungen zusammengesetzt ist, jemals kaum vollständig geschehen kann — die äußern und innern Bedingungen einer That so klar zu Tage liegen, daß die Notwendigkeit der motivierten Willenshandlung aus jenen Bedingungen empirisch deutlich erkennbar ist, so würde der Indeterminist in Anwendung des Grundsatzes der Frau von Staël: „tout comprendre c'est tout pardonner“ [4]) in solchem

[4]) Dieser Grundsatz mag einem allwissenden und allgütigen Gotte zukömm-

Falle zur Freisprechung gelangen müssen, während für den Deterministen nur die regelmäßige Voraussetzung jeden strafbaren Verbrechens empirisch nachgewiesen wäre.

Ganz abgesehen von diesem praktischen Gesichtspunkte liegt aber für den tiefer gehenden Blick bei Analysierung der hauptsächlichsten Begriffe der Strafrechtstheorie, insbesondere der Begriffe der Schuld, der Zurechnung und Strafe das Problem der Willensfreiheit dermaßen im Zentrum des Systems, daß ein Umgehen oder auch nur ein zeitweises Totschweigen desselben nicht wohl angängig erscheint.

Sehr richtig schreibt zwar v. Liszt,[5]) daß dies Problem als metaphysisches, d. h. als die Frage, ob im intelligiblen Jenseits der Wille sich als frei oder unfrei darstelle, außerhalb des Gebiets der Strafrechtswissenschaft liege, und daß es daher gleich verkehrt sei, wenn in strafrechtlichen Untersuchungen diese metaphysische Frage im verneinenden oder aber im bejahenden Sinne entschieden und auf diesem schwankenden Grunde metaphysischer Spekulation das Strafrecht aufgebaut würde, während für das Strafrecht vielmehr die Willensfreiheit als psychologische, d. h. die psychologische Thatsache genüge, daß der Wille durch Motive statt durch die Gesetze des mechanischen Naturkausalismus bestimmt werde.

Der Streit dreht sich aber in der Strafrechtswissenschaft in der That nicht sowohl um die jenseitige, intelligible, als um die diesseitige, empirische Willensfreiheit.

Es handelt sich um die Frage, ob der Mensch als empirisches Wesen, welches der sinnlichen Erscheinungswelt angehört und als solches der strafrechtlichen Beurteilung unterliegt, im stande ist, die natürliche Kausalkette durchbrechend aus Freiheit zu handeln, oder ob sein Handeln durch äußere und innere Bedingungen, die selbst innerhalb des Kausalnexus der Erscheinungswelt liegen, notwendig bestimmt wird.

Denn Binding, v. Buri, Hälschner, neuerdings auch Birkmeyer[6]) und Loening[7]) legen die Willensfreiheit — obwohl sie

---

lich sein. Die irdische Rechtsordnung kann diesen Grundsatz nicht anerkennen, da sie sich selbst aufgeben würde, wenn sie den in sie einbrechenden verbrecherischen Willen um deshalb straffrei lassen wollte, weil dessen Entstehung begreiflich sei.

[5]) Lehrbuch II. Aufl. S. 138, III. Aufl. S. 151.

[6]) Ursachenbegriff und Kausalzusammenhang. Rostock 1885. S. 68 ff.

[7]) Grundriß. Frankfurt a. M. 1885. S. 24.

den Willen als sich selbst bestimmend, als causa sui, also im metaphysischen Sinne auffassen — mitsamt dieser Selbstbestimmung in das Diesseits der Erfahrung hinein, fassen diese Selbstbestimmung als eine empirisch psychologische Thatsache auf, indem sie dem Menschen die psychische Fähigkeit zusprechen, zwischen verschiedenen als Motive sich darbietenden Reizen einen oder einige aus freiem, durch keine Motive bestimmten Willen auswählend diese zu maßgebenden Motiven seines Handelns zu erheben.

Sie stellen sich also den Kausalzusammenhang der Erscheinungswelt überall durch die freien Wahlakte der Menschen als durchbrochen, in eine Unzahl einzelner unzusammhängender Ketten aufgelöst vor.[8])

Unter „psychologischer Willensfreiheit" wird hier also nicht „das Bestimmtwerden des Willens durch Motive im Gegensatze zum physikalischen Zwange der mechanischen Kräfte", als welches v. Liszt sie auffaßt, sondern vielmehr die Freiheit von der Macht der zu Motiven sich darbietenden Seelenreize, die den Anstoß zur Vornahme des freien Wahlaktes bilden, verstanden.

Ein hervorragender Psychologe[9]) hat in neuerer Zeit den Satz Kants, daß im Diesseits das Kausalgesetz ausnahmslos herrsche, die Willensfreiheit aber im intelligiblen Jenseits der Erfahrung zu suchen sei, sogar direkt umgekehrt und die Willensfreiheit für das empirische Diesseits postuliert, die Unfreiheit des Willens aber als religiöses Postulat in das Jenseits der Erfahrung verwiesen.

Es handelt sich also nicht um einen unfruchtbaren Streit über ein metaphysisches Problem, sondern um die für das Strafrecht sehr wichtige psychologische Frage, ob die Willensaktion das notwendige Produkt der äußeren Bedingungen und des empirischen Charakters des Handelnden ist, oder ob der Kausalzusammenhang zwischen jenen Faktoren und der Handlung durch einen freien Wahlakt der Psyche durchbrochen wird.

---

[8]) Der Versuch, die Kausalkette dadurch wieder künstlich herzustellen, daß man die Motive als veranlassende Bedingungen des ursächlichen Wahlaktes hinstellt, wird weiter unten zurückgewiesen werden.

[9]) Wilhelm Wundt, Essays. Leipzig 1885. S. 305, und Erkenntnislehre S. 500. In der nach Fertigstellung obiger Arbeit (1886) erschienenen Ethik hat Wilhelm Wundt von seinem bisherigen Posten den Rückzug (S. 397) angetreten, welcher durch die geistreichen Wendungen (S. 398—413) nicht verhüllt wird.

Bei Analysierung der Begriffe der Schuld, der Zurechnungsfähigkeit, der Strafmündigkeit u. s. w. wird die Beantwortung jener Frage nicht zu umgehen sein.

Je nachdem man unter Willensfreiheit mit v. Liszt die Bestimmbarkeit des Willens durch Motive oder mit Binding und Genossen den freien Wahlakt der Psyche versteht, wird die Beantwortung der Frage, unter welchen Umständen die freie Willensbestimmung als ausgeschlossen zu erachten sei, verschieden lauten müssen.

Insbesondere tritt aber die Bedeutung der verschiedenen Auffassung der psychologischen Willensfreiheit zu Tage bei Beurteilung des Verhältnisses, in welchem der Anstifter zur That des angestifteten Thäters steht.[10])

Immer wieder von neuem wird daher die Theorie sich zur Beantwortung der Frage, ob die empirische Willenshandlung notwendig oder aus einem unmotivierten Wahlakt heraus frei geschieht, gedrängt fühlen, und wenn in neuerer Zeit wiederum in den Werken hervorragender Strafrechtslehrer die Verurteilung derjenigen Auffassung des Willens, welche die Frage in ihrer ersten Alternative bejaht, mit großer Schärfe ausgesprochen ist, so ist es Pflicht der jene erstere Auffassung vertretenden Überzeugung — um nicht durch Stillschweigen jenen Verdikten den Anschein der Rechtskraft zu geben —, ihre Sache vor dem Forum des juristischen Publikums von neuem zur Verhandlung zu bringen — wenigstens insoweit, als dies nach den von den Gegnern vorgebrachten sachlichen Gründen noch nötig erscheint, insoweit jene verurteilenden Gründe aber der Gründe ermangeln, auf diese Nacktheit mit Protest hinzuweisen.

Was nun die Gründe jener Verdammungsurteile anbelangt, so suchen wir in ihnen vergeblich nach einer Widerlegung derjenigen Logik, welch sich auf das in der gesamten Erscheinungswelt herrschende Kausalitätsgesetz stützt, ein Gesetz, welches sowohl unserm logischen Denken aprioristisch vorausgeht, als auch durch unsre Wahrnehmungen überall empirisch bestätigt wird.

Man begnügt sich vielmehr — ohne sich auf eine logische Herleitung der Willensfreiheit aus den Grundgesetzen des Erkennens

---

[10]) Hiermit soll selbstverständlich an der Thatsache, daß das positive Recht die Anstiftung als accessorische Teilnahme auffaßt, nicht gerührt werden. Die Geltung dieser Thatsache hat aber Grenzen, jenseits deren nicht mehr die gesetzliche, sondern die psychologische Auffassung entscheidend ist.

oder aus empirisch feststehenden Thatsachen einzulassen —, sich auf Autoritäten zu stützen, und zwar geschieht dies nach vier verschiedenen Richtungen hin.

Erstens beruft man sich auf die Autorität des Gesetzgebers, der im § 51 R. St. G. B. dekretiert habe, daß der menschliche Wille aus Freiheit — scilicet im indeterministischen Sinne — handle, welches Dekret bei Auslegung und Anwendung des positiven Strafrechts auch dann bindend sei, wenn der Gesetzgeber sich in seiner thatsächlichen Voraussetzung geirrt habe.

Zweitens stützt man sich auf philosophische Autorität, indem man mit Binding den Satz, daß der Mensch aus den auf ihn andringenden Reizen sich einige oder einen auswählt und durch selbstschöpferische Kraft zu maßgebenden Motiven erhebt, auf Kant und Schopenhauer zurückführt.

Drittens verleiht man der subjektiven menschlichen Meinung autoritative Kraft, indem man nach dem Vorgange Lotzes die Behauptung aufstellt, daß jedermann innerlich überzeugt sei, in seinem Handeln frei zu sein, und daß die Thatsache dieser allgemeinen Überzeugung die Richtigkeit ihres Inhalts verbürge.

Viertens endlich ruft man die Moral und die Religion als Autoritäten an, indem man den Zweifel an der ursachlosen Selbstbestimmung des menschlichen Willens als unsittlich und irreligiös hinstellt.

Mit Ausnahme der dritten Gattung zieht Birkmeyer alle diese Autoritäten als Stützen seiner Stellungnahme für freie Selbstbestimmung des Willens heran, indem er in seiner — oben citierten — im übrigen hochverdienten Abhandlung über: „Ursachenbegriff und Kausalzusammenhang“ ausführt (S. 68, 69):

> „Die Freiheit des Willens bedeutet, daß der Mensch im stande sei, die Willenreize, welche die Außenwelt in ihm erzeugt, nach freier Willkür zu Willensmotiven werden zu lassen oder nicht . . .“
>
> „Wer die Willensfreiheit leugnet und doch durch die Strafe abschrecken oder bessern will, der macht sich derselben nichtswürdigen und sinnlosen Grausamkeit schuldig, als der, welcher ein gelähmtes Pferd durch Schläge beweglich machen wollte . . .“
>
> „Daß nun unser positives Strafrecht vollkommen auf dem Boden der Theorie von der Willensfreiheit steht, kann . . .

keinem Zweifel unterliegen. Überdies endlich sagt es ja der § 51 R. St. G. B. direkt, daß unser Gesetzgeber eine strafbare Handlung nur dann als gegeben annimmt, wenn der Thäter zur Zeit der Begehung der Handlung freie Willensbestimmung besaß",

und S. 70

„Wir denken uns die Genesis der Willensentschlüsse des Menschen, aus welchen dann seine Handlungen mit Notwendigkeit resultieren, mit Schopenhauer so, daß zunächst äußere sinnliche Eindrücke auf unsern Verstand einwirken und von ihm in vernünftige Vorstellungen umgewandelt werden, daß diese Vorstellungen dann mit unsrer Willenskraft in Kontakt treten und zunächst Willensreize hervorrufen, Gefühle der Lust oder der Unlust, welche durch Vermehrung und Verstärkung schließlich zu Motiven werden. Und wir denken uns nun die Freiheit des Willens mit Binding (Normen S. 8) so, daß der Mensch die Kraft besitzt, jene Reize nach freier Willkür zu Motiven werden zu lassen oder nicht."

Dagegen stützt sich Loening in seinem Grundriß des deutschen Strafrechts in erster Linie auf die oben angeführte dritte Gattung von Autorität, nämlich das allgemeine Freiheitsbewußtsein, in zweiter Linie auf die Autorität des Gesetzgebers, indem er daselbst S. 24 schreibt:

„Die Willensfreiheit ist zunächst ein reines Negativum, dessen Annahme wissenschaftlich so lange gerechtfertigt und geboten ist, als das positive Vorhandensein einer Necessitierung des Willens außer jeder Erfahrung liegt. Auf dem Mangel jeder solchen Erfahrung beruht das allgemeine Bewußtsein der Freiheit und auf dem Boden dieses Bewußtseins steht die ganze bisherige Rechtsbildung. Daher gilt auch für das jetzt bestehende Recht die Freiheit des Willensaktes als regelmäßig vorhanden und ihre Annahme liegt den einzelnen Sätzen desselben zu Grunde."

Wie das Bewußtsein der Freiheit, daß doch offenbar einen positiven Inhalt hat — aus dem Mangel einer Erfahrung erwachsen soll, ist nicht erklärlich. Diese Erfahrung mangelt aber auch in der That gar nicht, wie unten näher ausgeführt werden wird. Es verbleibt also als Stützpunkt nur die Autorität der angeblichen Thatsache, daß jedermann überzeugt sei, frei — d. h. als sich selbst bestimmend (causa sui) — handeln zu können, und die an diese Thatsache sich haltende Auffassung des Gesetzgebers.

Ähnlich schreibt Binding in seinem Handbuche des Strafrechts Bd. 1 S. 11:

> „Die Normen fußen auf der Voraussetzung, der Mensch könne sich trotz andringender Gegenreize vernünftiger Anordnungen gemäß bestimmen, auf der Voraussetzung freier Willensbestimmung (St. G. B. § 51)."

Auch der Psychologe Wundt stützt sich, indem er die Willensfreiheit als eine in der sinnlichen Welt geltende psychologische Thatsache hinstellt, lediglich darauf, daß „das Freiheitsbewußtsein eine unantastbare innere Erfahrung sei".[11])

So große Achtung jene oben aufgezählten vier Gattungen von Autoritäten auf ihrem Felde auch beanspruchen dürfen, so sind sie doch — wie in nachfolgendem dargethan werden soll — teils für die Entscheidung der vorliegenden Streitfrage nicht maßgebend, teils zu Unrecht citiert, indem ihnen Ansichten untergeschoben werden, die von ihnen niemals verkündet worden sind.

I.

Daß der Gesetzgeber von der thatsächlichen Voraussetzung ausgeht, daß die menschliche Selbstbestimmung durch den Willen eine freie und zwar in dem Sinne freie sei, daß der gereifte und geistig gesunde Mensch ausreichende Willenskraft habe, um die Antriebe zu strafbaren Handlungen niederzuhalten und dem allgemeinen Rechtsbewußtsein gemäß zu handeln, kann nach dem Wortlaute des § 51 R. St. G. B. und nach den Motiven desselben nicht zweifelhaft sein.

Eine andre Frage ist es aber, ob der Gesetzgeber den Satz, daß der Wille frei sei, als Rechtsgrundsatz habe aufstellen wollen, und ob — falls er dies wirklich beabsichtigt hat — ein solcher Rechtsgrundsatz gegenüber dem psychologischem Nachweise, daß der gereifte und geistig gesunde Mensch seinem Charakter entsprechend handle und unter gegebenen äußeren Bedingungen nicht anders handeln könne, als er handelt, in Kraft bleiben kann. Beides dürfte zu verneinen sein.

---

[11]) Essays 1885. S. 304.

Wenn der § 51 R. St. G. B. vorschreibt:

„Eine strafbare Handlung ist nicht vorhanden, wenn der Thäter zur Zeit der Begehung der Handlung sich in einem Zustande von Bewußtlosigkeit oder krankhafter Störung der Geistesthätigkeit befand, durch welche seine freie Willensbestimmung ausgeschlossen war",

so statuiert er einen Gegensatz zwischen Bewußtlosigkeit und krankhafter Störung der Geistesthätigkeit einerseits und dem die freie Willensbestimmung in sich schließenden Geisteszustande anderseits, d. h. er unterscheidet zwischen solchen Geisteszuständen, welche anormaler Natur sind, und dem normalen Geisteszustande, von welchem er thatsächlich voraussetzt, daß die in demselben vorgenommenen Handlungen beziehentlich Unterlassungen auf vorangegangenen freien Wahlakt erfolgen.

Es kommt dem Gesetzgeber nicht sowohl darauf an, letztere Thatsache festzustellen, als vielmehr diejenigen anormalen Geisteszustände zu kennzeichnen, welche er als Strafausschließungsgründe auffaßt.

Da außer Blödsinn und Wahnsinn auch vorübergehende krankhafte Störungen der Geisteskräfte, sowie Bewußtlosigkeitszustände möglich sind, die sich als Strafausschließungsgründe qualifizieren, und da der Gesetzgeber — welcher sich vor der namentlichen Aufzählung dieser Zustände mit Recht scheute — nach einem denselben gemeinsamen Merkmale suchte, so lag es nahe, als solches den Mangel der angeblich nach der Volksmeinung dem normalen Geisteszustande zukommenden Willensfreiheit aufzustellen und durch Erfordern dieses Merkmals zur Strafbarkeit einer That die Gesamtheit der die Strafausschließung begründenden Geisteszustände negativ zu begrenzen.

Daß diese negative Bezeichnung nur um deshalb gewählt wurde, weil ein passender positiver — jene abnormen Geisteszustände umfassender — Ausdruck nicht zu Gebote stand, ergeben deutlich die Motive, welche in dieser Beziehung folgendes ausführen: [12])

„Einen großen Vorzug für die Rechtsprechung würde es nun unverkennbar darbieten, wenn es möglich wäre, diese Ausschließungsgründe in einem so fest umschriebenen That-

---

[12]) Aktenstücke des Reichstags. Session 1870. Nr. 5. S. 56.

bestande hinzustellen, daß der Richter im einzelnen Falle nur das Vorhandensein dieses Thatbestandes zu ermitteln hätte, von denen das Gesetz selbst im voraus und ganz allgemein entschieden hätte, daß dadurch die Zurechnungsfähigkeit und folgeweise die Strafbarkeit ausgeschlossen sei."

Nachdem dann ausgeführt ist, daß ein solcher fester Thatbestand sich in Hinsicht auf die durch äußeren Zwang begründete Ausschließung der Zurechnungsfähigkeit (§ 52 R. St. G. B.) wohl abgrenzen lasse, fahren die Motive fort:

„In gleicher Weise auch in betreff desjenigen Falles der Unzurechnungsfähigkeit vorzugehen, welcher durch die sogenannten Geisteskrankheiten begründet wird, erscheint dagegen nicht möglich oder wenigstens nicht ratsam. Die psychologischen Thatsachen, welche hier als Ursachen der Unzurechnungsfähigkeit in Betracht kommen, lassen schon deshalb, weil sie im Innern des Menschen vor sich gehen, keine so anschauliche und gemeinverständliche Bezeichnung zu, wie die in der Außenwelt sich bewegenden Fälle der Gewalt oder Drohung. Es gibt daher im Sprachgebrauch des gemeinen Lebens und außerhalb des engen Kreises der eigentlich technischen Sachverständigen kein allgemein geläufiges Wort, durch welches die die Zurechnungsfähigkeit absolut ausschließenden Geisteskrankheiten in ihren verschiedenen Formen mit ausreichender Bestimmtheit zusammengefaßt und zugleich von andern Krankheitsformen deutlich getrennt werden . . . . .

Unter diesen Umständen scheint es für die Gesetzgebung zur Zeit noch geboten, einesteils zwar die in Betracht kommenden krankhaften Zustände in der sich am meisten empfehlenden Bezeichnung in das Gesetz aufzunehmen, anderseits aber gleichzeitig die Notwendigkeit der Beziehung derselben auf den Ausschluß der freien Willensbestimmung ausdrücklich hervorzuheben."

Diese negative Bezeichnung des die Strafausschließung begründenden anormalen Geisteszustandes war insofern eine schiefe, als sie eine in der Psychologie durchaus streitige Frage, nämlich die Frage nach der Freiheit des menschlichen Wollens — auf deren Beantwortung es an dieser Stelle gar nicht ankam — nach einer bestimmten Richtung hin als beantwortet voraussetzt. Mag der menschliche Wille frei oder nicht frei sein, so bleibt der Unterschied zwischen dem normalen Geisteszustande und jenen vom Gesetzgeber ins Auge gefaßten die Strafausschließung begründenden anormalen Geisteszuständen bestehen. Zur Scheidung dieser beiden Klassen von Geisteszuständen bedarf es nicht des Kriteriums der Willensfreiheit, wie weiter unten erörtert werden wird.

Daß die vom Gesetzgeber getroffene negative Abgrenzung der die Strafausschließung begründenden anormalen Geisteszustände durch die Hereinziehung des Begriffs der Willensfreiheit eine völlig adäquate Bezeichnung nicht gewonnen hat, hat er selbst herausgefühlt, wie sich daraus ergibt, daß die Motive diese Bezeichnung nur als „relativ beste" hinstellen. Die einschlägige Stelle der Motive lautet:

„Was sodann die Beziehung dieser Zustände zur Zurechnungsfähigkeit betrifft, so muß dabei beharrt werden, daß die Formel „Ausschließung der freien Willensbestimmung" mindestens als die relativ beste zu bezeichnen ist. Das Recht des Staates, gegen den Verbrecher nicht bloß Sicherheitsmaßregeln zu ergreifen, sondern ihn zu strafen, beruht auf dem allgemein menschlichen Urteile, daß der gereifte und geistig gesunde Mensch ausreichende Willenskraft habe, um die Antriebe zu strafbaren Handlungen niederzuhalten und dem allgemeinen Rechtsbewußtsein gemäß zu handeln. Es kann daher nicht bedenklich sein, diesem allgemeinen Urteile, in welchem die strafrechtliche wie die sittliche Zurechnung ihren Grund hat, in dem Strafgesetzbuche Ausdruck zu geben, wenn es sich darum handelt, die Zurechnungsfähigkeit oder ihre Ausschließung näher zu normieren. Es darf namentlich nicht befürchtet werden, daß dadurch die verschiedenen metaphysischen Auffassungen über die Freiheit des Willens im philosophischen Sinne in die Kriminalverhandlungen gezogen werden, denn es ist damit klar ausgesprochen, daß im einzelnen Falle nur untersucht werden soll, ob derjenige normale Zustand geistiger Gesundheit vorhanden sei, dem die Rechtsanschauung des Volkes die strafrechtliche Verantwortlichkeit thatsächlich zuschreibt, während diese letzte Thatsache selbst durch das Gesetz festgestellt und jeder weitern Eeörterung im einzelnen Falle entzogen ist."

Die Motive konstatieren also nur die Thatsache, daß die Volksmeinung den im normalen geistigen Zustande handelnden Menschen um deshalb für verantwortlich halte, weil diese Meinung annehme, daß der in solchem Zustande handelnde Mensch aus freiem Willen handle, um — indem sie diese Annahme als richtige acceptieren und die Willensfreiheit als thatsächlich vorhanden voraussetzen — hiermit den Rechtsgrundsatz, daß der im normalen geistigen Zustande handelnde gereifte Mensch kriminalrechtlich verantwortlich sei, zu begründen.

Keinesfalls wollen sie die — von ihnen als metaphysische bezeichnete — Frage, ob der im normalen Geisteszustande handelnde Mensch aus Notwendigkeit oder aus Freiheit handle, rechtsgrundsätzlich zur Entscheidung bringen. Der Richter soll in jedem einzelnen Falle untersuchen und feststellen, ob jenes normale Bewußtsein, — von welchem die Volksmeinung und mit ihr der Gesetzgeber thatsächlich voraussetzt, daß die in ihm vorgenommenen Handlungen aus freiem Willen geschehen — vorhanden gewesen ist.

Die Frage, ob bei normalem Bewußtsein Willensfreiheit im eigentlichen Sinne des Worts, d. h. also die ursachlose Selbstbestimmung des Willens empirisch und logisch als vorhanden anzunehmen ist oder nicht, gelangt auf dem Gebiete der Psychologie zur Entscheidung. Hat der Gesetzgeber, eine irrtümliche Lehre der Psychologie acceptierend, die Richtigkeit derselben thatsächlich vorausgesetzt, so fällt mit dem Nachweise des Irrtums auch diese Voraussetzung.

Die Annahme, daß die vom Gesetzgeber herübergenommenen psychologischen Lehrmeinungen als Rechtsgrundsätze in Kraft bleiben, auch wenn ihre Irrtümlichkeit zu Tage getreten ist, kann diesen Grundsätzen nur galvanisches, kein wirkliches Leben verleihen. Thatsachen lassen sich nun einmal nicht künstlich — auch nicht durch das Gesetz — in die Welt hineinschaffen, noch, wenn sie vorhanden sind, künstlich aus derselben hinausschaffen.

Loening hat dies früher in seiner Jenenser Antrittsrede [13]) auch voll anerkannt, indem er dort ausführt:

> „Das bestehende Recht knüpft seine Vorschriften an Thatbestände, thatsächliche Voraussetzungen. Zur Erkenntnis der wirklichen Natur und Beschaffenheit dieser letztern, z. B. des Willens, des kausalen Zusammenhangs, werden vielfach aus dem positiven Recht oder dessen Geschichte nicht zu gewinnende Hilfskenntnisse erforderlich sein, welche dann aber immer mehr naturwissenschaftlichen als philosophischen

[13]) Zeitschr. f. d. ges. Strafrechtsw. Bd. III S. 219.

Charakters sind. Auf Grund dieser Hilfskenntnisse kann unter Umständen die gesetzliche Auffassung der natürlichen Beschaffenheit der supponierten Thatsachen als eine irrige sich herausstellen; denn natürliche Verhältnisse können durch Gesetze nicht geändert werden."

Von diesen seinen Grundsätzen weicht er ab, wenn er in seinem Grundrisse ausführt, daß für das jetzt bestehende Recht die Freiheit des Willensaktes als regelmäßig vorhanden angenommen werden müsse, indem die Annahme dieser Freiheit den einzelnen Sätzen dieses Rechts zu Grunde liege.

Mit Recht sagt Zitelmann,[14]) die Jurisprudenz stelle andern Disziplinen über solche Begriffe ein Blankett aus. In sehr geistvoller, aber nicht überzeugender Weise polemisiert Binding gegen diese Auffassung Zitelmanns, indem er in seinem Handbuch (S. 12) ausführt:

„Entlehnt der Gesetzgeber Begriffe der Psychologie oder Psychiatrie, so verbindet er mit den gebrauchten terminis mehr oder weniger bestimmte Vorstellungen, und gerade durch ihre Einfügung in juristische Thatbestände gibt er ihnen einen bestimmten rechtlichen Feingehalt, den er von allen Änderungen psychologischer oder psychiatrischer Forschung unabhängig stellen will und muß, wie er die Worte des Gesetzes stellt, unabhängig von Etymologie und Sprachwissenschaft. Sollte der Psychologe die Grenze zwischen Willensbethätigung und Reflexbewegung verwischen wollen, oder der Psychiatriker in jedem Verbrechen das Symptom einer Geisteskrankheit erblicken, oder der Logiker den Unterschied von Ursache und Bedingung leugnen, so läßt der Gesetzgeber sie ruhig ihres Weges wandeln und beharrt bei seinen gegenteiligen Auffassungen."

Ist es auch ganz richtig, daß die Worte des Gesetzes unabhängig sind von ihrer weitern Entwickelung in der Etymologie und Sprachwissenschaft, so berührt dieser richtige Satz doch gar nicht die hier vorliegende Frage, auch nicht in analogischer Anwendung.

Selbstverständlich sind diejenigen Begriffe mit den Worten des Gesetzes zu verbinden, welche der Gesetzgeber selbst mit ihnen verbunden hat und mit ihnen verbunden wissen wollte. Wenn aber

---

[14]) Irrtum und Rechtsgeschäft S. 19.

diesen Begriffen thatsächliche Voraussetzungen zu Grunde gelegen haben, die später als irrtümliche erkannt worden sind, so sind jene Voraussetzungen mit dieser Erkenntnis thatsächlich in Fortfall gebracht und haben nur noch historischen Wert für die Auslegung des Gesetzes, für die Erkenntnis der Absichten und Zwecke desselben. Der Wegfall dieser früher irrtümlich vorausgesetzten Thatsachen geschieht trotz des „rechtlichen Feingehalts", den die Begriffe durch ihre Einfügung in die Sprache des Gesetzes erhalten haben. An ihre Stelle tritt die richtige thatsächliche Unterlage des Begriffs, wobei dessen „rechtlicher Feingehalt" unberührt bestehen bleibt.

Ein Beispiel wird dies klarstellen.

Wenn zur Zeit der Herrschaft des Ptolemäischen Weltsystems der Gesetzgeber bei Auffassung und Gebrauch des Begriffs: „Tag" von der thatsächlichen Voraussetzung ausging, daß die Tageszeit durch einmalige Umdrehung der Sonne um die Erde erfüllt werde, dieser Voraussetzung vielleicht sogar im Gesetzestexte Ausdruck verlieh — indem er z. B. eine Präklusivfrist nach der Zahl der während derselben angeblich stattfindenden Umdrehungen der Sonne um die Erde bemaß und durch die Zahl dieser Umdrehunden bezeichnete, — so wird, nachdem Kopernikus den Irrtum des geozentrischen Systems aufgedeckt hatte, an Stelle der thatsächlichen Voraussetzung, daß die Sonne sich um die Erde drehe, die umgekehrte Auffassung treten müssen. Hierdurch wird an dem rechtlichen Feingehalt des Begriffs „Tag" nichts verändert, ebensowenig wie an dem rechtlichen Feingehalt des Begriffs „Willen" dadurch etwas verändert werden würde, daß an Stelle der gesetzgeberischen Voraussetzung, daß der Mensch im normalen Geisteszustande sich das maßgebende Motiv seines Handelns in Freiheit selbst setzen könne, die andre thatsächliche Voraussetzung treten würde, daß die bewußten Willensaktionen des geistig gesunden und reifen Menschen die notwendigen Produkte seines empirischen Charakters und der äußeren Bedingungen seines Handelns sind. Ebensowenig als der Gesetzgeber der Sonne mit gültiger Kraft vorschreiben oder auch verbieten kann, sich um die Erde zu drehen, ebensowenig kann er dem Willen befehlen, frei zu sein, oder das Gegenteil.

Die irrtümliche Auffassung natürlicher Thatsachen wird dadurch, daß der Gesetzgeber von ihr ausging, nicht rechtsgrundsätzlich als objektive Wahrheit fingiert und quasi ex cathedra als maßgebendes Dogma für die Interpreten des Gesetzes hingestellt.

Die entgegengesetzte Meinung würde dem allzuharten Worte v. Kirchmanns:[15]) „die Juristen seien durch das positive Recht zu Würmern geworden, die nur an dem faulen Holze leben", einige Berechtigung verleihen.

Auch Binding fühlt dies und sucht den äußersten Konsequenzen seiner oben wiedergegebenen Lehre zu entgehen, indem er ausführt:[16])

„Jene Begriffe dürfen und müssen innerhalb der Vorstellung, die das positive Recht mit ihnen verbindet, durch Verwertung der Resultate der Psychologie, der Sprachwissenschaft, der Heilkunde und, wenn nötig, durch eigne Einkehr der Juristen auf jenen Gebieten zu größerer Präzision, Klarheit und Vertiefung gebracht werden. Insoweit sind dann diese Begriffe allerdings in den Fluß fortschreitender Erkenntnis gestellt und klären und erweitern sich, indem sie aus ihm schöpfen. Insoweit ist auch der so schwer (sic!) zu fassende Begriff des freien Willens juristischer Natur. Aber auch nur innerhalb dieser Grenzen sind jene Wissenschaften Gehilfen der Jurisprudenz wie des Juristen. Da jede Arbeit behufs Erfassung eines Rechtsbegriffs in die Rechtswissenschaft hineinfällt, so sind also insoweit psychologische, etymologische, medizinische Untersuchungen zugleich juristische."

Es ist aber hierbei nicht abzusehen, wo die Grenze zwischen demjenigen thatsächlichen Inhalt der in der Rechtssprache aufgenommenen psychologischen, etymologischen usw. Begriffe, an welchem wegen ihres „rechtlichen Feingehalts" nicht gerührt werden soll, und demjenigen thatsächlichen Inhalt, „der in den Fluß fortschreitender Erkenntnis" gestellt ist, liegen soll. Eine solche Grenze gibt es thatsächlich nicht.

Nur die Rechtsgrundsätze und die denselben zu Grunde liegenden Rechtsbegriffe, nicht die vom Gesetzgeber vorausgesetzten natürlichen Thatsachen werden durch das Gesetz krystallisiert.

Ist die Willensaktion des Menschen in seinem normalen Geisteszustande eine unfreie, d. h. durch die äußeren Bedingungen und das innere Wesen des Handelnden notwendig bestimmte, so bleibt der Rechtsgrundsatz, daß der in normalem geistigen Zustande handelnde Mensch kriminalrechtlich verantwortlich ist, ebenso bestehen wie der

---

[15]) Wertlosigkeit der Jurisprudenz als Wissenschaft. Berlin 1848. S. 23.
[16]) Handbuch Bd. I S. 13.

rechtliche Begriff des Willens und der Handlung. Nur eine Verschiebung der supponierten natürlichen Unterlage des Willensbegriffes wäre vor sich gegangen.

Eine solche Verschiebung der thatsächlichen Voraussetzung des Gesetzgebers kann auch dadurch nicht gehindert werden, daß der Wortlaut des Gesetzes den Ausschluß der freien Willensbestimmung als Kriterium für die Unterscheidung der die Strafausschließung begründenden anormalen Geisteszustände von dem normalen, die Bedingung der kriminalrechtlichen Verantwortlichkeit bildenden Geisteszustande ausdrücklich hinstellt, selbst dann nicht, wenn das unterscheidende Kriterium durch diese Verschiebung thatsächlich verloren ginge.

Die Befürchtung eines solchen Verlustes ist aber auch durchaus nicht berechtigt. Das unterscheidende Kriterium bleibt im vollen Maße bestehen, wenn man — in Anerkennung jener Verschiebung der thatsächlichen Voraussetzung des rechtlichen Begriffes der Willensbestimmung — unter der sogenannten „freien Willensbestimmung" die motivierte Willensaktion des vernünftigen und geistig gereiften Menschen versteht.

Ja! ein andres Kriterium, als das letztere, ist auch thatsächlich nie in Anwendung gekommen und konnte nicht in Anwendung gebracht werden, wie eine Betrachtung der verschiedenen, die Strafausschließung begründenden geistigen Zustände ergeben wird.

Zunächst liegt es auf der Hand, daß in den Fällen völliger Bewußtlosigkeit — welche nach Schwartzer[17]) erfahrungsgemäß nur im tiefsten, traumlosen Schlafe, in der Ohnmacht, bei einigen schweren Körperkrankheiten und im Vollrausche stattfindet — von der Anwendung des Kriteriums der Willensfreiheit nicht die Rede sein kann, da in solchen Fällen eine Aktion des bewußten Willens überhaupt nicht möglich ist. Auch Schwartzer — welcher das Kriterium der Willensfreiheit im deterministischen Sinne aufrecht zu erhalten bestrebt ist — erkennt dies an und hält deshalb dafür, daß der § 51 R. St. G. B. diese Fälle überhaupt nicht im Auge gehabt, sondern unter „Zuständen von Bewußtlosigkeit" die Fälle des geminderten, nicht absolut abhanden gekommenen Bewußtseins verstanden wissen wolle.[18])

Das unterscheidende Merkmal bildet also in jenen ersteren Fällen

---

[17]) Schwartzer, Bewußtlosigkeitszustände S. 8.

[18]) Schwartzer a. a. O. S. 10.

nicht der Ausschluß der Willensfreiheit, sondern der Mangel eines motivierten, bewußten Willensaktes. Ebendasselbe hat statt in den Fällen des physischen Zwanges, der vis absoluta, über welche sich die erste Alternative des § 52 R. St. G. B. verhält. Auch in diesen Fällen ist die Willensaktion völlig aufgehoben, liegt eine Willenshandlung des Genötigten im eigentlichen Sinne des Wortes überhaupt nicht vor, sondern nur ein mechanisches Verhalten desselben, welches nicht unter dem Zwange der Motivation, sondern unter dem Zwange der die atomistische Welt der Körper beherrschenden elementaren Kräfte steht. Auch hier bildet also nicht der Ausschluß der Willensfreiheit, sondern der Mangel der motivierten Willensaktion das unterscheidende Merkmal.

Ganz außerhalb des Rahmens derjenigen Fälle, in welchen die Art des Geisteszustandes des Handelnden den Grund für die Strafausschließung bildet, liegt der Fall der Nötigung durch Drohung mit gegenwärtiger Gefahr für Leib oder Leben (vis compulsiva).

Ist der Mensch im stande, aus sich selbst heraus als causa sui und ungezwungen durch die äußeren und inneren Bedingungen seines Handelns sich zur Aktion zu bestimmen, so ist nicht abzusehen, warum diese Freiheit ihm im Falle der Bedrohung mit einem schweren Übel abhanden kommen, warum hier ein unwiderstehlicher psychischer Zwang des Willens statthaben soll, sofern nur die vernünftige Überlegung erhalten bleibt und nicht etwa das Bewußtsein des Bedrohten durch Angst und Schrecken gestört ist. Eine solche Bewußtseinsstörung hat der Gesetzgeber in der zweiten Alternative des § 52 R. St. G B. nicht im Auge gehabt, wie die Heraushebung dieses Falles aus den Kategorieen der in § 51 a. a. O. behandelten Fälle beweist. Vielmehr soll die Anwendbarkeit des § 52 a. a. O. offenbar in dem Falle nicht ausgeschlossen sein, daß der Bedrohte bei voller vernünftiger Überlegung nachgibt.

Daß der Mensch, wenn er überhaupt im indeterministischen Sinne frei handeln könnte, dies zu thun auch gegenüber der Drohung mit einem schweren Übel im stande sein müßte, folgt aus der Erfahrungsthatsache, daß viele Menschen solcher Drohung tapfer Widerstand geleistet haben, wie z. B. die Märtyrer ihres Glaubens. Ist dieser Widerstand ebenso wie das Nachgeben des Bedrohten vom deterministischen Standpunkte aus das notwendige Produkt der sittlichen Charakterveranlagung des Handelnden und der auf ihn wirkenden äußeren Bedingungen, so ist vom Standpunkte des Indeterminismus sowohl der Widerstand als auch das Nachgeben aus einem freien Wahlakt hervorgegangen. Weder der Mangel der motivierten Willensaktion, noch der Ausschluß der freien Willensbestimmung kann daher den Grund für die Straflosigkeit der Nötigung durch Bedrohung bilden.

Wenn die Motive zu § 52 (§ 50 des Entwurfs) meinen:

„Die besondere Bestimmung über den Fall, in welchem die freie Willensbestimmung durch physische oder psychische Gewalt ausgeschlossen sei, rechtfertige sich durch dasjenige, was vorstehend bei § 49 (des Entwurfs — § 51 des Gesetzes) ausgeführt worden sei",

so kennzeichnet sich hier die Begriffsverwirrung, welche den physischen Zwangsakt, welcher willenlos geschieht, als einen motivierten — wenn auch unfreien — Willensakt und den aus sogenanntem psychischen Zwange hervorgegangenen Willensakt — welcher vom indeterministischen Standpunkte aus auf freie Wahl des Willens folgt — in Verfechtung dieses Standpunktes als unfreien Willensakt auffaßt.

Der Grund der Straflosigkeit des durch psychische Nötigung verursachten Willensaktes des Genötigten liegt nicht auf dem Gebiete der Zurechnungsfähigkeit, ist nicht in der durch Einschränkung der Willenskräfte begründeten Unzurechnungsfähigkeit des Genötigten zu suchen, sondern liegt — ebenso wie bei dem Notstande, in dessen Begriffskreis v. Liszt und Berner[19]) die psychische Nötigung mit Recht hinstellen — in der notwendigen Anerkennung der Berechtigung des Selbsterhaltungstriebes.[20]) Die Willenshandlung des durch Drohung im Sinne des § 52 a. a. O. Genötigten ist, ebenso wie die Notwehr und die Notstandshandlung des § 54 a. a. O., erlaubte Rechtsgüterverletzung zum Zwecke des Rechtsgüterschutzes. Nicht nur die Strafbarkeit, sondern sogar schon die Rechtswidrigkeit des Thuns ist durch eine derartige psychische Nötigung ausgeschlossen.[21])

Jedenfalls kann das Kriterium der Willensfreiheit für die Ausscheidung der straflosen Fälle der psychischen Nötigung nichts helfen.

Sonach verbleiben unsrer Betrachtung nur die im § 51 R. St. G. B. ins Auge gefaßten Fälle des geminderten Bewußtseins und der krankhaften Störung der Geisteskräfte — sei es, daß diese Störung eine

---

[19]) v. Liszts Lehrbuch II. Aufl. S. 133, III. Aufl. S. 142 und Berners Lehrbuch 13. Aufl. S. 143, 145.

[20]) Welcher die Angehörigen mit umfaßt (§ 54 a. a. O.).

[21]) v. Liszt a. a. O. S. 131, 133. III. Aufl. S. 142.

totale oder partielle, eine dauernde oder vorübergehende ist —, sowie die Fälle, in welchen der Mangel der geistigen Reife die Straflosigkeit oder Strafminderung begründet, nämlich die in den §§ 55—58 R. St. G. B. behandelten.

In allen diesen Fällen liegt nun das Kriterium ihrer Unterscheidung von dem normalen, die Voraussetzung der vollen strafrechtlichen Verantwortlichkeit bildenden geistigen Zustande in erster und entscheidender Linie nicht sowohl auf dem Gebiete des Willens, als auf demjenigen des Intellekts.

Strafrechtlich verantwortlich soll derjenige nicht mehr sein, der in einem Zustande handelt, in welchem sein Vorstellungskreis — zufolge Minderung oder mangelhafter Ausbildung des Bewußtseins oder Störung der Geisteskräfte — den ihn umgebenden thatsächlichen Verhältnissen so wenig entsprechend oder so widersprechend, so unvollständig und lückenhaft ist, daß ihm infolgedessen die Fähigkeit mangelt, in eine vernünftige Erwägung und Abwägung der sich durchkreuzenden Reize und Dispositionen einzutreten, und er wegen dieses geistigen Defekts beziehentlich dieser geistigen Unreife dem Einflusse derjenigen sittlichen Motive entrückt ist, die bei normalem geistigen Zustande innerhalb eines richtigen und vollständigen Vorstellungskreises zur Geltung hätten gelangen können.

Auch Schwartzer kann — trotz seines Eintretens für das Kriterium der Willensfreiheit — nicht umhin, das in erster Linie maßgebende Unterscheidungsmerkmal in den Intellekt hineinzuverlegen, indem er schreibt:[22])

> „Jede Bewußtseinsstörung hat eine Verminderung oder Verfälschung des normalen Bewußtseinsinhaltes und somit eine Störung des richtigen Denkens zur Folge, indem nur die eben vorhandenen Vorstellungen ohne ihre Gegensätze zur Verarbeitung durch den Denkapparat gelangen; nach dem Ergebnisse dieses unvollständigen Denkens richtet sich bei dem untrennbaren Zusammenhange aller seelischen Funktionen und insbesondere der Abhängigkeit des Wollens vom Denken auch der Gesamtwille. In Gemäßheit des defekten und unrichtigen Vorstellungskomplexes muß notwendigerweise auch die Einsicht in die Strafbarkeit der Handlung (sog. intellektuelles Moment-Unterscheidungs-Vermögen) beschränkt werden.

---

[22]) S. 15 a. a. O.

werden, und eben aus dieser Beschränkung des Unterscheidungsvermögens entspringt der unfreie Wille. Es läßt sich kein Fall von Willensunfreiheit denken, bei dem nicht auch das Unterscheidungsvermögen zwischen Recht und Unrecht gelitten hätte, ja erstere ist vielmehr das Produkt der letztern und setzt sie unbedingt voraus, es fehlt also mit der Willensfreiheit stets zugleich auch die Einsicht in die Strafbarkeit der Handlung."

Es wird daher auch in der Praxis bei Feststellung solcher Fälle von Bewußtseinsmangel oder Geistesstörungen, in welchen die Schuld im Sinne des § 51 R. St. G. B. ausgeschlossen ist, als eigentliches Kriterium niemals der Mangel der Willensfreiheit — welche empirisch überhaupt nicht greifbar ist —, sondern immer der geistige Defekt, der Mangel des Unterscheidungsvermögens dienen, an welchen Mangel dann die der thatsächlichen Voraussetzung des Gesetzgebers entsprechende übliche Folgerung geknüpft wird, daß die freie Willensbestimmung ausgeschlossen gewesen sei.

Willensfreiheit und Willensunfreiheit lassen sich — sofern man sie im indeterministischen Sinne auffaßt — weder medizinisch noch sonst durch irgendwelche Wissenschaft empirisch für den konkreten Fall als im Gemüt des Handelnden vorhanden gewesene Dinge feststellen.

Sonach sind sie auch als unterscheidende Merkmale für die strafrechtliche Beurteilung von solchen Handlungen, die bei mangelndem Bewußtsein oder im Zustande der Geistesstörung vorgenommen sind, nicht tauglich.

Die durch den geistigen Defekt und den sich hieran anknüpfenden Mangel des Unterscheidungsvermögens zwischen Recht und Unrecht herbeigeführte wesentliche Einschränkung der vernünftigen Motivation der Willensaktion bildet also das entscheidende Kriterium der Schuldlosigkeit des in anormalem Geisteszustande Handelnden.

Aus dem Gesetze ergibt sich sonach keine zwingende Notwendigkeit, die thatsächliche Voraussetzung der Willensfreiheit — als der Fähigkeit, sich nach freier Wahl selbst zu bestimmen — in Ansehung der in normalem Geisteszustande vorgenommenen Handlungen der geistig reifen Personen aufrecht zu erhalten.

II.

Diejenigen, welche sich an Binding anschließend in vermeintlicher Übereinstimmung mit Kant und Schopenhauer zwischen den als Motive sich anbietenden Reizen einen freien Wahlakt der Psyche einschieben, denken sich letzteren Akt in der Weise, daß der Mensch aus freier, d. h. unmotivierter Willkür einen der auf ihn einwirkenden Reize zum maßgebenden Motiv verstärkt und sich so aus sich selber frei bestimmt.

Birkmeyer, welcher, wie in der Einleitung hervorgehoben ist, auch auf dieser Straße wandelt, fühlt das Mißliche des durch Hineinschiebung des freien Wahlakts geschehenen Durchbruchs der Kausalkette und sucht die Verbindung zwischen den — die Motive im weitern Sinne[23]) — bildenden äußern und innern Bedingungen des Handelns und der Willensaktion durch eine dialektische Wendung künstlich wiederherzustellen, indem er schreibt:[24])

„Die aus freiem Willen hervorgegangene menschliche Thätigkeit ist zwar stets der Anfang einer neuen Kausalkette, aber nicht notwendig einer in der Erzeugung des Erfolges selbständigen und von der früher begonnenen Kausalität unabhängigen Kausalkette. Sie duldet allerdings keine Ursache hinter sich, aus der sie selbst als Erfolg hervorgegangen wäre, aber sie duldet Bedingungen hinter sich, ohne deren Existenz sie selbst nicht eingetreten wäre."

Also die Scheidung der Bedingungen von der Ursache soll den künstlichen Kitt zum Wiederanflicken der durch den Bruch entstandenen Enden der Kausalkette hergeben. Auf diese Weise kann dann auch — indem man zwei Fliegen mit einer Klappe schlägt — ohne Auf

---

[23]) Wie ich in der Abhandlung über Vorstellung und Wille näher begründet habe (S. 48), ist das Motiv im engern Sinne, welches das schließlich maßgebende zu sein scheint, indem es sich in derselben Richtung bewegt, in welcher die Willensaktion vor sich geht, zu scheiden von den Motiven im weitern Sinne, aus deren zusammenwirkender Kraft die schließlich resultierende Richtung der Willensaktion in Wahrheit hervorgeht. Sehr richtig bemerkt Lammasch (Handlung und Erfolg, Grünhuts Zeitschr. Bd. 9 S. 226): „Im vulgären Sinne bezeichnet man als Motiv eine einzelne Bedingung des Entschlusses, während eigentlich alle Bedingungen des Entschlusses, — negative und positive — das Motiv bilden."

[24]) Ursachenbegriff und Kausalzusammenhang S. 68.

hebung der Willensfreiheit des Thäters der kausale Verband zwischen Anstiftung und der Handlung des angestifteten Thäters gerettet werden.[25])

Der zwischen Ursache und Bedingung gemachte Unterschied kann aber — erkenntnistheoretisch — nur ein quantitativer und relativer, kein qualitativer und absoluter sein. Birkmeyer selbst sagt:[26]) „Ursache muß diejenige unter den Bedingungen des Erfolges sein, welche mehr als die übrigen zur Hervorbringung des Erfolges beigetragen hat", und da er ferner zugibt und zugeben muß,[27]) daß nebeneinander verschiedene Ursachen möglich sind, und zwar auch dann, „wenn z. B. die Ursachen a und b zwar in verschiedenem Maße zum Erfolge beitrügen, aber jede von ihnen mehr als jede der übrigen mitwirkenden Bedingungen", so wird er konsequenterweise auch einräumen müssen, daß unter tausend Bedingungen einer Handlung derjenigen Bedingung gegenüber, welche am wenigsten zum Erfolge beigetragen hat, alle übrigen neunhundertneunundneunzig Bedingungen sich als Ursachen qualifizieren.

Mag diese Unterscheidung zwischen Bedingung und Ursache bei Interpretation des positiven Rechts als die der Auffassung des Gesetzgebers entsprechende mit Recht angenommen werden, mag man im juristischen Sprachgebrauche die Willenshandlung des für den Erfolg derselben verantwortlichen Thäters als „Ursache" des Erfolges und andre zu diesem Erfolge mitwirkende Akte der Natur oder solche mitwirkenden Willensakte, welche in Hinsicht auf den Erfolg weder vorsätzliche noch fahrlässige sind, als Bedingungen des Erfolges bezeichnen, erkenntnistheoretisch läßt sich diese Unterscheidung nicht verwerten. In der Erkenntnistheorie gibt es nur eine Ursache jedes Erfolges, nämlich die Gesamtheit der den

---

[25]) Diesen Weg verfolgt v. Buri, indem er — obwohl er sonst den Unterschied zwischen Ursache und veranlassender Bedingung nicht anerkennt — in seinem Aufsatze über Kausalität und Teilnahme (Bd. II der Zeitschr. f. d. ges. Strafrechtsw. S. 272) ausführt: „Zur Konstruktion der kausalen Mitwirkung des Anstifters zu dem Erfolg bedarf es aber in Wirklichkeit auch nicht der Untersuchung, ob der Wille des Anzustiftenden in kausaler Weise beeinflußt werden könne oder nicht, weil es nicht zu bestreiten sein wird, daß der Anstifter, indem er Anreizungen in dem Anstiftenden hervorruft, denselben durch die Kausalität dieser Anreizungen jedenfalls zu der Entschließung nötigt, ob er denselben willfahren will oder nicht.

[26]) Ursachenbegriff und Kausalzusammenhang S. 17.

[27]) S. 58 a. a. O.

Erfolg herbeiführenden Bedingungen. Diese Bedingungen sind gleichwertig. Fällt auch nur eine derselben hinweg, so entfällt damit die in der Gesamtheit der Bedingungen liegende Ursache.

Wundt will nun zwar von dem allgemeineren Begriff der Bedingungen, unter denen ein Ereignis eintritt, die Ursache als dasjenige Geschehen unterscheiden, welches in unabänderlicher Weise mit der Wirkung verknüpft sei. Er führt hier folgendes Beispiel an: „Damit ein Körper 10 Fuß hoch herabfalle, muß er notwendig in 10 Fuß Höhe gebracht sein; wie aber dies bewerkstelligt und wie etwa die Unterstützung, die den Fall hinderte, beseitigt wird, dies sind Bedingungen, die mannigfach wechseln können, ohne daß die Wirkung deshalb sich änderte.“[28])

Diese Unterscheidung ist jedoch auch nicht haltbar. Sie erhebt zur „Ursache“ kein wirkliches agens, sondern ein Gedankending, einen abstrakten Begriff.

In obigem Beispiel soll die Ursache die Thatsache sein, daß der Gegenstand 10 Fuß hoch gehoben worden ist, Bedingung soll dagegen die Art und Weise sein, in welcher diese Hinaufhebung erfolgt ist, also z. B. das Hinaufziehen des Gegenstandes durch die Kraftanstrengung eines Menschen mittels Anwendung eines Strickes. Nun gibt es aber in Wirklichkeit kein Hinaufheben eines Gegenstandes von allgemeiner und abstrakter Natur, sondern nur konkrete Arten und Weisen, in welchen diese Hinaufhebung erfolgt.

Zu dem Ertrinken eines Menschen würde nach Wundt die Ursache der Umstand sein, daß derselbe in einen flüssigen Körper von größerem Volumen, als sein eigener Leib ist, geraten ist. Der konkrete Umstand, daß der Mensch in tiefes Wasser gefallen oder hineingestoßen ist, würde nur die Bedingung sein.

Daß mit dieser Unterscheidung auch juristisch nichts anzufangen ist, liegt auf der Hand.

Zu letzterem Gebrauch ist die von Birkmeyer gemachte Scheidung — wenn auch rein quantitativen und relativen Charakters — immerhin geeigneter. Man darf dieselbe aber nicht, wie

[28]) Wundt, Erkenntnislehre S. 536, 537. Ähnlich bezeichnet Stricker (Studien über die Bewegungsvorstellungen S. 47) das Durchschneiden einer Schnur, an welcher eine Kugel hängt, als die „Veranlassung“ des Fallens der Kugel, dagegen die Schwere der Kugel resp. die Anziehungskraft der Erde als die Ursache dieses Fallens, wobei er aber anerkennt, daß der Jurist gerade das Durchschneiden der Schnur als Ursache ansieht.

Birkmeyer dies thut, auf das erkenntnistheoretische Gebiet übertragen, auf die Untersuchung des Verhältnisses anwenden, in welchem der Wille zum Kausalgesetz steht.

Selbst wenn man aber diese Übertragung zulassen wollte, so muß doch nach jener die Ursache von den Bedingungen scheidenden Auffassung — sofern nicht die Kausalkette durchbrochen werden soll — jede Wirkung neben ihren sonstigen Bedingungen auch eine sich als Ursache qualifizierende Bedingung haben. Nach der Birkmeyerschen Deduktion der Willensfreiheit hat aber der freie Wahlakt nur Bedingungen hinter sich, keine Ursache. Der Durchbruch der Kausalkette durch den freien Wahlakt ist also unvermeidlich und läßt sich durch die gemachte Unterscheidung von Ursache und Bedingung nur künstlich verkleben.

Indem Binding und seine Anhänger die Kausalität der Erscheinungswelt durch die Einschiebung einer zahllosen Menge von freien Wahlakten der Menschen in eine unzählbare Menge einzelner, miteinander nicht zusammenhängender Kausalketten, von denen jede als erstes Glied einen selbstschöpferischen Akt der menschlichen Willenskraft aufweist und hinter ihrem letzten Gliede mit dem Beginn eines solchen Aktes abbricht, auflösen, stehen sie nicht auf dem Boden Kants und seiner Epigonen und sind ihre Hinweise auf einzelne Stellen in Kants und Schopenhauers Schriften durch den Inhalt derselben nicht gerechtfertigt.

Zwar schreibt Kant — und besonders diese Stelle mag sehr erklärlicherweise zu jenem Mißverständnis Anlaß gegeben haben — in seinem Hauptwerke:[29]) „Die Freiheit im praktischen Verstande ist die Unabhängigkeit der Willkür von der Nötigung durch Antriebe der Sinnlichkeit. Denn eine Willkür ist sinnlich, sofern sie pathologisch (durch Bewegursachen der Sinnlichkeit) affiziert ist; sie heißt tierisch (arbitrium brutum), wenn sie pathologisch nezessitiert werden kann. Die menschliche Willkür ist zwar ein arbitrium sensitivum, aber nicht brutum, sondern liberum, weil Sinnlichkeit ihre Handlungen nicht notwendig macht, sondern dem Menschen ein Vermögen beiwohnt, sich unabhängig von der Nötigung durch sinnliche Antriebe von selbst zu bestimmen."

Aus dem Wortlaute dieser Stelle[30]) kann nicht ohne weiteres

---

[29]) Kritik der reinen Vernunft. v. Kirchmannsche Ausgabe S. 436.

[30]) Es ist mißlich, in einer strafrechtlichen Untersuchung auf die Auslegung eines philosophischen Schriftstellers einzugehen. Es ist dies aber unerläßlich,

gefolgert werden, Kant habe hier die Behauptung aufstellen wollen, daß jeder geistig gesunde Mensch in jeder Lage des Lebens den sinnlichen Anreizen widerstehen könne. Sondern es ist nur behauptet worden, daß der Mensch nicht — wie das Tier — notwendig durch sinnliche Anreize bestimmt werde, sondern daß er auch durch sittliche Motive bestimmt werden könne. Wird er aber durch sittliche Motive bestimmt, so thut er dies eben unter dem Zwange dieser seinem empirischen Charakter eignen sittlichen Anlagen, vom empirischen Standpunkte aus also notwendig.

Daß Kant die Willensfreiheit als „ursachlose Selbstbestimmung" an jener Stelle nicht im Sinne hatte, folgt aus dem Inhalte des unmittelbar voraufgegangenen Satzes, in welchem er die Freiheit — als das Vermögen, einen Zustand von selbst anzufangen — im Gegensatz zur „Freiheit im praktischen Verstande" eine rein transcendentale Idee nennt, „welche erstlich nichts von der Erfahrung Entlehntes enthält, deren Gegenstand zweitens auch in keiner Erfahrung bestimmt gegeben werden kann, weil es ein allgemeines Gesetz selbst der Möglichkeit aller Erfahrung ist, daß alles, was geschieht, eine Ursache, mithin auch die Kausalität der Ursache, die selbst geschehen oder entstanden, wiederum eine Ursache haben müsse; wodurch denn das ganze Feld der Erfahrung, soweit es sich erstrecken mag, in einen Inbegriff bloßer Natur verwandelt wird".

Nimmt man aber auch an, Kant habe an jener Stelle dem Menschen die Fähigkeit ursachloser Selbstbestimmung zusprechen wollen, so hat er dies, wie die nachfolgenden Abschnitte ergeben, in dem Sinne gethan, daß er den Menschen als ein doppelseitiges Wesen, nämlich mit einer intelligiblen, die Freiheit herauskehrenden und einer empirischen, unter dem Kausalitätsgesetze stehenden Seite versehen auffaßt. Während der Mensch als empirisches Wesen alle seine Handlungen unter dem Zwange der aus den äußern und

---

wenn hervorragende juristische Schriftsteller unter irrtümlicher Auslegung desselben ihn als Stütze ihrer die Grundlage des Strafrechts betreffenden Ansicht heranziehen und auf der so gestützten Grundlage weiter bauen und — auch andre dazu verlocken, dies gleichfalls zu thun. Die vorliegende Arbeit ist gerade gegen die Hereinziehung eines transcendenten, die spekulative Philosophie angehenden Begriffs in die empirische Strafrechtswissenschaft gerichtet. Zu dem Ende kann sie nicht umhin, die in das transcendente Gebiet hinübergewichenen Gegner zwecks Führung des Nachweises, daß auch im Sinne jener ihnen als Stütze dienenden Autoritäten der von ihnen gemachte Gebrauch jenes Begriffes unzulässig ist, auf jenem Gebiete zu verfolgen.

innern Bedingungen sich notwendig gestaltenden Motive vollbringt, können dieselben Handlungen als die Thaten eines im intelligiblen jenseits der Erfahrung stehenden Wesens, nämlich des hinter dem empirischen „Ich“ stehenden „Dinges an sich“, sich als aus Freiheit geschehene darstellen. Für die empirische Auffassung, welche bei der menschlichen Beurteilung der menschlichen Thaten, und zwar insbesondere bei der strafrechtlichen Beurteilung derselben doch lediglich in Anwendung kommen kann, handelt der Mensch, wie Kant annimmt, also nicht aus Freiheit, sondern aus Notwendigkeit. Deutlich hat dies Kant in folgenden Worten ausgesprochen:[31])

> „So hat denn jeder Mensch einen empirischen Charakter seiner Willkür, welcher nichts andres ist als eine gewisse Kausalität seiner Vernunft, sofern diese an ihren Wirkungen in der Erscheinung eine Regel zeigt, danach man die Vernunftgründe und die Handlungen derselben nach ihrer Art und ihren Graden annehmen und die subjektiven Prinzipien seiner Willkür beurteilen kann. Weil dieser empirische Charakter selbst aus den Erscheinungen als Wirkung und aus der Regel derselben, welche Erfahrung an die Hand gibt, gezogen werden muß, so sind alle Handlungen des Menschen in der Erscheinung aus seinem empirischen Charakter und den mitwirkenden andern Ursachen nach der Ordnung der Natur bestimmt; und wenn wir alle Erscheinungen seiner Willkür bis auf den Grund erforschen könnten, so würde es keine einzige menschliche Handlung geben, die wir nicht mit Gewißheit vorhersagen und aus ihren vorhergehenden Bedingungen als notwendig erkennen könnten. In Ansehung dieses empirischen Charakters gibt es also keine Freiheit, und nach diesem können wir doch allein den Menschen betrachten, wenn wir lediglich beobachten und, wie es in der Anthropologie geschieht, von seinen Handlungen die bewegenden Ursachen physiologisch erforschen wollen.“

Nachdem Kant nun die Möglichkeit besprochen, daß eine Handlung vom Standpunkte des intelligiblen Charakters des Menschen

---

[31]) Kritik der reinen Vernunft S. 447.

aus betrachtet als eine Äußerung der reinen Vernunft und insofern als aus ursachloser Selbstbestimmung hervorgegangen erscheinen könne, fährt er dann fort:[32])

„Gleichviel gehört doch ebendieselbe Ursache — scilicet die in Ansehung des intelligiblen Charakters ohne zeitliche Ursache geschehene, sondern aus Freiheit vollbrachte Handlung — auch zur Reihe der Erscheinungen. Der Mensch ist selbst Erscheinung. Seine Willkür hat einen empirischen Charakter, der die (empirische) Ursache aller seiner Handlungen ist. Es ist keine der Bedingungen, die den Menschen diesem Charakter gemäß bestimmen, welche nicht in der Reihe der Naturwirkungen enthalten wäre und dem Gesetze derselbe gehorchte, nach welchem gar keine empirisch-unbedingte Kausalität von dem, was in der Zeit geschieht, angetroffen wird. Daher kann keine gegebene Handlung — (weil sie nur als Erscheinung wahrgenommen werden kann) — schlechthin von selbst anfangen."

Kant denkt sich also in seinem Hauptwerke, das sein System am reinsten zum Ausdruck bringt, die Freiheit nicht, wie Binding, Birkmeyer usw., als innerhalb der natürlichen Kausalkette stehend, nicht als einen in diese Kette hineingeschobenen Wahlakt, sondern im Jenseits der Erscheinung, in dem intelligiblen Sein des Menschen liegend, so daß also jede innerhalb der empirischen Kausalkette liegende Willensaktion unter der Kausalitäts-Anschauung der reinen Vernunft betrachtet, welche eben die der Freiheit und nicht der Notwendigkeit ist, als aus Freiheit geschehen sich ausnimmt.

Zur Verdeutlichung dieser Kantischen Idee, deren Klarlegung Binding und seinen Anhängern gegenüber, welchen Kant hier eine Autorität ist, dringend geboten erscheint, dient vielleicht nachfolgende einfache mathematische Anschauung.

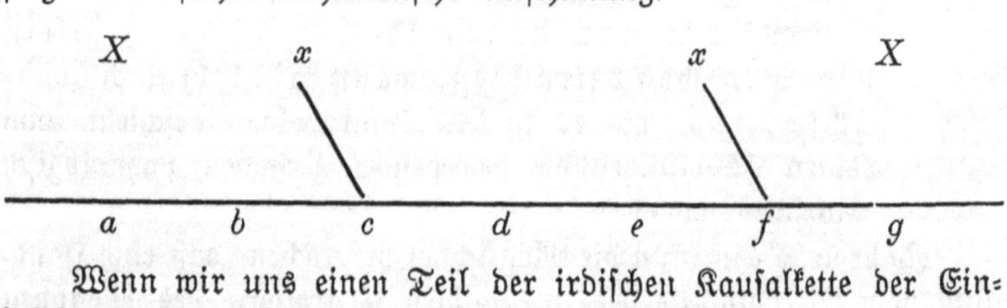

Wenn wir uns einen Teil der irdischen Kausalkette der Einfachheit halber auf der — nach beiden Seiten hin ins Unendliche

32) S 449 a. a. O.

verlaufenden — Linie a g[33]) vorstellen, deren Punkte c und f zwei innerhalb dieser Kette belegene und deshalb für die empirische Beobachtung aus Notwendigkeit geschehene menschliche Willensaktionen darstellen mögen, und wenn wir uns nun die Freiheit in dem jenseits dieser Linie belegenen Gebiete, also etwa auf der parallelen[34]) Linie X X denken, so deuten die Linien x c und x f die in die intelligible Welt hineinreichenden Kausalitätsketten der reinen Vernunft an, welche sich mit der irdischen Kausalkette in den Punkten c und f schneiden. Stellen wir uns nun in den Punkten x x die Freiheit als wirkende Ursache vor, so sind die Willensaktionen c und f, insofern sie als Punkte der in das Jenseits hineinreichenden Linien c x und f x betrachtet werden, aus Freiheit, insofern man sie dagegen als Punkte der Linie a g ins Auge faßt, aus Notwendigkeit geschehen.

Wohl zu merken ist, daß in diesem Bilde die Freiheit nicht in den Punkten c f liegt, in welche diejenigen sie verlegen müssen, welche sie als eine empirisch feststehende und psychologisch begründete auffassen, sondern im Jenseits der Erfahrung und außerhalb der Kausalkette a g in den Punkten x x.

Auch in seiner „Kritik der praktischen Vernunft" will Kant diesen Standpunkt im wesentlichen wahren, wie aus der Vorrede erhellt, insbesondere auch aus folgender von ihm selbst herrührender Anmerkung derselben:[35])

> „Die Vereinigung der Kausalität, als Freiheit, mit ihr, als Naturmechanismus, davon die erste durchs Sittengesetz, die zweite durchs Naturgesetz, und zwar in einem und demselben Subjekte, dem Menschen feststeht, ist unmöglich, ohne diesen in Beziehung auf das erstere als Wesen an sich selbst, auf das zweite aber als Erscheinung, jenes im reinen, dieses im empirischen Bewußtsein vorzustellen. Ohne dieses ist ist der Widerspruch der Vernunft mit sich selbst unvermeidlich."

---

[33]) In Wirklichkeit stellt sich diese Kausalkette nicht als einfache Linie, sondern als ein verschlungenes Netz von einander durchkreuzenden Fäden dar.

[34]) parallelen, weil sich sonst beide Linien in einem Punkte schneiden würden, in welchem dann das Jenseits in das Diesseits und das Diesseits in das Jenseits fallen würde

[35]) v. Kirchmannsche Ausgabe S. 5.

Ähnlich ist der Gedankengang Schopenhauers, welcher schreibt:[36])

„Diese Akte des Willens haben aber immer auch einen Grund außer sich, in den Motiven. Jedoch bestimmen diese nie mehr als das, was ich zu dieser Zeit, an diesem Orte, unter diesen Umständen will; nicht aber, daß ich überhaupt will, noch was ich überhaupt will, d. h. die Maxime, welche mein gesamtes Wollen charakterisiert. Daher ist mein Wollen nicht seinem ganzen Wesen nach aus den Motiven zu erklären; sondern diese bestimmen bloß seine Äußerung[37]) im gegebenen Zeitpunkt, sind bloß der Anlaß, bei dem sich mein Wille[37a]) zeigt: dieser selbst hingegen liegt außerhalb des Gebietes des Gesetzes der Motivation: nur seine Erscheinung[37b]) in jedem Zeitpunkt ist durch dieses notwendig bestimmt. Lediglich unter Voraussetzung meines empirischen Charakters ist das Motiv hinreichender Erklärungsgrund meines Handelns: abstrahiere ich aber von meinem Charakter und frage dann, warum ich überhaupt dieses und nicht jenes will, so ist keine Antwort darauf möglich, weil eben nur die Erscheinung des Willens dem Satze vom Grunde unterworfen ist, nicht aber er selbst, der insofern grundlos ist",

und ferner:[37c])

„Man hat über die Grundlosigkeit des Willens selbst die Notwendigkeit, der seine Erscheinung überall unterworfen ist, übersehen und die Thaten für frei erklärt, was sie nicht sind, da jede einzelne Handlung aus der Wirkung des Motives auf den Charakter mit strenger Notwendigkeit folgt."

Die irdische Kausalkette ist also auch nach diesen Autoritäten für die empirische Anschauung, welche auch diejenige der Strafrechtswissenschaft ist, durch keinen freien Wahlakt durchbrochen und braucht man sich nicht die Mühe zu geben, zwecks Wiederanknüpfung

---

36) Welt als Wille und Vorstellung Bd. I S. 127.

37) d. h. also die Willensaktion oder Handlung im Gegensatz zu dem Willen im Sinne Schopenhauers, nämlich als einem intelligiblen „Ding an sich".

37a) nämlich der Wille als hinter der Erscheinung stehendes Ding an sich.

37b) nämlich die Willenshandlung.

37c) S. 135 a. a. O.

des angeblich durchbrochenen Kausalnexus in der Scheidung des Begriffs der veranlassenden Bedingung von dem Begriffe der Ursache das Bindemittel zu suchen und hierdurch zugleich die Grundlage für die Konstruktion der Anstiftung zu gewinnen. Der Anstifter ist — rein psychologisch — d. h. also abgesehen von den positivrechtlichen Einschränkungen — betrachtet — wenn jene Autoritäten maßgebend sind — in Hinsicht auf den rechtsverletzenden Erfolg der durch den Angestifteten vollbrachten Handlung selbst Thäter. Seine That scheidet sich dann von derjenigen des Angestifteten nur in Hinsicht auf die besondere Art des gebrauchten Mittels, indem er sich der verbrecherischen Willensaktion einer andern Person als Mittel zur Herbeiführung des rechtsverletzenden Erfolgs bedient. Hierdurch rechtfertigt sich die gesetzliche Bestimmung, welche den Anstifter gleich dem Thäter bestraft.

Ist die Willensfreiheit nach jenen Autoritäten ein transcendenter, die Erfahrung überschreitender Begriff, so ist sie Gegenstand des Glaubens, nicht des Wissens und speziell nicht der empirischen Strafrechtswissenschaft, wie sich denn auch Kant (S. 452, 453 Kritik der reinen Vernunft) ausdrücklich dagegen verwahrt, daß er die Wirklichkeit oder auch nur die Möglichkeit der Willensfreiheit habe beweisen wollen.

Wollen wir auch die Freiheit als die Leuchte unsres Weges im Glauben und Hoffen hochhalten, bei der empirischen Beurteilung des Menschen und seiner Thaten können wir ihren Begriff, sofern wir auf Kant und diejenigen unter seinen Epigonen, die ihn in dieser Beziehung richtig verstanden haben, fußen, nicht verwerten.

Folgende Betrachtung sei am Schlusse dieses Abschnitts gestattet, um über Kant und Schopenhauer Hegel nicht gänzlich zu vergessen. Es muß zugegeben werden, daß Binding und Genossen, indem sie die Willensfreiheit in die irdische Kausalkette als Zwischenglied hineinstellen und sich den Willensakt in der Weise vorstellen, daß der wollende Mensch zwischen verschiedenen Möglichkeiten frei wählend eins der sich bietenden Motive aus eigner Kraft zum maßgebenden setzt, eine Auffassung vertreten, welche wegen ihrer Klarheit und Verständlichkeit einen erheblichen Fortschritt gegenüber derjenigen Vorstellung bedeutet, welche sich hochhervorragende ältere Kriminalisten auf Hegel fußend von der Willensfreiheit machten. Denn Hegels Philosophie ließ ihre Anhänger nicht zur Klarheit darüber kommen, wo und wie sie sich die freie Willensaktion vorstellen sollten, ob sie dieselbe im Diesseits der Erscheinungswelt oder im Jenseits oder auf beiden Seiten zu suchen hätten. Jene Philosophie speiste ihre Bekenner vielmehr mit der Darlegung des dialektischen Prozesses ab, in welchem sich die Idee der absoluten Freiheit aus der Vermittelung der Ideen der Notwendigkeit (Kausalitätsgesetz) und der Willkür entwickeln soll, und ließ sie hungrig vom Tische aufstehen.

So schreibt Köstlin (Neue Revision S. 113), indem er aus seitenlangen Untersuchungen über den sogenannten „absoluten Geist" das Facit zieht:

> „Zu ihrer Grundlage hat also die wirkliche Idee der Freiheit allerdings die substantielle Notwendigkeit; aber wirklich wird sie erst dadurch, daß die beiden Seiten des Willens in Differenz treten, daß die Willkür, einerseits als notwendiges Moment des ganzen Entwickelungsgesetzes, anderseits als die freie Negativität des Geistes gegen sein Wesen, mit der wesenhaften Notwendigkeit sich zur höhern Einheit vermittelt."

Ist diese „Vermittelung der Willkür und Notwendigkeit zu einer höhern Einheit, nämlich zur absoluten Freiheit", bei Lichte besehen, etwas anderes als ein nutzloses Spiel mit Begriffen? Man erfährt nicht, ob der Mensch als empirischer Charakter in dieser sinnlichen Welt aus freier Willkür oder aus Notwendigkeit handelt. Ja! es gewinnt nach jener im Geiste Hegels gemachten Deduktion des Freiheitsbegriffs den Anschein, daß der empirische Willensakt des Menschen zugleich aus Freiheit und aus Notwendigkeit geschieht, ein Widerspruch, der für das menschliche Denken — dessen aprioristische Form nun einmal unter dem Kausalitätsgesetze steht — nicht auflösbar ist.

So darf man sich denn auch nicht wundern, daß Köstlin in seiner Hegelschen Manier über die menschliche Willensfreiheit Sätze aufstellt, deren innere Widersprüche auch dem nicht philosophisch gebildeten Laien auffallen müssen.

Nachdem er (Neue Revision S. 93) auseinandergesetzt hat, daß die Welt der Endlichkeit dem Prozesse des Werdens unterworfen sei und daß in diesem Prozesse vermöge der Wechselwirkung jedes Ding ebensowohl als Bedingung wie als Bedingtsein erscheine, fährt er fort:

> „In diesem Sinne ist es nun aber ganz unbedenklich, auch die Freiheit unter das Kausalitätsgesetz zu stellen. Ihr Akt

ist allerdings durch äußere Ursachen mannigfach bedingt. Allein dieses Bedingen von seiten der äußern Ursachen ist ebensowohl Bedingtsein durch die Freiheit, d. h. die Ursachen sinken zu bloßen Voraussetzungen der freien Wirkung herab und diese *erscheint vielmehr als das Setzende, Bedingende, Spontane*, das jene äußerlichen *Voraussetzungen*, indem es sie gebraucht, in *sein eignes Wesen* verwandelt und hiermit ein neues Gesetz in die Welt bringt, während es zugleich den Gesetzen dieser Welt sich fügt",

und ähnlich an andrer Stelle (S. 95 a. a. O.):

„Um eine wahre Versöhnung hervorzubringen, muß man vielmehr das endliche Kausalitätsgesetz in das absolute auflösen und zu der Einsicht kommen, daß dasselbe durch sich selbst in das *Gesetz der Wechselwirkung* hinübergetrieben wird, *wo denn das Bedingte ebensosehr als Bedingung erscheint und seiner vorausgesetzten Bedingung die Dignität des Ursächlichen benimmt, indem es dieselbe auf sich selbst überträgt* und seine Bedingung zu einer bloßen Sollizitation herabsetzt."

Überträgt man diesen Gedankengang aus der „*Hegelschen* Sprechweise" in gewöhnliches Deutsch, so lautet derselbe folgendermaßen:

„Weil die Wirkung als *Beziehungsbegriff* den Beziehungsbegriff der Ursache bedingt — denn wo keine Wirkung ist, kann auch keine Ursache sein — *darum* ist dasjenige *reelle Ereignis*, welches wir als eine Wirkung auffassen, in *Wirklichkeit* die bedingende Ursache desjenigen reellen Ereignisses, welches wir Ursache zu nennen pflegen, also selbst nicht verursacht, sondern aus Freiheit geschehen."

Dieser krasse Fehlschluß, welcher dadurch zustande gebracht wird, daß den Beziehungsbegriffen: „Ursache und Wirkung" die Begriffe des Seienden, nämlich der Ereignisse, welche durch unser Denken miteinander in ursächliche Verbindung gesetzt werden, untergeschoben werden, sieht allerdings in der Verhüllung des *Hegelschen* Sprachgewandes bedeutend manierlicher aus, als im gewöhnlichen, ehrlichen Deutsch.

In dieser Weise geht es seitenlang fort.

Wenn ein vorurteilsfreier Leser — dessen Denkvermögen trotz des Studiums Hegelscher Werke noch nicht durch gläubige Hinnahme der Hegelschen Begriffswelt in dieselbe eingezwängt ist — die weitläufigen Auseinandersetzungen Köstlins über die Genesis des verbrecherischen Willens, über Freiheit und Notwendigkeit (S. 51—131 seines oben citierten, hochgepriesenen Werkes) mit Ernst zu erfassen bestrebt ist, so wird er — sofern er ehrlich gegen sich und andre ist — dasselbe Gefühl empfinden und andern kundthun, das ihm seinerzeit Hegels Werke, insbesondere dessen „Phänomenologie des Geistes" eingeflößt haben müssen, nämlich das Gefühl des Staunens über den Geist und die Spitzfindigkeit, welche hier auf ein ganz ödes, fruchtloses Spiel mit Begriffen — durch welches vorurteilsfreie Denker doch nicht bethört werden können,[37d]) — verschwendet werden, des Staunens über die Kühnheit und Geschicklichkeit, mit welchen hier neue Begriffe den früher gewonnenen alten in scheinbarer logischer Entwickelung untergeschoben werden, um hierdurch eine Übereinstimmung der Welt, wie sie wirklich ist oder wie man sie als wirklich hinstellen will, mit dem dialektischen Prozesse zu erzielen.

Gegen „den dialektischen Entwickelungsprozeß der Freiheit aus den Ideen der Willkür und der Notwendigkeit" polemisieren — heißt aber in der That: „gegen Windmühlen fechten".

Dankenswert ist es daher, daß Binding und Genossen klar und deutlich aussprechen, wo und wie sie sich die Willensfreiheit im reellen Leben vorstellen, da hierdurch erst eine ernstliche Diskussion ermöglicht wird.

[37d]) Das Geheimnis des gewaltigen Erfolges der Hegelschen Dialektik und ihrer mehr als ein Menschenalter hindurch dauernden Herrschaft in Deutschland erklärt sich durch den Umstand, daß man mit dieser Dialektik alles beweisen konnte, was man beweisen wollte. Dieselbe bot sich ebenso konservativen wie liberalen Ideen als Mittlerin an, eignete sich nicht nur als Stütze von Thron und Altar, sondern auch zur Einführung und Verfechtung von revolutionären Ideen. So haben z. B. Lassalle und Marx in ihren bedeutenden Werken, ersterer im „System der erworbenen Rechte", letzterer im „Kapital" sich dieser Dialektik als einer trefflichen Waffe gegen ihre unter der geistigen Herrschaft Hegels herangewachsenen Zeitgenossen bedient. Nahe genug lag es, diese Dialektik auch zum Beweise der Willensfreiheit, welche man so gern beweisen wollte, zu verwenden.

III.

„Was wir Seele, was wir Geist nennen, ist . . . zweierlei: einmal ein unsterbliches Etwas, das eben wegen seiner Unsterblichkeit unveränderlich sein muß, . . . das andre Mal ein angenommenes Etwas, vermittelst dessen der Stoff, die Materie die Eigenschaften erhält, durch deren Bethätigung das, was wir Leben nennen, entsteht, und im besonderen jene Seite desselben, die sich als Fühlen und Wollen, als Vorstellen oder Denken — schlechtweg, als ein bewußtes Leben kundthut. Mit der Seele, dem Geiste als unsterblichen Wesen haben wir hier nichts zu thun. Sie sind nicht Gegenstand naturwissenschaftlicher Untersuchung . . . Sie gehören einem Gebiete an, das der menschlichen Erkenntnis . . . ewig verschlossen bleiben wird, auf welchem nur ein tiefer und inniger Glaube sich jemals zurechtfinden kann. Uns geht hier nur die Seele, der Geist als jenes angenommene Etwas an, durch das der Stoff, die Materie Leben erhält, durch das er zu fühlen, zu wollen, vorzustellen, Bewußtsein zu haben vermag."

Diese Sätze, mit welchen ein hervorragender Lehrer der Seelenheilkunde sein Lehrbuch der Psychiatrie[38]) eröffnet, bleiben auch wahr, wenn man sie auf die Strafrechtswissenschaft als eine empirische, welche sie doch wie alle andern Wissenschaften ist und sein soll, anwendet.

Der Satz, daß die allgemein menschliche Überzeugung von der Willensfreiheit ein Beweis sei für das Vorhandensein dieser Freiheit, kann daher wissenschaftlichen Wert nur insofern beanspruchen, als mit demselben behauptet werden soll, daß die Erfahrungsthatsache, jedermann sei von seiner Freiheit im empirischen Sinne, d. h. von seiner Fähigkeit, in dieser sinnlichen Welt ungezwungen durch die aus seinem Charakter fließenden Motive nach beliebiger Wahl handeln zu können, überzeugt, das Dasein solcher empirischen Freiheit beweise. Denn der Glaube an die metaphysische Freiheit, an die Freiheit unsrer unsterblichen Seele — mag er noch so tief und fest in unserm Gemüte begründet sein — bietet keine logische Unterlage für den wissenschaftlichen Beweis,

---

[38]) Dr. Rudolf Arndt, Lehrbuch der Psychiatrie. Wien und Leipzig. 1883.

der in dieser sinnlichen Welt angeblich vorhandenen Willensfreiheit.

Der Satz, daß jedermann von seiner empirischen Freiheit überzeugt sei und daß diese Thatsache die Existenz der empirischen Freiheit des Willens beweise, ist aber nach zwei Richtungen hin ein falscher.

Erstens ist die thatsächliche Prämisse desselben nicht richtig und zweitens ist die Folgerung aus derselben nicht logisch.

Die Thatsache, daß jedermann von seiner Willensfreiheit im empirischen Sinne überzeugt sei, ist nicht vorhanden. Der Annahme derselben liegen zwei Verwechselungen zu Grunde.

Erstens verwechselt man jene Überzeugung mit der allgemein vorhandenen und ganz richtigen thatsächlichen Voraussetzung, daß jedermann in unserm Gemeinwesen der Regel nach so viel sittliche Veranlagung — durch Vererbung und Erziehung — habe, daß er — bei gesundem und gereiftem Geiste und unter gewöhnlichen Verhältnissen — sich nicht einseitig durch sinnliche, sondern auch durch sittliche Motive werde bestimmen lassen, eine Voraussetzung, von der auch der Gesetzgeber, wie eingangs bei Besprechung des zur Bildung des Vorsatzes erforderlichen Bewußtseins der Normwidrigkeit hervorgehoben ist, mit Recht ausgeht.

Läßt sich die überwiegende Mehrzahl der Menschen nicht nur durch sinnliche, sondern auch durch sittliche Motive bestimmen, so folgt hieraus nicht die Freiheit des menschlichen Wollens im indeterministischen Sinne, sondern gerade dessen Notwendigkeit. Denn der sittlich handelnde Mensch handelt aus seiner sittlichen Veranlagung heraus mit Notwendigkeit, nicht mit Freiheit.

Schwartzer, der in seiner tüchtigen Abhandlung über die Bewußtlosigkeitszustände als Strafausschließungsgründe von der falschen Prämisse der empirischen Wahlfreiheit des Willens ausgeht, begeht diese Verwechselung, wenn er schreibt: [39])

> „Der vernünftige Wille ist also durch Einsicht, Überlegung, Besonnenheit und Abwägung der Motive und Gegenmotive bedingt; die Möglichkeit, durch solche vernünftige und sittliche Gründe bestimmt zu werden, ist die Freiheit des Willens."

Diesen Satz kann und muß auch der Determinist mit gutem

[39]) S. 13 a. a. O.

Gewissen unterschreiben. Er ist aber nicht richtig, sobald man mit Schwartzer unter Willensfreiheit die Wahlfreiheit des Wollens versteht. Die Freiheit des Willens als Möglichkeit, durch sittliche Motive notwendig bestimmt zu werden, ist allerdings vorhanden, führt aber ihren Namen mit Unrecht, da sie keine Freiheit, sondern potentielle Notwendigkeit ist.

Schwartzer sagt:[40])

„Das Gesetz supponiert auf Grundlage Jahrtausende alter, an unzähligen Millionen menschlicher Individuen erprobter Erfahrung, aus der Regel, wie sie zu allen Zeiten und allerorts sich herausgestellt hat, mit vollem Rechte, daß unter normalen Verhältnissen der des Vernunftgebrauches fähige Mensch, sobald er ein bestimmtes Alter zurückgelegt hat, genügende geistige und sittliche Reife erworben habe, um die Strafgesetze zu kennen, zu verstehen und zu befolgen, und daß er, falls ihn Sinnlichkeit, Egoismus oder Leidenschaft zu einer gesetzwidrigen Handlung anspornen, sich durch vernünftige Überlegung und Abwägung der für und wider die Beziehung der That sprechenden Motive, insbesondere durch Vergegenwärtigung der auf die Verübung der That gesetzlich angedrohten Strafe für die Bewahrung von Moral und Pflicht und für die Beobachtung des Gesetzes nach freier Wahl zu entscheiden fähig sei, also ausreichende Willenskraft besitze, um die Antriebe zu strafbaren Handlungen niederzuhalten und die gesetzlich verpönte That zu unterlassen."

Jedes Wort dieses Satzes kann man vom deterministischen Standpunkte aus unterschreiben, sofern man nur die gänzlich überflüssigen, durch den sonstigen Gedankeninhalt nicht motivierten Worte: „nach freier Wahl" aus demselben streicht.

Eine zweite, noch schwerer wiegende Verwechselung ist folgende:

Wenn jemand eine von ihm vollbrachte Handlung später bereut — weil sie nicht die erwarteten Gefühle der Lust, sondern vielmehr Unlust im Thäter erweckt hat — so fühlt er, daß, falls er in diesem Momente nochmals in der Lage wäre, sich zu entscheiden, ob er jene Handlung thun oder unterlassen solle, er sie nunmehr unterlassen würde. Diese spätere Lage ist aber von der Lage im Augenblicke des früheren Entschlusses insofern verschieden, als nunmehr

[40]) S. 2 a. a. O.

ein neues Motiv, nämlich der Gegenreiz der erfahrenen Unlust zu den früher in Geltung gekommenen Motiven hinzutritt. Die Unterlassung würde nunmehr ebenso notwendig geschehen, als früher die Handlung aus dem empirischen Charakter des Handelnden heraus notwendig erfolgt ist. Indem das Hinzutreten dieses neuen Motivs übersehen wird, entsteht in dem Thäter die irrtümliche Meinung, daß er früher die Handlung hätte unterlassen können, und hierdurch die Überzeugung von seiner Willensfreiheit.

Die Behauptung, daß jedermann diese Überzeugung von seiner empirischen Wahlfreiheit in sich trage, ist thatsächlich nicht richtig. Diese Überzeugung ist in demjenigen nicht vorhanden, der eine gehörige Beobachtung seines Selbst und der ihn umgebenden Dinge anwendet. Eine eingehende Selbstbeobachtung wird in den meisten Fällen dem Handelnden nach der Handlung die Motive aufdecken, aus welchen heraus er nicht anders handeln konnte, als er gehandelt hat. Wenn nach schweren innern Kämpfen der sinnliche Reiz überwunden und dem Pflichtgefühl gemäß gehandelt wird, so wird der so handelnde Mensch seine eigne sittliche Veranlagung — welche ihm durch Vererbung und Anerziehung geworden ist, — und nicht seinen grundlosen Willen als Motiv seines sittlichen Handelns erkennen können, und ebenso wird der dem sinnlichen Reize unterliegende Thäter, wenn er nach der That in sich geht, in seiner sinnlichen Veranlagung die maßgebende innere Bedingung seiner That auffassen. Nicht als ein von ihm selbstgesetztes, durch willkürliche Verstärkung eines Reizes gewonnenes Motiv wird er die sittlichen und sinnlichen Dispositionen seines seelischen Innern ansehen, sondern als gegebene Thatsachen, an denen er nicht rütteln kann.[40a])

[40a]) Volkmann (Lehrbuch der Psychologie Bd. 2 S. 457) schreibt: „Wer somit die Freiheit des Willens in diesem Sinne (d. h. im Sinne seiner empirischen, phänomenalen Existenz) behauptet, verwechselt lediglich das Unvermögen des Beobachters, das Resultat vorher zu bestimmen, mit einem, jede Vorherbestimmung ausschließenden Vermögen in dem Beobachteten und verwickelt sich in den Schluß, daß weil, dem Beobachter die eine Bestimmung ebenso möglich erschien, als die andre, in dem Beobachteten die gleiche Möglichkeit als Vermögen vorhanden gewesen und in der vollzogenen Bestimmung thätig geworden sei. Es ist ganz richtig, daß vor und nach dem wirklichen Endwollen ein andres Endwollen gedacht werden konnte, und daß es einer oft nur geringen Verschiebung der vorhandenen Vorstellungsverhältnisse bedurft hätte, um die gedachte zu realisieren; es ist aber auch zweifellos, daß das Endwollen eben bei den

Freilich durch die Thaten wird der empirische Charakter verändert, insofern nämlich sittliches Handeln die sittliche Disposition des Charakters für künftige Fälle verstärkt, unsittliches Handeln dieselbe schwächt.

In diesem Sinne erzieht der Mensch sich selbst. Die einzelnen diese Erziehung bewirkenden Akte geschehen aber aus Notwendigkeit, nicht aus Freiheit. Mit Merkel[41]) muß ich daher bestreiten, daß bei gehöriger Selbstbeobachtung in mir die Überzeugung von einer in dieser sinnlichen Welt zur Geltung kommenden Freiheit meines Willens im indeterministischen Sinne standhalten kann. Vielmehr bete ich aus tiefstem Herzensgrunde: „Herrgott, führe mich nicht in Versuchung" und glaube, daß bei ernster Selbstprüfung jeder

---

vorhandenen Vorstellungsverhältnissen nur so und nicht anders ausfallen konnte, als es wirklich ausgefallen ist".

und S. 477 ebenda:

„Das Bewußtsein der Freiheit ist das Gefühl der Selbstbeherrschung, d. h. das Selbstbewußtsein des Bestimmtwerdens des wollenden Ich durch das wissende Ich, also ein Selbstgefühl von einem alle andern Gefühle überbietenden Innigkeitsgrade. Positive Unfreiheit wird gefühlt in dem Konflikte des Endwollens, das durch seine Motive bestimmt wird, und der Maxime, die unabänderlich bestimmt bleibt durch ihren Inhalt innerhalb desselben selbst. Das Bewußtsein dieses Konflikts begleitet den Vorsatz und perenniert an der vollzogenen Handlung. In diesem Eingeklemmtsein zwischen der Unerbittlichkeit der That, die nie mehr ungeschehen gemacht werden kann, und der Unerbittlichkeit der Maxime, deren Richtigkeit nicht wegräsonniert werden kann, liegt der tiefe Stachel, der die Reue in der Psychagogik des Lebens zu einer fast unvermeidlichen Vorschule der Freiheit erhebt. In unserm Freiheitsbegriffe hat die Willkür keine Stelle, weder in dem Wollen, noch in dem Gesetze, in jenem nicht, weil das Wollen durch seine Motive, in diesem nicht, weil das Gesetz durch seinen Inhalt bestimmt wird, sondern die Freiheit besteht darin, daß das, was an sich durch den Inhalt der Vorstellungen determiniert ist, innerhalb des Selbst auch zu der determinierenden Energie werde einem andern Determinierbaren gegenüber. Wir sind nicht frei, weil wir anders hätten wollen können, sondern wir können nicht anders wollen, weil wir frei sind, und unfrei bezüglich alles jenes Wollens, das auch anders hätte bestimmt werden können. Von dem Freien sagen: „er hätte doch das wollen können, was er nicht gewollt hat", heißt sagen: „er hätte es wollen können, wenn er, der Freie, zugleich auch unfrei gewesen wäre".

[41]) Zeitschr. f. d. ges. Strafrechtsw. Bd. I S. 561.

geistig gesunde und gereifte Mensch zu der Überzeugung gelangen wird, daß er seine Ketten, durch welche er in dieser Welt gefesselt ist, in seinem empirischen Charakter mit sich tragen muß, und daß es eine Vermessenheit ist, anzunehmen, der Mensch sei stark genug, diese Ketten willkürlich und grundlos zu zerbrechen. Festzuhalten ist hierbei, daß auch die durch Erziehung einschließlich der Selbsterziehung gewonnene sittlich gute Anlage zu diesen Ketten gehört, die man nicht grundlos brechen kann.

Wollte man aber auch die Behauptung, daß jederman sich im indeterministischen Sinne frei fühle, als richtig zugeben, so würde aus der Thatsache dieser allgemeinen menschlichen subjektiven Wahrnehmung noch keineswegs die objektive Existenz der Willensfreiheit gefolgert werden dürfen, ebensowenig als aus der allgemein gemachten subjektiven Wahrnehmung, daß die Sonne sich im Kreise um die Erde dreht, die Richtigkeit des geozentrischen Weltsystems gefolgert werden darf. Wie bei Betrachtung der Sonne bei allen Beobachtern die subjektive Täuschung entsteht, daß die Sonne sich um den Standpunkt des Beobachters herumdrehe, so kann bei allen Menschen — als hinsichtlich der Anschauungsform gleichgearteten Wesen — die subjektive Täuschung entstehen, daß der Mensch frei handle, während thatsächlich das Gegenteil stattfindet.

Zu einem objektiv richtigen Urteil gelangt man überhaupt nicht durch unmittelbare Wahrnehmungen, seien dieselben äußerlicher oder innerlicher Natur, sondern erst durch eine Reihe von logischen Schlüssen, mittels deren eine Anzahl von wahrgenommenen Umständen unter Zuhilfenahme von Hypothesen in ihrem Kausalzusammenhange klargelegt werden, wie dies Wundt in seiner Erkenntnislehre (S. 378 ff.) eingehend nachgewiesen hat.

Um so unbegreiflicher ist es, wenn gerade er aus der angeblichen Selbstwahrnehmung der Willensfreiheit die objektive Gewißheit der Freiheit des empirischen Wollens herleiten will.

Ebenso wie durch logische Begründung unter Herbeiziehung von Hypothesen die Drehung der Erde um die Sonne erwiesen wird, erweist sich die Stellung der motivierten Willensaktion als eines Gliedes der irdischen Kausalkette aus dem aprioristisch feststehenden und durch Erfahrung überall bestätigten Kausalgesetze, welches die Welt der Erscheinungen beherrscht.

Die subjektive, durch logisches Denken nicht begründete Überzeugung über die Logik des vernünftigen Denkens zu stellen, ist auf wissenschaftlichem Gebiete verboten. Hierdurch wird das Gebiet des Glaubens nicht berührt.

IV.

Gänzlich verfehlt erscheint mir die Berufung der Verteidiger der freien ursachlosen Selbstbestimmung des menschlichen Willens auf Religion und Moral. Es mag dahingestellt bleiben, ob und inwieweit eine derartige Berufung für die Strafrechtswissenschaft überhaupt zulässig ist. Materiell ist sie jedenfalls nicht begründet.

Daß das religiöse Gefühl im Menschen die Unfreiheit postuliert, daß es irreligiös ist, den menschlichen Willen als einen selbstschöpferischen Anfang der natürlichen Kausalkette hinzustellen, daß nach der religiösen Auffassung vielmehr aller Anfang in Gott liegt, muß selbst Wundt anerkennen, indem er schreibt:[42]) „Wenn ein Augustin, ein Luther aus tiefstem religiösen Bedürfnis an die unbedingte Abhängigkeit des menschlichen Willens von göttlicher Fügung geglaubt haben, so werden wir wohl die heute verbreitete Meinung, daß der Determinismus eine irreligiöse Gesinnung sei, als eine merkwürdige Verirrung einer religiösindifferenten Zeit ansehen dürfen."

In der That beweist das Unternehmen, den Determinismus von der religiösen Seite anzugreifen, eine merkwürdige Unkenntnis der Lehren hervorragender Glaubenshelden.

Jeremias (10, 23) predigt:

„Des Menschen Thun steht nicht in seiner Gewalt und stehet in niemandes Macht, wie er wandele oder seinen Gang richte."

Der Apostel Paulus (Römer 9, 18 ff.) schreibt:

„So erbarmet Gott sich nun, welches er will, und verstocket, welchen er will. So sagest du zu mir, was schuldiget Gott denn uns?[42a]) Wer kann seinem Willen widerstehen? Ja, lieber Mensch, wer bist du denn, daß du damit Gott rechten willst? Spricht auch ein Werk zu seinem Meister: Warum machst du mich also?"

---

[42]) Essays S. 306. Ähnlich Erkenntnislehre S. 500.

[42a]) „Ihr stürzt ins Leben uns hinein,
Ihr laßt den Menschen schuldig werden."

Und Luther[43]) schreibt:

„Die Gebote lehren und schreiben uns vor mancherlei gute Werke; aber damit sind sie noch nicht geschehen. Sie weisen wohl, sie helfen aber nicht; lehren, was man thun soll, geben aber keine Stärke dazu. Darum sind sie nur dazu geordnet, damit der Mensch darinnen sehe sein Unvermögen zu dem Guten und lerne an ihm selbst verzweifeln."

Die Prädestinationslehre des Augustinus, an welchen sich in dieser Beziehung Calvin und Schleiermacher angeschlossen haben, wird selbst denen nicht unbekannt sein, welche von der Stellung, die Männer wie Jeremias, Paulus und Luther unsrer Frage gegenüber einnehmen, nichts wissen. Von seinem Standpunkte aus ganz folgerichtig hat daher Binding[44]) in seinem geistvollen Versuche, die Freiheit als Voraussetzung der rechtlichen Handlungsfähigkeit zu rechtfertigen, einen Hauptteil seines Angriffes zugleich gegen den religiösen Determinismus richten wollen.[45])

Die Prädestinationslehre läßt bekanntlich das in der Erscheinungswelt herrschende Kausalitätsgesetz in seinem vollen Umfange bestehen, indem sie die aus diesem Gesetze sich entwickelnden Akte als im Uranfang in Gottes Geiste im voraus beschlossene auffaßt, während andre Religionslehren die Wollensunfreiheit im Menschen in der Weise auffassen, daß sie jeden einzelnen menschlichen Willensakt aus einer willkürlichen Aktion Gottes hervorgehend betrachten (Okkasionalismus!). In jedem Falle widerstreitet also die Willensunfreiheit an und für sich nicht der religiösen Idee.

Wundt hat nun aber — den Satz Kants, daß der Mensch in Ansehung seines empirischen Charakters in der sinnlichen Welt unfrei sei, daß dagegen im intelligiblen Jenseits der Erfahrung die Freiheit des Willens möglich sei, direkt umkehrend — behauptet, daß die Freiheit als die Erfüllung eines sittlichen Bedürfnisses in der sinnlichen Welt der Erfahrung ihre Stätte habe, und daß die Erfüllung des religiösen Postulats der Unfreiheit in dem transcendenten Jenseits der Erfahrung gesucht werden müsse. Er führt in dieser Beziehung aus:[46])

---

[43]) Sermon von der Freiheit eines Christenmenschen. Reformatorische Schriften. (Dr. Karl Zimmermanns Ausgabe Bd. 2 S. 19.)

[44]) Normen Bd. 2 S. 3 ff.

[45]) S. 11 a. a. O.

[46]) Essays S. 306.

„In der That, jener Streit der philosophischen Anschauungen ist in seinem letzten Grunde nichts andres als ein Streit um den Willen, den sittliches und religiöses Gefühl miteinander kämpfen. Das erstere fordert die Freiheit, das zweite die Abhängigkeit. Der Streit löst sich aber durch die Erwägung, daß jene Freiheit, welche das Sittengesetz verlangt, die praktische Freiheit ist, die wir in unserm Freiheitsbewußtsein als ein unveräußerliches inneres Erlebnis besitzen, während die Abhängigkeit, welche das religiöse Gefühl fordert, eine metaphysische Abhängigkeit ist, die sich auf den unsrer unmittelbaren Erfahrung entzogenen letzten Grund und Zweck der Dinge bezieht."

Und ferner:

„Der Kampf um die Willensfreiheit ist aus einer Antinomie des sittlichen und religiösen Gefühls entsprungen, welche sich dadurch löst, daß das erstere sich bezieht auf das empirische Freiheitsbewußtsein und das aus demselben hervorgehende praktische Handeln des Menschen, das letztere dagegen auf den transcendenten Grund und Zweck aller Dinge. Das sittliche Gefühl verlangt, daß der einzelne verantwortlich sei für seine in die Sinnenwelt eintretenden Handlungen."

Letzterer Satz ist gewiß richtig, beweist aber gerade das Gegenteil dessen, was Wundt aus demselben folgert. Denn verantwortlich sein kann jemand nur für solche Handlungen, die aus seinem innern Wesen notwendig fließen, in denen sein Wesen zu Tage tritt und die deshalb seine Handlungen sind, nicht aber für solche Handlungen, welche frei, d. h. — wie oben ausgeführt ist — grundlos gewollt, sind, in denen deshalb kein Teil des innern Wesens, des empirischen Charakters zum Ausdruck gelangt, welche vielmehr als ursachlos gewollte von diesem Charakter losgerissen erscheinen, gar nicht dessen Handlungen sind.

Daß das „sogenannte innere Freiheitsbewußtsein als unveräußerliches inneres Erlebnis" keine Beweiskraft hat, ist im vorigen Abschnitte darzulegen versucht worden.

Es muß aber auch Wundt gegenüber bestritten werden, daß das sittliche Gefühl das Gegenteil dessen postulieren könne und thatsächlich postuliere, was das religiöse Gefühl postuliere, daß zwischen Religion

[47]) Erkenntnislehre S. 500.

und Moral eine Antinomie bestehe und bestehen könne. Wenn das echte religiöse Gefühl die Abhängigkeit des menschlichen Willens von Gottes Willen postuliert, so wird die echte Moral nicht das gegenteilige Postulat aufstellen. Das Postulat der Willensfreiheit scheint mir in der That seinen Ursprung weniger moralischen Trieben, also vielmehr der modernen liberalen Theorie von den Rechten des Individuums, als einer — vielleicht vorübergehenden — politischen Richtung zu verdanken.

Um die sogenannten Menschenrechte, die unveräußerlichen politischen Rechte des Individuums gegenüber dem sozialen Körper, an welchem das Individuum nur ein Glied ist, besser begründen zu können, bot sich die Theorie von der innern, selbstschöpferischen Freiheit des Menschen als eine bequeme Handhabe dar. Jene Handhabe wird man vielleicht in spätern Zeiten wieder fallen lassen, nämlich dann, wenn die Rechte des Individuums hinter dem Rechte des sozialen Körpers, dem es angehört, mehr zurückgetreten sein werden.

Der Vorwurf, welchen Wundt[48]) gegen Kant erhebt, nämlich daß die gezwungene Umkehrung der Verhältnisse, in welche Kant durch seine falsche Auflösung der angeblich zwischen Religion und Moral bestehenden Antinomie geraten sei, unverkennbar in störender Weise auf seine theoretischen Anschauungen zurückgewirkt habe, ist vielmehr umgekehrt gegen Wundt zu erheben.

Um die Freiheit in das Diesseits verlegen zu können, fühlt er sich gezwungen, die nicht erwiesene, ja geradezu falsche Behauptung aufzustellen, die Willensfreiheit sei eine allgemein menschliche innere Erfahrung und deshalb unantastbar. Um den freien Wahlakt zwischen Motiven und Handlung einschieben zu können, sieht er sich genötigt, das Wollen von der Willensaktion loszureißen, in die Denkoperation hineinzuverlegen und den Willen mit der Intelligenz geradezu zu identifizieren, indem er z. B. schreibt:[49])

„Der Wille, weit entfernt das Intelligenzlose zu sein, ist also vielmehr die Intelligenz selbst. Die äußere ist überall erst Folge einer innern Willenshandlung: der Wille einer Handlung besteht als psychologischer Vorgang in der Apperception derselben, die äußere Handlung ist lediglich ein Geschehen,

---

[48]) Erkenntnislehre S. 500.

[49]) S. 502 a. a. O.

welches aus den in der äußern Erfahrung gegebenen psycho-physischen Beziehungen des Subjekts hervorgeht. Wegen dieser Identität von Wille und Verstand ist es denn auch völlig sinnlos, von einem „unbewußten Willen“ zu reden.“

Es kann dahingestellt bleiben, ob letztere Folgerung an sich richtig ist, sowie, ob die Elemente des Vorstellens und Wollens nie vereinzelt, sondern stets miteinander verbunden auftreten, jedenfalls scheiden wir in unsrer innern Erfahrung deutlich das produktive Element des Willens von dem rezeptiven Element des Vorstellens. Die Annahme, daß jene Elemente identisch seien, hat keinen Boden in unsrer Erfahrung, folgt aber auch logisch nicht aus der thatsächlichen Voraussetzung, daß jene beiden Elemente stets miteinander verbunden sich darstellen.

Nun ist es zwar ganz richtig, daß die Anspannung der Aufmerksamkeit bei dem Denken, die Energie, mit welcher die Wahrnehmungen als Vorstellungen appercipiert und aus den Vorstellungen Gedankenreihen gewonnen werden, nicht dem Gebiete der Vorstellung angehören, sondern wirkliche Willenshandlungen sind, nämlich innere Willenshandlungen; diese inneren Willenshandlungen sind aber von den sie begleitenden Vorstellungs-Komplexen, insbesondere von dem Inhalt der das Motiv dieser innern Denkarbeit bildenden Vorstellungen, z. B. der Vorstellungen, welche die Lernbegier, den Ehrgeiz usw. wecken und hierdurch die Denkarbeit motivieren — ebenso scharf zu trennen, als bei Betrachtung der in den äußerlichen Körperbewegungen hervortretenden Willensaktionen das Willenselement von dem Vorstellungselement zu sondern ist. Wie letzteren Aktionen leibliche Vorgänge — die Innervation der motorischen Nerven und die Muskelverkürzung — parallel laufen, werden jenen — äußerlich nicht in die Erscheinung tretenden — Willensakten jedenfalls auch — bisher freilich noch nicht nachgewiesene — leibliche Bewegungsvorgänge, eine dem Innervationsstrom der motorischen Nerven analoge Strömung in der Gehirnmasse, parallel laufen. Den äußern Willensaktionen werden also allerdings in der Regel innere Willensaktionen voraufgehen. Durch letztere wird nämlich derjenige Vorstellungskreis als Produkt der Denkarbeit erzeugt werden, in welchem der Anlaß und zusammen mit dem empirischen Charakter des Handelnden das Motiv der demnächst ins Werk gesetzten Körperaktionen, welche selbst wieder Willensakte sind, gegeben ist. Auch bei jenen innern Handlungen beginnt der Wille erst im Momente der beginnenden Aktion und endigt mit derselben. Auch bei ihnen umfaßt der Wille nur die Handlung selbst, nicht den Erfolg, auch bei ihnen geht der Erfolg nur dadurch in den Willen ein, daß die Vorstellung des Erfolgs zu denjenigen Motiven im weitern Sinne gehörte, welche auf die schließlich resultierende Richtung pro und contra eingewirkt haben, deren gemeinschaftliches Produkt also jene Willensrichtung ist.[50])

Um — in jenem angeblich sittlichen Interesse — den freien Wahlakt zwischen Motiven und Handlung einschieben zu können, kann Wundt nicht umhin, sich die körperliche Aktion als durch den Willensakt hervorgerufen vorzustellen, d. h. also eine geistige Thätigkeit der Psyche in Kausalnexus zu bringen mit einer physischen Körperbewegung, also einem ganz heterogenen Dinge. Es ist aber nicht abzusehen, wie es möglich sein soll, daß ein geistiger Vorgang eine körperliche Bewegung hervorrufen soll. So innig auch die Verbindung ist, welche diejenigen geistigen Thätigkeiten, die wir unter dem Namen der Psyche zusammenfassen, mit unsern körperlichen Funktionen in unsrer Persönlichkeit eingehen, so ist diese Verbindung doch nicht eine derartige, daß unsre psychischen und körperlichen Aktionen miteinander in unmittelbarem Kausalnexus stehen. Körperliche Aktionen — Stoß und Gegenstoß der Atome — können immer nur wieder physikalische Wirkungen in der Welt der Körper, psychische Aktionen nur Wirkungen psychischer Natur haben. Körper und Seele sind die einander parallel laufenden, aber untereinander ganz verschiedenen Äußerungsformen eines und desselben, uns seinem innern Wesen nach nicht faßbaren Gegenstandes, das wir „Ich" nennen. Die Vorgänge unsres Lebens stellen sich also in zwei einander parallel laufenden Kausalketten, einer physischen Kette von physikalischen, chemischen und physiologischen Veränderungen und einer Kette von psychischen Veränderungen dar. Diese beiden Ketten stehen aber in — einer zwar nur mittelbaren — Verbindung durch das hinter beiden Äußerungsformen stehende Ich, welches bei Eingriffen in eine dieser beiden Seiten in seinem ganzen Wesen erschüttert wird und diese seine Erschütterung dann in seinen beiden Formen zur Äußerung bringt. Deshalb empfinden wir die durch einen Eingriff in unser leibliches Sein hervorgerufene schädliche Veränderung desselben und den daran sich anknüpfenden Prozeß der

---

[50]) Vgl. die Ausführungen in der Abhandlung über Vorstellung und Wille S. 29 ff. 49 ff.

Heilung oder des Absterbens **zugleich** als Schmerz in der Seele, und umgekehrt eine schädliche Veränderung unsres psychischen Seins als Unbehagen in unserm körperlichen Befinden.

Die psychische Willensaktion und die den Inhalt dieser Aktion bildende körperliche Bewegung — sei dieselbe eine an der Oberfläche oder im Innern des Leibes vorgehende — bilden also nicht die zeitlich **aufeinander** folgenden Glieder einer Kausalkette, sondern die **zugleich** seienden und einander **entsprechenden** Glieder zweier parallel laufenden Kettenabschnitte.

In Hinsicht auf das Verhältnis unsrer Vorstellungen als psychischer Vorgänge zu den ihnen entsprechenden physiologischen Vorgängen in unserm Leibe erkennt **Wundt** die Unmöglichkeit des Kausalzusammenhangs zwischen physischen und psychischen Erscheinungen selbst an, indem er schreibt:[51])

> „Vor allen Dingen ist hier diejenige philosophische Ansicht zurückzuweisen, welche den physiologischen Erörterungen über den Gegenstand gewöhnlich zu Grunde liegt, die Ansicht nämlich, daß es sich hier um einen gewöhnlichen Kausalzusammenhang handle, in welchem der Gehirnprozeß als die Ursache, die Vorstellung aber als deren Wirkung zu betrachten sei. Diese Ansicht ist schon vom naturwissenschaftlichen Standpunkte aus undurchführbar. Nach dem in der physikalischen Forschung überall festgehaltenen Kausalprinzip können wir von einer ursächlichen Verbindung zweier Erscheinungen immer nur dann reden, wenn die Wirkung aus der Ursache nach bestimmten Gesetzen abgeleitet werden kann. Eine solche Ableitung ist nun im eigentlichen Sinne nur möglich bei **gleichartigen** Vorgängen. Es ist klar, daß von einer derartigen Äquivalenz zwischen unsern Vorstellungen und den sie begleitenden physiologischen Vorgängen nicht die Rede sein kann. Als die Wirkungen letzterer können immer nur Vorgänge auftreten, die ebenfalls physischer Art sind. Das **Gesetz der Erhaltung der Kraft** müßte ja überall **da durchbrochen sein, wo eine körperliche Ursache eine geistige Wirkung hervorbringt.**“

Es ist nicht zu verstehen, weshalb dieser durchaus richtige Grundsatz dann plötzlich seine Kraft verlieren soll, wenn es sich

---

[51]) Essays. Gehirn und Seele S. 115.

um Aufdeckung des Verhältnisses handelt, in welchem Willensaktion und die entsprechende Körperbewegung miteinander stehen.

Zitelmann,[52]) welcher sich die Willensaktion und die körperliche Bewegung auch in paralleler Richtung laufend denkt, sucht den kausalen Verband zwischen beiden dadurch zu retten, daß er beide Parallellinien in kleine Teilchen zerlegt und das die Willenaktion beginnende erste Teilchen derselben einen unendlich kleinen Zeitteil vor dem — angeblich seine Wirkung bildenden — ersten Teilchen der Leibesaktion stellt u. s. f. Dieser unendlich kleine Zeitteil ist aber in der That gleich Null. Ich will erst wirklich, wenn ich zu handeln beginne, d. h. wenn der Innervationsstrom sich vom Gehirn aus zu ergießen beginnt. Das Abwägen der Motive in Ansehung der äußern Handlung fällt nicht in den diese Handlung umfassenden Willensakt hinein, sondern in die Vorstellung. Freilich findet zugleich bei dieser vorstellenden Thätigkeit, wie oben schon hervorgehoben ist, eine innere Willensaktion statt, nämlich die Anspannung der Aufmerksamkeit und die Energie der Apperception der Wahrnehmungen zur Bildung von Vorstellungen, sowie deren Verbindung zu Gedanken. Diese im Gehirn stattfindende Aktion hat, wie oben bemerkt ist, ihren eignen motivierenden Vorstellungskreis hinter sich. Die zeitliche Reihenfolge der psychischen Vorgänge ist hier folgende. Zuerst treten die Vorstellungen auf, welche zur Thätigkeit des Nachdenkens reizen, darauf geschieht der Willensakt der nachdenkenden Energie; durch diesen Willensakt werden diejenigen Vorstellungen appercipiert, welche nunmehr den Anreiz zu dem in der äußern Handlung hervortretenden Willensakte hervorrufen. Parallel diesen psychischen Veränderungen laufen physiologische Vorgänge im Gehirn, den Nervenbahnen, den Muskeln.[52a])

---

[52]) S. 45 a. a. O.

[52a]) Sehr schön bringt Fechner im Anschlusse an Leibniz diese Parallelität zum Ausdrucke in seinem Werke: „Elemente der Psychophysik" Bd. 1 S. 5: „Leib und Seele gehen miteinander. Der Änderung im einen korrespondiert eine Änderung im andern. Warum? Leibniz sagt: man kann verschiedene Ansichten darüber haben. Zwei Uhren, auf demselben Brette befestigt, richten ihren Gang durch Vermittelung dieser gemeinsamen Befestigung aufeinander ein (wenn sie nämlich nicht zu viel voneinander abweichen); das ist die gewöhnliche dualistische Ansicht vom Verhältnisse zwischen Leib und Seele. Es kann auch jemand die Zeiger beider Uhren so schieben, daß sie immer harmonisch gehen, das ist die okkasionalistische, wonach Gott zu den körperlichen Veränderungen die geistigen und umgekehrt in beständiger Harmonie erzeugt.

Die Hineinschiebung des freien Wahlakts zwischen den als Motive sich darbietenden psychischen Dispositionen und der Handlung führt, wie Wundts Logik beweist, zum Verwischen des tiefgehenden Unterschieds, welcher zwischen Vorstellung und Wille besteht, zur Identifizierung des Willens mit der Intelligenz, ja zu dem Rückschlusse, daß seelische und leibliche Vorgänge gleichartig sind, also zu einem in Materialismus oder Spiritualismus umschlagenden Monismus.

Denn die Annahme, daß psychische und leibliche Aktionen gleichartig sind, bildet die notwendige Voraussetzung des Satzes, daß durch eine Willensaktion eine körperliche Aktion erzeugt wird. Nur gleichartige Vorgänge können aufeinander wirken, sind für einander vorhanden, können miteinander in Kausalnexus stehen. Lotze[53]) selbst, der eigentliche Begründer der Anschauung, welche die Kantsche Willensfreiheit aus dem intelligiblen Jenseits der Erfahrung in das empirische Diesseits hinüberverlegt, hat den Satz von der Gleichartigkeit der aufeinander wirkenden Dinge in überzeugender Weise begründet. So ergibt sich der merkwürdige und tragische Schluß, daß gerade dasjenige Mittel, welches zur

---

Sie können auch von vornherein so vollkommen eingerichtet sein, daß sie, ohne der Nachhilfe zu bedürfen, von selbst immer genau miteinander gehen; das ist die Ansicht von der prästabilierten Harmonie derselben. Leibniz hat eine Ansicht vergessen, und zwar die einfachst mögliche. Sie können auch harmonisch miteinander gehen, ja gar niemals auseinandergehen, weil sie gar nicht zwei verschiedene Uhren sind. Damit ist das gemeinsame Brett, die stete Nachhilfe, die Künstlichkeit der ersten Einrichtung erspart. Was dem äußerlich stehenden Beobachter als die organische Uhr mit einem Triebwerke und Gange organischer Räder und Hebel oder als ihr wichtigster und wesentlichster Teil erscheint, erscheint ihr selbst innerlich ganz anders als ihr eigner Geist mit dem Gange von Empfindungen, Trieben und Gedanken."

Fechner faßt die seelischen Vorgänge als die Funktionen (Funktion im mathematischen Sinne, nicht also als materielle Leistung) der physiologischen Vorgänge im leiblichen Organismus auf. Indem z. B. ein äußerer sinnlicher Reiz, welcher eine gewisse Schwelle überschritten hat, durch Vermittelung der sensiblen Nerven in den Gehirnmolekülen einen gewissen Bewegungsvorgang hervorruft, erscheint zugleich mit diesem physiologischen Vorgange — nicht also als dessen Wirkung — ein diesem Vorgange nach gewissen Gesetzen entsprechender Empfindungsinhalt im Bewußtsein des betreffenden Individuums. Reiz und Empfindung stehen also genau genommen in keinem Kausalnexus miteinander, mindestens in keinem direkten, noch viel weniger Willensaktion und Leibesbewegung.

[53]) Mikrokosmus Bd. 1 S. 426 ff., Bd. 3 S. 487 ff.

Rettung des Dualismus angewendet wird, nämlich die Hineinschiebung des freien Wahlaktes in die irdische Kausalkette, konsequenterweise zum krassesten Monismus führt.[54])

Psyche und Leib sind aber nicht gleichartige, sondern durchaus heterogene Erscheinungen, nämlich die ganz verschiedenen Seiten des in seinem Wesen hinter der psychischen und leiblichen Erscheinung, durch welche beiden Erscheinungen der empirische Charakter bedingt ist, stehenden und unsern Sinnen verborgenen transcendenten Charakters.

Dieser transcendente Charakter bildet einen Gegenstand des Glaubens, nicht des Wissens, also auch nicht der Psychologie und der Strafrechtswissenschaft. Die in diesem transcendenten Charakter liegende höhere Einheit der in der empirischen Welt parallel nebeneinander herlaufenden körperlichen und psychischen Aktionen ist demgemäß in der Psychologie und Strafrechtswissenschaft zu ignorieren. Für diese empirischen Wissenschaften kann daher auch ein Kausalnexus zwischen dem psychischen Willensakt und der leiblichen Bewegung — als ganz heterogenen Seiten eines Wesens, dessen Einheit jenseits der sinnlichen Welt zu suchen ist — nicht existieren.

Also darf die Strafrechtswissenschaft nicht von der psychologischen Voraussetzung ausgehen, daß zwischen den „Motiven im weitern Sinne“, d. h. den äußern und innern Bedingungen einer Handlung und dieser Handlung selbst ein von dem empirischen Willen vorgenommener Akt der ursachlosen Selbstbestimmung mitten inne steht.

Vor Ziehung dieser Konsequenz kann uns auch die moralische Entrüstung nicht zurückschrecken, mit welcher Birkmeyer in seiner oben citierten Auslassung über die Willensfreiheit ausruft: „Wer

[54]) Hugo Sommer freilich — in seiner innerhalb des Gesichtskreises der Lotzeschen Weltanschauung geschriebenen Abhandlung über „das Wesen und die Bedeutung der menschlichen Freiheit“ läßt die modernen Widersacher der Auffassung, daß der Mensch in dieser räumlichen und zeitlichen Welt frei sei, in Materialismus und Nihilismus untergehen. Kant selbst entgeht bei ihm wohl nur deshalb der Gefahr dieser Konsequenz, weil Hugo Sommer — zum Glück für Kant — annimmt: „Kant fühle das Richtige richtig heraus und irre nur in der theoretischen Formulierung dieses seines richtig herausgefühlten Prinzips“ (S. 48 a. a. O.). Daß Hugo Sommer an Schopenhauer und Eduard v. Hartmann, welche ihm „absonderliche, dem Lotze nicht ebenbürtige Philosophen“ sind (S. 52 a. a. O.), kein gutes Haar läßt, dürfte mindestens in Hinsicht auf den erstgenannten Philosophen selbst von Lotzes Standpunkte aus nicht gerecht sein.

die Willensfreiheit leugnet und doch durch die Strafe abschrecken oder bessern will, der macht sich derselben nichtswürdigen und sinnlichen Grausamkeit schuldig, als der, welcher ein gelähmtes Pferd durch Schläge beweglich machen wollte."

Birkmeyer setzt hier in unzulässiger Weise einen physiologischen Beurteilungsgegenstand einem psychischen, der psychologischen Beurteilung unterliegenden Vorgange gleich, indem er einen rein körperlichen Mangel mit demselben Maße mißt, wie einen seelischen Defekt.

Freilich ist es grausam, ein lahmes Tier durch Schläge zum Gehen zu treiben. Wenn aber der Treiber ein faules oder störriges Zugtier mit der Peitsche antreibt, wird auch Birkmeyer hierüber keine moralische Entrüstung empfinden. Wie die Peitsche gegen jenes aus einem psychischen Defekt resultierende widerspenstige Verhalten des Zugtieres reagiert, so reagiert das Strafgesetz — zur Befriedigung der Gesellschaft — gegen den aus dem sittlichen Defekt des empirischen Charakters des Verbrechens resultierenden Eingriff des rechtswidrigen Willens in die Rechtsordnung der Gesellschaft. Diese Befriedigung der Gesellschaft wird durch den Umstand, daß jener sittliche Defekt durch Vererbung und Anerziehung unter der Herrschaft des Kausalgesetzes historisch gewachsen und geworden ist, nicht gemindert, am allerwenigsten durch die Kenntnis jenes Umstandes in moralische Entrüstung verwandelt.

Aus den Ausführungen dieses Abschnitts erhellt, daß man der Logik keinen Zwang anzuthun braucht, wenn man den gegen die deterministische Auffassung des empirischen Willens gerichteten Vorwurf der Irreligiösität und der Unmoral auf die gegnerische Auffassung in vollem Maße zurückschleudern will.

Dies angriffsweise zu thun, liegt hier jedoch fern, da solche Kampfesweise in der Strafrechtswissenschaft überhaupt keine Berechtigung hat. Nur zur Abwehr des mit solchen unzulässigen Waffen gemachten Angriffs mußte hier notgedrungenerweise zu gleichen Waffen gegriffen werden.

Folgende Schlußbemerkung sei gestattet.

Wenn einstmals durch den Fortschritt der Wissenschaften, insbesondere der Physik, Physiologie, Psychologie und Psychophysik der Kausalzusammenhang zwischen der Willenaktion und den Bedingungen der Handlung empirisch so einleuchtend nachgewiesen sein wird, daß die Überzeugung von der Herrschaft des Kausalitätsgesetzes auf psychischem Gebiete zum Gemeingute der Gebildeten geworden sein wird, wird man auf die in der Psychologie und Strafrechtswissenschaft gegenwärtig vorherrschende Lehrmeinung, daß der empirische Wille sich ursachlos selbst bestimme, mit denselben Gefühlen zurückblicken, mit welchen wir gegenwärtig das ehemalige Ptolemäische Weltsystem oder die Illusion des Chinesen, dem sein Reich in der Mitte der Welt liegt, betrachten.

Wie der Mensch durch die Logik der Wissenschaft gezwungen wurde, die seiner natürlichen Eitelkeit und Selbstüberhebung schmeichelnde Annahme, daß seine mütterliche Erde das Zentrum der Welt bilde, fallen zu lassen, so wird ihn die gleiche Logik nötigen, auf die — von noch viel größerer Selbstüberhebung zeugende, ihn durch Schmeichelei bethörende — Einbildung, daß sein in der sinnlichen Welt wirkender Wille selbstschöpferische Kraft eines Gottes besitze, endgültig zu resignieren.

Über Handeln und Handlungseinheit, als Grundbegriffe der Lehre vom Verbrechen und von der Strafe.

Vorbemerkungen.

Das Handeln, die Handlung und die Handlungseinheit sind fundamentale Begriffe der Strafrechtswissenschaft, durch deren Klärung erst der gemeinsame Boden bereitet wird, auf welchem die einander bekämpfenden Lehrmeinungen ihren Streit ausfechten können.

Ohne solchen gemeinsamen Boden sind jene oft mit großem Aufwande geistiger Kraft geführten Kämpfe zum guten Teil Kraftvergeudung, Fechtübungen gegen Windmühlen.

Denn durch die Klärung jener Begriffe wird einerseits klargestellt, inwieweit der Gegensatz der diese Begriffe voraussetzenden Lehrmeinungen prinzipiell begründet, d. h. aus der grundverschiedenen Auffassung dieser vorausgesetzten Begriffe erwachsen und deshalb durch Diskussionen über sekundäre und tertiäre Streitpunkte nicht zu beseitigen ist; anderseits tritt durch jene Klärung zu Tage, inwieweit jener Gegensatz der prinzipiellen Begründung ermangelt und auf eine spätere, bei dem Aufbau des auf jene Grundbegriffe sich stützenden Lehrsystems vorgefallene Verschiebung der Begriffe zurückgeführt werden muß.

Wohl nirgends tritt der Gegensatz der jene Grundbegriffe voraussetzenden Meinungen in der Strafrechtswissenschaft so scharf hervor als in der Lehre von der sogenannten idealen Verbrechenskonkurrenz.

Seinen prägnantesten Ausdruck hat dieser Gegensatz während der letzten Jahre in zwei hervorragenden systematischen Werken, nämlich in **Bindings** Handbuch und v. **Liszts** Lehrbuch des deutschen Strafrechts gefunden.

Beide gehen von dem Satze aus, daß **einer** Handlungseinheit auch nur **eine** Deliktseinheit entsprechen könne [1]).

Indem sie aber unter Handlungseinheit etwas Grundverschiedenes verstehen, gelangen sie zu völlig entgegengesetzten Resultaten, **Binding** zu der Annahme, daß bei der idealen Konkurrenz eine Mehrheit von Handlungseinheiten und deshalb eine Mehrheit von Verbrechen vorliege, v. **Liszt** zu der Ansicht, daß hier nur von einer Handlungseinheit und deshalb auch nur von einem Verbrechen die Rede sein könne; ein Gegensatz der Meinungen, welcher mindestens de lege ferenda von erheblicher praktischer Bedeutung ist.

Der Wunsch, diese Streitfrage ihrer Lösung näher zu führen, bildete den ersten Anstoß für die vorliegende Arbeit.

Bei näherer Betrachtung der strafrechtlichen Begriffe des Handelns und der Handlungseinheit stellte es sich heraus, daß nicht bloß für jenen engeren Zweck einer Kontroversenlösung, sondern in Hinsicht auf die ganze Lehre von der Verbrechens-Einheit und -Mehrheit (fortgesetztes, zusammengesetztes Verbrechen, Gesetzeskonkurrenz u. s. w.), ja in Hinsicht auf die Begriffe des Verbrechens und der Strafe selbst und deren Verhältnis zu einander es sich der Mühe verlohne, den Versuch einer gründlichen Analysierung jener fundamentalen Begriffe zu machen.

Hiermit erhob sich der Arbeitsplan auf jenen Standpunkt, von welchem aus der die Grundlagen des Strafrechts erforschende Blick, will er deren äußerste Grenzen umfassen, nicht umhin kann, in die Grenzgebiete der Strafrechtswissenschaft hinüberzuschweifen, einen Standpunkt, den ich auch in früheren Arbeiten über die Willensschuld [2]) einnehmen mußte, als deren innere Fortsetzung sich die vorliegende erweist.

Da es bedeutende Juristen, insbesondre unter den Praktikern, gibt, welche die Meinung nicht aufgeben wollen, daß der Blick des innerhalb der Grenzen seiner Wissenschaft stehenden Juristen nicht über den Horizont des positiven Rechts hinüberschweifen dürfe, so

---

[1]) **Binding**: S. 565 ff. a. a. O.
v. **Liszt**: II. Aufl. S. 221 a. a. O. III. Aufl. S. 228.

[2]) den beiden vorgedruckten.

sei es gestattet, den gewählten Standpunkt in Hinsicht auf das vorliegende Thema noch besonders zu begründen.

Einer der älteren Schriftsteller, welche sich mit dem Begriffe der strafrechtlichen Handlungseinheit beschäftigt haben, John, — in der Vorrede zu seiner bekannten Abhandlung „über die Lehre vom fortgesetzten Verbrechen und von der Verbrechenskonkurrenz[3]) — bezeichnete als die einzig richtige Methode diejenige, welche bei einzelnen konkreten Rechtsfällen beginnend aus dieser empirischen Unterlage die Rechtssätze, aus diesen die Rechtsbegriffe entwickle. Von dem aprioristischen Konstruieren von Prinzipien sei, führte er aus, kein Heil für die Strafrechtswissenschaft zu erwarten.

Jeder Rechtsfall trage das Prinzip seiner Entscheidung in sich selbst. Aus diesen Prinzipien der niedrigsten Ordnung seien die Prinzipien der höheren, aus diesen die der höchsten Ordnung abzuleiten.

So richtig diese Methode für die Feststellung einzelner positiver Rechtssätze unter Umständen sein mag, so gänzlich unbrauchbar hat sie sich für die Gewinnung der strafrechtlichen Begriffe des Handelns, der Handlung und der Handlungseinheit erwiesen.

John hat eine Menge von praktischen Rechtsfällen zusammengetragen, gewinnt aber, wie eine nähere Besichtigung zeigt, aus ihnen nicht den gesuchten Begriff der Einheit des Verbrechens, sondern verwendet sie als Belege für rein aprioristische Konstruktionen, so z. B. für die aprioristische Behauptung, daß außer der Einheit des vom Verbrecher angegriffenen Objekts auch die Einheitlichkeit der Absicht des Verbrechers den Maßstab bilde für die Einheit des Verbrechens.

Andre Schriftsteller, — insbesondre Schwarze und Merkel in ihren geistvollen Arbeiten über die Lehre vom fortgesetzten Verbrechen[4]) — haben für ihre ebenso aprioristische Behauptung, daß nicht die Einheit der Absicht des Verbrechers, sondern nur die Einheit des angegriffenen Objekts (Schwarze), beziehentlich die Einheit der Rechtsverletzung (Merkel) über die Einheit des Verbrechens entscheiden könne, eine Menge von Rechtsfällen als Belege beigebracht, ebenso Krug für seine der Johnschen Konstruktion nahestehende vermittelnde Meinung, nach welcher die in der Einheit des ange-

---

[3]) Berlin 1860.

[4]) Erlangen 1857 und Darmstadt 1862.

griffenen Objekts hervortretende Einheit des Entschlusses der maßgebende Faktor für die Einheit des Verbrechens ist[5]).

Über ein Vierteljahrhundert ist seit dem Erscheinen jener älteren Abhandlungen verflossen. Ein wahrer Urwald von Kasuistik ist nach jenen Mustern inzwischen emporgewachsen, dessen Schlinggewächse die Wege überwuchern.

Und das Resultat dieser Kasuistik? Das Resultat ist der gänzliche Mangel an Verständigung über jene Grundbegriffe der Strafrechtswissenschaft, welcher in dem oben gekennzeichneten Gegensatze zweier unserer hervorragendsten systematischen Werke uns entgegentritt.

Jene Grundbegriffe lassen sich aus der strafrechtlichen Kasuistik nicht gewinnen, und wenn man Berge von Fällen anhäuft.

Gewinnen jene Begriffe auch positivrechtlichen Inhalt, wenn man sie in positivrechtlicher Beziehung gebraucht, so sind sie selbst doch nicht positivrechtlichen Ursprungs.

Um sie zu erfassen, bedarf es der Heranziehung von Hilfswissenschaften der Strafrechtswissenschaft, nämlich einerseits der Logik und Psychologie, anderseits der Naturwissenschaft, insbesondre der Physiologie, Biologie und Soziologie.

Diejenigen rechtsgelehrten Leser, welchen die ersten Abschnitte der nachfolgenden Arbeit zu wenig Positivrechtliches und zu viel jenen Hilfswissenschaften entnommenes Material zumuten, werden sich jedoch für das Opfer, das sie durch Lesung dieser Abschnitte gütigst bringen wollen, vielleicht einigermaßen entschädigt finden durch die positivrechtlichen Erörterungen der folgenden Abschnitte, in welchen die in den ersten Abschnitten gewonnenen Grundsätze für die Lehre von der Verbrechens-Einheit und -Mehrheit, insbesondre auch in bezug auf die Lehren vom fortgesetzten Verbrechen, von der Gesetzeskonkurrenz und der Idealkonkurrenz verwertet werden.

I. Das natürliche Handeln.

Der Begriff des natürlichen Handelns bildet die Voraussetzung des strafrechtlichen Begriffs des Handelns.

Anderseits setzt der Begriff der natürlichen Handlungseinheit, dessen Klarlegung sich als die Vorbedingung für die Erkenntnis

---

[5]) Zur Lehre von dem fortgesetzten Verbrechen. Leipzig 1857.

der Verbrechenseinheit erweisen wird, außer dem Begriffe der Einheit auch den des natürlichen Handelns vorauf.

Der Begriff der Einheit gehört zu jenen Grundbegriffen, welche Kant als ureigene Formen (Kategorieen) unseres Denkens auffaßt, und welche, auch wenn sie ursprünglich nicht angeboren, sondern im Laufe unserer Entwicklung auf empirischem Wege uns anerzogen sein sollten, jedenfalls durch das Denken nicht erst analysiert werden können.

Unter der Kategorie der Einheit werden wir das „natürliche Handeln" zu betrachten haben, sobald uns klar sein wird, was unter „natürlichem Handeln" zu verstehen ist.

Dieses Verständnis bildet aber nicht nur die Voraussetzung für die Erkenntnis des verbrecherischen Handelns und seiner Einheit, sondern auch, wie sich zeigen wird, für die der Strafe selbst.

Die Analysierung des natürlichen Handelns muß daher den ersten Teil unserer Aufgabe bilden.

Der Begriff des Handelns in seinem allgemeinsten Sinne steht in enger Verbindung mit zwei anderen jener oben gedachten Kategorieen, nämlich mit den Kategorieen der Substanzialität und der Kausalität.

Handeln ist die fortschreitende Bewegung (Wirkung) einer ursächlichen Substanz (Subjekts).

Kant schreibt[6]): „Wo Handlung, mithin Thätigkeit und Kraft ist, da ist auch Substanz, und in dieser allein muß der Sitz jener fruchtbaren Quelle der Erscheinungen gesucht werden. Handlung bedeutet schon das Verhältnis des Subjekts zur Kausalität. Weil nun alle Wirkung in dem besteht, was da geschieht, mithin im Wandelbaren, was die Zeit der Succession nach bezeichnet, so ist das letzte Subjekt desselben das Beharrliche, als das Substratum alles Wechselnden, d. i. die Substanz. Denn nach dem Grundsatze der Kausalität sind Handlungen immer der erste Grund von allem Wechsel der Erscheinungen und können also nicht in einem Subjekt liegen, was selbst wechselt."

Handeln im weitesten Sinne des Wortes ist in der That alles am Wechsel der Erscheinungen hervortretende Wirken einer beharrlichen Substanz, die in unserem Denken als Subjekt vorausgesetzt wird.

In engerem, dem gewöhnlichen Sprachgebrauche entsprechenden

---

[6]) Kritik der reinen Vernunft, S. 219 der v. Kirchmannschen Ausgabe.

Sinne versteht man unter Handeln die bewußte Willensthätigkeit eines beseelten Subjekts.

Mit dieser Definition scheinen begrifflich vom „Handeln“ ausgeschlossen zu sein einerseits die nach mechanischen (physikalischen und chemischen) Gesetzen, also nach dem Kausalitätsgesetze im engeren Sinne vor sich gehenden Bewegungen in der anorganischen Natur, welche wir als leblose aufzufassen pflegen, anderseits die Bewegungen derjenigen organischen Lebewesen, denen wir nur eine ihnen selbst unbewußte Reaktion auf äußere Reize beizumessen pflegen, also die Bewegungen der Pflanzen und der denselben nahestehenden niedrigsten Tierklassen, deren Lebensentfaltung mehr vegetativ als spontan ist.

Es fragt sich, ob die gemeine Meinung, welche diese Bewegungen als seelenlos auffaßt, für uns maßgebend sein darf. Nach Gustav Theodor Fechner, dem Begründer der Psychophysik, welcher in seinen Werken naturphilosophischen Inhalts („Nanna“, „Zenda-Vesta“, „Über die Seelenfrage“) nicht bloß den Pflanzen, sondern sogar den Gestirnen auf der Stufenleiter der seelischen Begabung Plätze anweist — und zwar ersteren unterhalb der Stufe des Tierreiches, letzteren oberhalb der Stufe des Menschen — würde der Begriff des Handelns, als der bewußten Willensthätigkeit eines beseelten Subjekts, einen bedeutend weiteren Kreis seiner Anwendbarkeit besitzen.

Beispielsweise würden die Bewegungen der fleischfressenden Pflanzen, welche nach Darwins Schilderung[7]) in der Art des Fanges, der Auswahl und des Verzehrens ihrer lebendigen Beute einen verblüffenden Anschein von Verständigkeit zeigen, die Urbilder sein für die Handlung, die wir als vorsätzliche Tötung zu bezeichnen pflegen.

Lombroso in seinem l'uomo delinquente[8]) hat auf diese merkwürdige Thatsache als auf einen der Uranfänge des Verbrechens hingewiesen.

In der That erscheinen nicht bloß die Bewegungen der niedrigsten Organismen, sondern auch diejenigen der anorganischen Gebilde nur dann als seelenlos, wenn man sie als vom Weltprozesse losgelöste, einzelne Bruchstücke betrachtet.

---

[7]) Insectivorous plants.

[8]) Deutsche Bearbeitung von Fränkel S. 2.

Sieht man sie dagegen als Teile dieses Prozesses, als Teile eines am Leibe einer Weltseele vorgehenden Lebensprozesses an, so sind sie nicht minder Handlungen als die Bewegungen der höher organisierten irdischen Geschöpfe.

Das Fliegen des geworfenen Steins ist dann ebensogut Handlung, als die Armbewegung, welche den Stein warf. Der Gedanke des Spinozaschen Steins, welcher im Wurfe fliegend glaubt, aus freiem göttlichem Willen zu fliegen, ist dann nicht nur bedingte, sondern volle Wahrheit.

Alle Erscheinungen sind in diesem Sinne freie Willensäußerungen des sich selbst unter das Kausalitätsgesetz stellenden göttlichen Geistes, der das Universum beseelt, Handlungen Gottes.

Dieser metaphysische Gesichtspunkt ist jedoch nicht maßgebend für die auf Empirie sich gründenden Wissenschaften, insbesondre nicht für die hier in Betracht kommenden Hilfswissenschaften der das Strafrecht erforschenden Wissenschaft, für Biologie, Anthropologie, Soziologie, Psychologie.

Denn es handelt sich hier darum, innerhalb der Erscheinungswelt die Scheidung zu vollziehen zwischen den willkürlichen Akten der beseelten irdischen Geschöpfe und denjenigen Erscheinungen, die sich unseren Sinnen als unwillkürliche darstellen.

Für die empirische Auffassung erscheint als Handeln nur die willkürliche Bewegung eines der höher organisierten, beseelten Geschöpfe, die die Erde bevölkern, der mit Willenskraft begabten Individuen.

Hier entsteht die — auch für die Rechtswissenschaft so außerordentlich wichtige — Frage, was in obigem Sinne unter einem beseelten Individuum verstanden werden darf.

Ist mit einer individuellen Psyche begabt nur das biologische Individuum, wie z. B. der Mensch, oder schließen sich diese biologischen Individuen zu höher organisierten Einheiten, zu soziologischen Individuen zusammen, welche, mag man sie Kollektivindividuen oder Sozialorganismen nennen, in der Einheitlichkeit ihres Bewußtseins (Kollektivbewußtsein) und der Einheitlichkeit ihres Willens (Kollektivwillen) die Kennzeichen der Individualität zeigen?

Bilden die Familien (Geschlechtsgenossenschaften nach Bastian und Post), die Stämme, die Völker solche mit Kollektivwillen ausgestatteten soziologischen Individuen? Sind Sitte und Rechte, insbesondre also auch das Strafrecht nicht aus dem Individualwillen der miteinander ums Dasein streitenden biologischen Individuen hervorgegangen, sondern das Produkt des Kollektivwillens solcher höher organisierten soziologischen Gebilde?

Und wenn es solche willens- und handlungsfähigen Sozialorganismen höherer Ordnung gibt, wie verhalten sich zu ihnen die politischen Organisationen, die Staaten und Kommunen, die kirchlichen Organisationen und die sonstigen unter den Namen der juristischen Personen zusammengefaßten einheitlichen Gebilde? Wie steht es mit deren natürlicher Fähigkeit zum Wollen und zum Handeln?

Für eine umfassende Erörterung dieser Fragen ist hier nicht der Platz. Nur soweit muß auf dieselben eingegangen werden, als ihre Beantwortung die Vorbedingung bildet für eine ausgiebige Erörterung desjenigen Handelns, welches strafrechtliche Bedeutung hat.

Die Frage nun, ob es nur handelnde Individualwillen oder auch handelnde Kollektivwillen gibt, berührt zweifellos die Grundlage des Strafrechts in demselben Maße als die Grundlagen der andern Rechtsgebiete.

Espinas in seinen: „sociétés animales",[9]) Schäffle in seinem „Bau und Leben des sozialen Körpers",[10]) Post in seinen „Grundlagen des Rechts"[11]) haben sich nicht gescheut, die — sonst nur in metaphysischen Untersuchungen aufgestellte — Meinung, daß die von der Biologie bisher als Individuen hingestellten Lebewesen die Teile (Elementarorganismen) einer höher organisierten Einheit sind, zusammen einen Sozialorganismus von höherer Individualität (Kollektivindividuum) bilden, in die empirischen Wissenschaften einzuführen, indem sie ihr eine empirische Unterlage gaben.

Ist jene Meinung, wie alle andern nicht auf mathematische Axiome, sondern auf empirische Beobachtungen gestützte, aus der Gleichartigkeit der Aufeinanderfolge der Erscheinungen abgeleitete Annahme von kausalen Zusammenhängen im strengsten Wortsinne auch nur eine Hypothese, so ist die Richtigkeit derselben doch durch das herbeigeschaffte massenhafte naturwissenschaftliche Material so

[9]) Des sociétés animales, étude de psychologie comparée. Paris 1878.

[10]) Tübingen 1881.

[11]) Leitgedanken für den Aufbau einer allgemeinen Rechtswissenschaft auf soziologischer Basis. (Oldenburg 1884.)

vielfach und mannigfach belegt worden, daß man diese Richtigkeit nicht minder als eine feststehende ansehen kann als z. B. die Richtigkeit des gleichfalls hypothetischen Satzes, daß der Mensch ein mit einheitlichem Bewußtsein und mit einheitlichem Willen ausgerüstetes individuelles Lebewesen sei.

Individuen im strengsten Sinne des Worts, nämlich unteilbare *einfache* Lebewesen sind nur die einzelligen Organismen, wie z. B. das Protoplasma im Meeresgrunde, die Amoeben und die einzelligen Infusorien, also gerade die niedrigsten Lebewesen, welchen wir Willens- und Handlungsfähigkeit nicht zuschrieben.

Die höher organisierten Individuen wie z. B. der Mensch, sind hingegen aus solchen Mikroben zusammengesetzt, sind Vergesellschaftungen solcher einzelligen Individuen, wirkliche Kollektivindividuen mit Kollektivbewußtsein und Kollektivwillen. Rudolf *Virchow* schreibt (S. 15 Zellularpathologie): „Jedes Tier erscheint als eine Summe vitaler Einheiten, von deren jede den vollen Charakter des Lebens an sich trägt. Der Charakter und die Einheit des Lebens kann nicht an einem bestimmten einzelnen Punkte einer höhern Organisation gefunden werden, z. B. im Gehirn des Menschen, sondern nur in der bestimmten konstant wiederkehrenden Einrichtung, welche jedes einzelne Element (Zelle) an sich trägt. Daraus geht hervor, daß die Zusammensetzung eines größeren Körpers, des sogenannten Individuums, immer auf eine Art von gesellschaftlicher Einrichtung herauskommt, einen Organismus sozialer Art darstellt, wo eine Masse von einzelnen Existenzen aufeinander angewiesen ist, jedoch so, daß jedes Element für sich eine besondre Thätigkeit hat, und daß jedes, wenn es auch die Anregung zu seiner Thätigkeit von andern Teilen her empfängt, doch die eigentliche Leistung von sich selbst ausgehen läßt." Die dem mikroskopisch bewaffneten Auge erscheinenden Bewegungen der Blutkörperchen erinnern an die spontanen Bewegungen schwimmender Infusorien.

Ist die Isolierheit und hiermit die spontane Beweglichkeit dieser einzelligen Individuen auch dadurch beschränkt, daß sie in dem tierischen Körper, den sie bilden, zu einer höhern Einheit verknüpft und hierdurch unter die diesen Körper beherrschenden mechanischen und chemischen Gesetze, wie z. B. das Gesetz des Blutumlaufs gestellt sind, so unterliegen sie hiermit prinzipiell nur derselben Kausalität, welcher auch die höher organisierten Kollektivindividuen unterliegen, wenn auch deren Abhängigkeit von ihrer Umgebung bei der größeren Verwickelung und Undurchsichtigkeit der sie beeinflussenden Verhältnisse nicht so in das Auge fällt.

Liegt das psychische Leben dieser unseren Körper bildenden einzelligen Mikroben auch unter der Schwelle unseres Bewußtseins, und ist es deshalb für uns ein unbewußtes, so beweist das nichts gegen die Existenz dieses psychischen Lebens, ebensowenig als die wahrscheinliche Thatsache, daß die in unserm Bewußtsein vorhandenen Wahrnehmungen weit über der obersten Schwelle des jenen Mikroben eignen Bewußtseits liegen, gegen das Vorhandensein unseres Bewußtseins sprechen kann.

Besitzen die höher organisierten Individuen auch in dem Sensorium ein Organ ihres Denkens, so beweist dies nichts gegen ihren kollektiven Charakter.

Denn auch das Gehirn besteht nicht aus einer Zelle, sondern aus einer zahllosen Menge von Zellen, deren Nebeneinander das Ineinandersein ausschließt.

Mag das Bewußtsein dieser höhern Organismen die Resultante der einzelnen Zellen-Bewußtseine, oder mag es ein aus der eigentümlichen Verbindungsart der einzelnen Zellen-Psychen entstehendes ganz neues Bewußtsein sein, jedenfalls ist es nicht das Bewußtsein eines einfachen Individuums, sondern einer — wenn auch zu einem höhern Organismus einheitlich verknüpften — Mehrheit von einfachen Individuen, also eines sogenannten Kollektivindividuums. Gibt man dies zu, so kostet es nur einen weiteren Schritt, um zu der Annahme zu gelangen, daß die höher organisierten Individuen, insbesondre auch die Menschen zu den Familien (ehemals Geschlechtsgenossen), Stämmen und Völkern, denen sie angehören, in einem ähnlichen Verhältnisse der leiblichen und geistigen Unterordnung und Einordnung stehen, als die Zellen zu den beseelten tierischen Körpern, denen sie angehören. Der Umstand, daß die Zellen im Leibe des biologischen Individuums mehr räumlich vereint, die den Leib eines Sozialorganismus bildenden Individuen mehr räumlich getrennt sind, kann zwar einen erheblichen Unterschied [12]) begründen

---

[12]) Post (Grundlagen S. 13) will wegen dieses Unterschiedes den Zusammenschluß biologischer Individuen zu sozialen Verbänden nicht auf eine Stufe stellen mit dem Zusammenschluß organischer Zellen zu einem biologischen Individuum.

zwischen der Art der Organisation der biologischen Individuen und der soziologischen Organismen, hindert aber nicht die Entwicklung der letztern zu einer einheitlichen Bildung, die man als soziologisches Individuum bezeichnen darf.

Erstens ist dieser in dem mehr oder minder der räumlichen Annäherung der Teile des Organismus gesuchte Unterschied, wie sich an dem Vorhandensein von „Zwischenstoff“ [13]) im tierischen Organismus zeigt,[14]) nur ein gradueller, und zweitens beruht die Einheit eines individuellen Organismus nicht in dem räumlichen Nebeneinandersein des Stoffes, sondern in dem einheitlichen Zusammenwirken der Kräfte.

So ist vermöge der gegenseitigen Abhängigkeit der zu einer Tierkolonie gehörigen Individuen und vermöge ihres — zum Zwecke des Lebens der einzelnen Individuen und der ganzen Kolonie — benötigten Zusammenwirkens solche Kolonie ein einheitlicher Organismus, mögen die Individuen noch aneinandergewachsen sein, wie es bei den Kolonien der Polypen, Molluskoiden und Würmern [15]) der Fall ist, oder räumlich getrennt jedes für sich seine Kreise ziehen, wie es bei den Bienen- und Ameisengenossenschaften geschieht.[16])

Andrerseits läßt die Abstammung gleichartiger Individuen von gemeinschaftlichen Stammeltern sie als Blätter eines Stammes, als einen physiologischen Organismus erscheinen.

Bei der ursprünglichsten Art der Zeugung, Teilung der Mutterzelle in mehrere Tochterzellen, ist die Identität der erzeugten Individuen mit den erzeugenden Individuen sinnenfällig. Auch auf der nächsten Zeugungsstufe, der Zeugung durch Knospung, wie z. B. bei den Korallenstämmen, springt die Identität des Mutterstammes, an welchem der Nachswuchs angewachsen hängt, mit der aus diesem Stamme herausgewachsenen Nachkommenschaft in die Augen. Aber auch bei der nach Differenzierung der Geschlechter eintretenden geschlechtlichen Zeugung ist die Identität der erzeugten Leiblichkeit mit der erzeugenden Leiblichkeit in der sie umfassenden höhern Einheit der Familie zweifellos. Wichtiger freilich als diese

---

[13]) „Interzellularsubstanz“ R. Virchow, Zellularpathologie, S. 16 ff.

[14]) Schäffle, S. 92, 93 a. a. O.

[15]) Espinas a. a. O., S. 222, 233, 241 der Schlosserschen Ausgabe.

[16]) S. 334, 364 a. a. O.

durch den Tod der einzelnen Individuen fortwährend in ihrem Zusammenhange geschwächten Ketten der gemeinschaftlichen Abstammung sind die in dem lebendigen Zusammenwirken gleichartiger, voneinander abhängiger Individuen hervortretenden sozialen Organismen.

Bei beiden soeben besprochenen Arten des Zusammenhanges der Individuen wird derselbe durch die — abgesehen von der geschlechtlichen Verschmelzung[17]) — dauernde räumliche Trennung der Individuen nicht zerrissen.

Espinas schreibt: „Es ist fraglich, ob nicht auch die Atome durch Zwischenräume voneinander getrennt sind, da manche Chemiker diese Zwischenräume zu messen suchen. Welchen Wert hat also die Entfernung der Elemente, welche eine organisierte Substanz bilden, da diese Entfernung doch nur durch die wechselseitige Thätigkeit der Elemente vergrößert ist? Die wahre Kontinuität ist die der Übertragung der Kräfte; wenn eine Kraft in ein Medium nicht eindringen kann, ohne sich in ihrem ganzen Umfange fühlbar zu machen, so ist dies Medium ein konkretes, wieweit auch der Zwischenraum sein mag, welcher die in ihm gelagerten Körper voneinander trennt."

Ebensowenig als durch die relativ räumliche Trennung der den Leib höherer biologischer Individuen bildenden Elemente — mag man dieselben als stoffliche Einheiten oder als Kraftzentren auffassen — die Einheit des Bewußtseins dieser Individuen aufgehoben wird, ebensowenig ist durch die räumliche Trennung der Sensorien der zu einem sozialen Organismus gehörigen gleichartigen Individuen die Bildung eines Kollektivbewußtseins, ebensowenig — folgerichtig — aber auch durch die räumliche Trennung der mit diesen Sensorien in Verbindung stehenden Nervensysteme die Bildung eines Kollektivwillens im Sozialorganismus ausgeschlossen.

Daß die Sensorien gleichartiger, einen sozialen Verband bil-

[17]) Die zur Erhaltung der Sozialorganismen benötigte geschlechtliche Vereinigung der in Geschlechter differenzierten Individuen nimmt in ihrem Leben verhältnismäßig nur kurze Zeit in Anspruch. Auch ist diese Vereinigung nicht immer eine unmittelbare, wie z. B. der bekannte Fall des vom männlichen Individuum sich loslösenden Hektokotylus gewisser Moluskenarten beweist, welcher — nur ein männliches Organ, kein Individuum — die Vereinigung mit dem weiblichen Individuum selbständig aufsucht und findet.

bender Individuen mit den zu ihnen gehörigen Systemen von sensiblen und motorischen Nerven zusammengenommen in ähnlicher Weise ein dem Kollektivbewußtsein und dem Kollektivwillen dienendes Substratum bilden, wie die im Sensorium nebeneinander gelagerten Zellen und die das Nervensystem bildenden Zellen in ihrer Gesamtheit das Substratum für das Bewußtsein und den Willen der höheren biologischen Individuen darstellen, ist vielmehr keine fernliegende, sondern ziemlich naheliegende Vermutung für denjenigen, der sich über das falsche Vorurteil hinweggesetzt hat, daß ein einheitlicher Organismus die räumliche unmittelbare Nebeneinanderlagerung seiner Teile voraussetze.

Der übliche Schluß, daß die leibliche Existenz von beseelten Sozialorganismen undenkbar sei, weil sie keine Organe für das Vorstellen und Wollen hätten, beruht also auf einer unbewiesenen, wahrscheinlich falschen Prämisse.

Trifft die oben aufgestellte Vermutung die Wahrheit, so würde z. B. das Sensorium und das Nervensystem eines Volksorganismus aus der Gesamtheit der Sensorien und dazu gehörigem Nervensysteme der Volksgenossen bestehen, ein System, in welchem die Sensorien der Stammesgenossen sich zu den niederen Nervenzentren, die Sensorien der Familienglieder zu den niedrigsten Nervenzentren zusammenschließen würden.

Immerhin haben wir es auch hier nur mit einer Hypothese zu thun. Denn das Kollektivbewußtsein und der Kollektivwille der Sozialorganismen würden, wenn sie existieren, ebenso sicher über der obersten Schwelle unsres Bewußtseins liegen, als unser Bewußtsein über der obersten Schwelle des den Mikroben, die unsern Leib bilden, eignen Bewußtseins liegt.

Jenes Kollektivbewußtsein und jener Kollektivwille fallen daher für uns ins Unbewußte.

Dennoch ist jene Hypothese nicht auf eine Linie zu stellen mit metaphysischen Ideen, wie z. B. mit der Idee von der Freiheit der intelligiblen Welt.

Vielmehr bietet diese Hypothese eine so zutreffende Erklärung für eine Menge von empirischen Vorgängen in der Natur,[18]) die

---

[18]) Die Kunstfertigkeit der Biene, die feine Berechnung, mit welcher die Ameise ganz neue, nie gekannte Hindernisse in zweckmäßigster Weise zu überwinden weiß, Äußerungen eines Intellekts, welche in Ansehung der Winzigkeit der Sen=

ohne dieselbe unerklärlich sind, daß sie ebensolche auf empirischer Grundlage fußende wissenschaftliche Berechtigung hat, wie z. B. die Atomistik für die Chemie.

Vor allem aber bietet diese Hypothese die natürlichste und einleuchtendste Erklärung für die Entstehung von Sitte und Recht, wodurch ihre Bedeutung und die Berechtigung ihrer Einführung in die Rechtswissenschaft, insbesondre auch in die Strafrechtswissenschaft dargethan ist. Der glänzendste Versuch, die Entstehung des Rechts lediglich aus den Individualwillen biologischer Individuen herzuleiten, muß scheitern an der Kluft, welche zwischen dem Egoismus der ums Dasein kämpfenden Individualwillen und der Selbstverleugnung der den eignen egoistischen Willen zu Gunsten des gemeinen Ganzen opfernden Individuums besteht. Die Herleitung des Mitgefühls aus der Neigung des der Gesellschaft angehörenden Individuums, sich an Stelle des verletzten Individuums zu denken und so dessen Schmerz mitzufühlen, ist keine Lösung dieses Problems, indem hierbei die Frage offen bleibt, woher jene Neigung stamme.

Der Egoist hat solche Neigung nicht.

Nach Iherings berühmter Darstellung[19]) wird jene Kluft überbrückt durch die im Verkehr der Individuen sich bildende Verknüpfung der eignen Zwecke des Individuums mit fremden Interessen, wodurch schließlich die Neigung zur sozialen Selbstbehauptung — eine höhere Form des Egoismus — stärker wird, als der egoistische Individualwille.

Dieser Wandlungsprozeß ist aber nicht das Produkt vernünftiger Erwägung, welche den fremden Vorteil mit dem eignen durch jenen Vorteil zu erreichenden Nutzen vergleicht — wie die Erwägung jenes schlauen Mannes, der mit der Wurst nach der Schinkenseite warf — sondern hervorgegangen aus einem dunklen Triebe, den man den Trieb der Arterhaltung nennt.

Individuelle Selbstverleugnung zum Zwecke der sozialen Selbstbehauptung finden wir bei Tierarten, die in intellektueller Aus-

---

sorien dieser Tiere wie ein Wunder erscheinen, erklären sich, wenn dem Intellekt dieser Individuen ein Kollektivbewußtsein zu Grunde liegt, dessen Substrat sich aus sämtlichen Sensorien der der Genossenschaft angehörigen Individuen zusammensetzt und also einem größern Gehirn zu vergleichen ist, von selbst.

[19]) Zweck im Recht, Bd. 1, Aufl. 2, S. 33, 47 ff.

bildung tief unter den Menschen stehen. Insbesondre wiederholt sich der Fall, daß die Mutter ihr Wohlsein, ja ihr Leben ihrem Nachwuchs opfert, auf vielen Stufen des Tierreichs.

Dieser Trieb der Arterhaltung, der den Individuen gemeinsam ist, findet seine Erklärung in dem Kollektivwillen der sozialen Organismen, denen die Individuen angehören. In jenen Trieben äußert sich der dem einzelnen Individuum unbewußte Kollektivwille. Ebenso — uns unbewußt — entströmen aus dem Kollektivbewußtsein und dem Kollektivwillen der werdenden und wachsenden Sozialorganismen die den Individualwillen beherrschenden sittlichen Normen und Rechtsgrundsätze.

Die Annahme, daß in den einzelnen bewußten Willensakten der Volksgenossen — z. B. in den Akten der Gesetzgebung, den richterlichen Urteilen — der Gesamtwille zum Ausdrucke gelange,[20]) ist daher nur insofern richtig, als die dies Handeln motivierende sittliche und rechtliche Auffassung zum großen Teil aus dem dunkeln Grunde des Kollektivbewußtseins stammt und in dem Handeln triebartig sich äußert.

Die deutsche Sprache nennt diesen dunklen Untergrund das „Gewissen". Und in der That, was ist dem Individuum gewisser als die ihm aus dem Kollektivbewußtsein des gewaltigen Sensoriums, von dem sein eignes Sensorium nur ein winziges Partikelchen repräsentiert, zuströmende Gewißheit, welcher gegenüber das durch eigne Überlegung — mag sie auch die feinste gewesen sein — gewonnene Wissen nur Stückwerk ist?[21])

---

[20]) Wie auch Wundt (Ethik. Eine Untersuchung der Thatsachen und Gesetze des sittlichen Lebens. Stuttgart 1886) anzunehmen scheint.

[21]) In einer kürzlich erschienenen Abhandlung über Zurechnungsfähigkeit und Willensfreiheit (G. Glaser, Leipzig u. Wien 1887) wird das Gewissen erklärt aus der Entwickelung des dem Menschen nicht angebornen, sondern durch Lebenserfahrungen anerzogenen Mitgefühls. Ist es auch vollkommen richtig, daß das Gefühl, welches uns, wenn wir handeln, sagt, ob wir unserm Nächsten Recht oder Unrecht thun, aus dem Mitgefühl mit unserm Nächsten entspringt, so bleibt doch unaufgeklärt, wie einem reinen Egoisten Mitgefühl anerzogen werden kann. Auch die Erfahrungen aus dem längsten Leben würden dies nicht zu stande bringen. Das Gelingen einer solchen Erziehung setzt voraus, daß das Individuum sich nicht bloß als vereinzeltes „Ich", sondern auch als Teil einer höhern Einheit, eines sozialen Organismus fühlt, daß ihm nicht bloß individueller (reiner) Egoismus, sondern auch das Gefühl des sozialen Ich eigen ist. Diese Gefühle sind dem Lebewesen von Geburt an so notwendig eigen, wie sein an-

Jenem Untergrunde entstammt das den Volksgenossen gemeinsame Rechtsgefühl, welches es ermöglicht, daß trotz größter Verschiedenheit und räumlichen Auseinanderliegens der praktischen Fälle einheitliche und allgemeinbindende Rechtsgrundsätze entstehen.

Die Entstehung der sittlichen Normen und der Rechtsgrundsätze ist daher nichts andres als die Willensäußerung des soziologischen Volkes- und Stammesindividuums, das natürliche Handeln dieser sozialen Organismen.

Insoweit Gesetze und richterliche Urteile der Rechtsauffassung des Kollektivbewußtseins dieser Organismen konform sind, insoweit sind sie der Ausdruck des Gesamtwillens.

Da ein Sozialorganismus als soziologisches Individuum wächst, reift und abstirbt, so ist auch sein Bewußtsein und demgemäß auch die in diesem Bewußtsein getragene sittliche und rechtliche Auffassung in stetem Wandel begriffen.

Hieraus ergibt sich ein dauernder Wandel der Rechtsanschauungen der einem Sozialorganismus angehörigen Individuen, welchem die Arbeit der Gesetzgebung nur mühsam folgen kann.

Wie steht es nun mit der natürlichen Handlungsfähigkeit derjenigen Personen, welche man als juristische Personen zu bezeichnen pflegt, insbesondre mit dieser Fähigkeit des Staates?

Daß den juristischen Personen, mögen sie natürlich gewachsen und geworden sein, wie die Staaten und die meisten Kommunen, oder willkürlich durch Gesetz oder private Willensdisposition geschaffen sein, wie die ruhende Erbschaft, die Stiftung, die Aktiengesellschaft, der biologische Leib mangelt und daß sie daher im biologischen Sinne weniger handlungsfähig sind, als der jüngste Säugling, ist ohne weiteres klar.

Nach Bluntschli und Beseler sollen aber bekanntlich nicht nur Staat und Kommune, sondern sogar auch Korporation und Stiftung organische Lebewesen sein, die einen Willen besitzen und diesen Willen äußern können.

---

geborner individueller und sozialer Charakter. Je höher entwickelt ein Individuum ist, desto näher steht es durch das ihm angeborne soziale Gewissen der höheren Einheit, welcher es angehört, um so weitere Kreise von Individuen umfaßt sein Mitgefühl. Während dies Gefühl auf niederer Stufe nur die nächsten Familienglieder einschließt, umspannt es auf höheren Stufen den Stamm, dann das ganze Volk, in Christus die ganze Menschheit, ja die ganze Kreatur.

Dies wäre nur dann richtig, wenn ihnen ein biologischer oder soizologischer Leib eigen wäre. Sie sind aber offenbar auch keine soziologischen Lebewesen, keine Vereinigung von biologischen Leibern zu einem soziologischen Organismus mit Kollektivbewußtsein und Kollektivwillen.

Selbst die Kirchen — als weltliche juristische Personen, und nur als solche kommen sie hier in Betracht — nehmen dogmatisch eine *solche* irdische Leibesgemeinschaft, wie der Körper eines sozialen Organismus ist, für ihre Glieder nicht in Anspruch. Aber auch der mit dem Volksorganismus in enger Verbindung stehende Staat besitzt keinen soziologischen Leib, geschweige denn die andern juristischen Personen.

Selbst in dem Falle, daß das Staatsterritorium sich vollständig deckt mit dem Territorium, das ein der Abstammung nach einheitliches Volk bewohnt, ein Fall, der wohl selten oder nie vorkommt, ist — wie aus unsrer obigen Darlegung folgt — der ins Unbewußte fallende Kollektivwille des Volkes nicht identisch mit dem in den Gesetzen und Verordnungen zum Ausdruck gelangenden sogenannten Willen des Staates. Der in manchen Staaten häufige plötzliche Umsturz der öffentlichen Meinung in Hinsicht auf die Grundlagen des Rechts, die großen politischen Revolutionen, die aus der unbewußt erfolgten Wandlung des Kollektivwillens des Volksorganismus hervorgehen, sprechen deutlich gegen jene Identität.

Der natürliche Staat kann im natürlichen Sinne des Wortes nicht wollen, *weil er selbst natürlicher Wille ist*, nämlich der *Kollektivwille* des Volksorganismus, welcher sich in dem Werden und Wachsen des Staats *äußert*. Aus diesem Kollektivwillen fließen nicht nur die sittlichen Normen, die materiellen Rechtsgrundsätze, sondern auch die Institutionen, welche den Staat ausmachen, die Organisation, welche das Volk sich selbst gibt, wenn es sich auf einem Territorium dauernd niederläßt.

Der natürliche Staat ist die natürliche Handlung des Volksindividuums oder was dasselbe ist, dessen *natürliche Willensäußerung*, also in der That ein Lebendiges, aber keine lebende Person, sondern ein lebendiger Wille, kein wollendes Subjekt, sondern das Wollen eines Subjekts[22]).

---

[22]) *Lasson* (System des Rechtsphilosophie), welcher auf *Hegel* fußt, nennt den Staat „ein wollendes Wesen“ und deshalb „eine Person“. Noch auf der-

Sonach bewährt sich in Bezug auf den Staat Zitelmanns Behauptung, daß die juristischen Personen nicht sowohl Personeneinheiten, als Willenseinheiten sind[23]), von einer wesentlich andren Grundlage aus, als diejenige ist, von welcher Zitelmann ausgegangen ist, der mit einer durch den gemeinsamen Zweck hervorgerufenen Einigung der Individualwillen operiert und auch für die Erklärung des im Staate sich äußernden einheitlichen Willens mit derselben auszukommen glaubt.

Der natürlich gewachsene und gewordene Staat beruht aber nicht auf der Einigung der Individualwillen der Staatsbürger, mag man diese Einigung mit Rousseau auf einen bewußten Einigungswillen (contrat social) oder — der Wahrheit bedeutend näherkommend — mit Zitelmann auf ein sittliches Band, durch welches die Einigung unbewußt zu stande kommt, zurückführen.

Die in bezug auf den Staat allerdings statthabende unbewußte Einheit der Willen der einem im Staate organisierten Volke angehörigen Individuen ist erst das sekundäre Moment gegenüber dem primären, dessen Wirkung diese Einheit ist, nämlich dem im Staate sich äußernden Kollektivwillen des sozialen Organismus.

Mit dem Wachsen des Staates, seinem festeren Zusammenschlusse wächst auch die Einheit der Individualwillen der Staatsbürger in Hinsicht auf den gemeinsamen, im Staate verfolgten Zweck. Der Staat ist aber nicht diese Einheit der Individualwillen, sondern der an sich einheitliche Wille des sozialen Organismusses, das Wollen eines soziologischen Kollektivindividuums[24]).

Da es hier lediglich darauf ankommt, festzustellen, ob und inwieweit den sogenannten juristischen Personen natürliche Handlungsfähigkeit zukommt, diese Frage aber durch die völlige Ver-

---

selben Seite (S. 287) sagt er aber: „Man kann auch nicht eigentlich sagen, daß er einen Willen hat, sondern er ist vielmehr ein Wille und zwar ein ganz bestimmter unveränderlicher Wille, der durch diesen einen Zweck, das Recht zu verwirklichen, völlig erschöpft ist.“

Wo aber ein Wille ist, da muß auch ein wollendes Substrat sein. Dies kann der Staat nicht selbst sein, wenn er, wie Lasson zugibt, der Wille ist. Dies Substrat kann nur der soziologische Organismus des Volkes sein.

[23]) Begriff und Wesen der juristischen Person, Leipzig 1873, S. 70, 72, 93, 105, 112.

[24]) Um so fester wird der Staat daher begründet sein, je mehr seine Grenzen sich decken mit den Wohnungsgrenzen eines einheitlichen Volkstums.

neinung ihrer ersten Alternative erledigt ist, so verbietet sich ein weiteres Eingehen auf das Wesen dieser Personen, insbesondre auf die Frage, ob und wie es möglich ist, daß eine reine Funktion, der Wille, personifiziert werden kann. Vielmehr muß hier die Feststellung genügen, daß den juristischen Personen die natürliche Handlungsfähigkeit gebricht.

Nach der bisherigen Darlegung gibt es zwei Klassen des natürlichen Handelns, nämlich erstens die bewußte Willensthätigkeit der biologischen Individuen und zweitens die diesen Individuen unbewußte Äußerung des Kollektivwillens soziologischer Organismen, in letztrer Klasse vor allem die in der Bildung der sittlichen Normen, des Rechts und des Staates sich äußernde Thätigkeit des Kollektivwillens eines Volkes.

Beide Klassen fallen vom soziologischen Standpunkte in eine zusammen, weil von diesem Standpunkte aus die willensfähigen biologischen Individuen auch Kollektivindividuen sind.

Im engsten Sinne versteht man unter natürlichem Handeln jedoch nur die erste jener beiden Klassen des Handelns, nur die bewußte Willensthätigkeit beseelter Individuen biologischen Charakters. Nur solches Handeln kann als Schuld des biologischen Individuums in Betracht kommen, weshalb ich denn auch in der Abhandlung über „Vorstellung und Wille, als Elemente der subjektiven Verschuldung" vom bewußten Wollen ausgegangen bin[25]).

Auch in diesem engsten Sinne des Wortes sind vom Begriffe des natürlichen Handelns nicht ausgeschlossen a) die willkürlichen Akte der mit einem Sensorium, zentralisierten Nerven und Muskelsystem ausgerüsteten höheren Tiere; b) die willkürlichen Akte geistig nicht reifer oder geistig nicht gesunder Menschen, z. B. von Kindern oder mit Wahnideen behafteter Geisteskranker; c) die in einer plötzlichen Gemütsstörung, z. B. aus Bestürzung oder Schrecken oder zufolge Suggestionen in der Hypnose[26]) mit Bewußtsein vorgenommenen Akte. Das, was diese Akte von dem Handeln geistig reifer und geistig gesunder Menschen scheidet, ist weder der Mangel

---

[25]) Das schuldhafte Handeln eines Kollektivindividuums, z. B eines Volkes würde dagegen, falls es an sich möglich ist, über der höchsten Schwelle des Bewußtseins der zugehörigen biologischen Individuen liegen, eine denselben unbewußte Schuld sein.

[26]) v. Lilienthal: der Hypotismus und das Strafrecht. Zeitschrift f. d. ges. Strafrechtswissenschaft. Bd. VII S. 385.

der Willkür, noch der Mangel des im Handelnden vorhandenen Bewußtseins dieser Willkür.

Auch das Kind und das Tier, auch der Wahnsinnige, der Bestürzte und der hypnotischer Suggestion Unterworfene handelt seinen Motiven folgend und keiner physischen Nötigung unterliegend mit dem Bewußtsein der Willkür.

Etwas Weiteres erfordert aber der Begriff des natürlichen Handelns als der bewußten Willensthätigkeit eines beseelten Individuums nicht.

Dagegen sind durch diese Definition vom natürlichen Handeln ausgeschlossen die Reflexbewegungen, die unbewußt in Zerstreutheit vorgenommenen Akte, die in Bewußtlosigkeitszuständen, z. B. im Traume und Schlafe und gewissen denselben ähnlichen pathologischen Zuständen statthabenden Bewegungen, sowie die durch äußere zwingende Gewalt (physischen Zwang) verursachten Gliederbewegungen der an sich mit Willenspotenz begabten Individuen.

„Handeln" als bewußte Willensthätigkeit des beseelten Individuums ist gleichbedeutend mit der Selbstbehauptung des beseelten Individuums gegenüber der dasselbe einschließenden Welt oder, um mit J. G. Fichte[27]) zu reden: die Selbstbehauptung des Ichs gegenüber dem Nicht-Ich.

Das Individuum handelt, indem es die seiner Entwicklung und seinen Bedürfnissen entgegenstehenden Hemmungen durch Anspannung seiner Kräfte kämpfend überwindet.

In der Außenwelt vollbringt es diesen Kampf durch Anspannung seiner Muskelkräfte.

Der Wille äußert sich in dem elektrischen Fluidum, welches vom Sensorium durch die Leitungsdrähte der motorischen zentrifugalen Nerven strömend, die Muskelbewegung und hierdurch das äußere Handeln ins Werk setzt.

Jede äußere Selbst-Bewegung des beseelten Individuums — wie z. B. das Gehen, Fliegen, Schwimmen u. s. w., mag dieselbe der Arbeit oder dem Genusse dienen, — geschieht in Überwindung der sich entgegenstemmenden externen Naturkräfte, der Adhäsion und der Reibung, der Spannkraft und der Gravitation u. s. w. in Erde, Wasser und Luft durch die Anstrengung der Muskelkräfte.

In der inneren psychischen Welt des beseelten Individuums

---

[27]) Wissenschaftslehre. J. G. Fichtes Werke. Bd. 1 S. 279.

geschieht diese Selbstbehauptung als inneres Handeln durch Anspannung der Willenskraft in Überwindung der Selbstbehauptung des Individuums, d. h. also hier der Selbstbeherrschung sich entgegenstellender inneren Anreize durch Unterdrückung der diese Anreize erweckenden Vorstellungsreihen. So ist „angestrengtes Denken" inneres Handeln, insofern es bewerkstelligt wird durch Unterdrückung derjenigen Reihen von Vorstellungen, welche zur Trägheit und Zerstreuung anreizen.

Diesem inneren Handeln läuft eine innerliche körperliche Erregung parallel, die dem Seziermesser zwar nicht erreichbar ist, aber sich dem Handelnden — insbesondre bei schwerem innerlichem Kampfe — deutlich als solche kundthut.

Das innere Handeln ist in Wahrheit Kampf mit dem eignen Selbst, sein Ausgang daher „Selbstüberwindung" oder „Zügellosigkeit".

Es geht deshalb solchem äußerlichen Handeln regelmäßig voraus, welches das Ergebnis eines inneres Kampfes zwischen sittlichen und unsittlichen Motiven ist. Wer den psychologischen Begriff des positiven Handelns auf die körperliche Außenwelt beschränkt, nur in der willkürlichen Bewegung der Muskeln den handelnden Willen anerkennen will und also folgerichtig das innere, von keiner äußeren Muskelbewegung objektivierte Handeln leugnen muß[28]), verbaut sich den Weg zum Nachweise einer positiven Willensschuld bei den durch Unterlassung begangenen Verbrechen.

Solche positive Willensschuld kann nur in einem inneren Handeln gefunden werden, durch welches die verbrecherische Unterlassung motiviert wird[29]).

Die oben gegebene Definition des Handelns als „der bewußten

---

[28]) Hälschner — Das gemeine deutsche Strafrecht — definiert das Handeln als die kausalwirkende körperliche Bewegung, die auf einen bewußten Willensakt als ihre Ursache zurückzuführen ist, und das Wollen als den psychischen Akt, durch welchen mittels Einwirkung auf die motorischen Nerven Muskelbewegungen hervorgerufen werden (S. 186).

Im Kapitel über die Unterlassung sieht sich H. aber genötigt, als Wollen auch zu bezeichnen die Gegenwirkung, durch welche die zum Handeln sich gereizt fühlenden motorischen Nerven in ihrer ruhigen Lage festgehalten werden.

Was ist diese psychische Gegenwirkung andres als innere Handlung?

[29]) Siehe meine näheren Ausführungen hierüber, S. 322—333, Bd. VI d. Zeitschr. f. d. g. Str. R. W.

Willensthätigkeit beseelter Individuen" hat insofern nur negativen, auf die äußere Abgrenzung des Begriffs sich beschränkenden Wert, als durch dieselbe zwar die nicht in diesen Begriffskreis hineingehörenden Bewegungsformen ausgeschieden werden, die Frage nach dem Inhalte des Handelns aber nur durch Hinweis auf ein Problem, nämlich auf das Problem der „bewußten Willensthätigkeit" beantwortet wird.

In Hinsicht auf die Entstehung und den Inhalt der bewußten Willensthätigkeit sind die Resultate der Psychologie nur zum Teil so klar und zweifellos, daß die Jurisprudenz sie unbesehen hinnehmen kann.

Anlangend zwei Hauptstreitpunkte, nämlich erstens die Art des Verhältnisses, welches Vorstellung und Wille in der bewußten Willensthätigkeit miteinander eingehen, und zweitens das Problem der Willensfreiheit, so habe ich in meinen älteren Abhandlungen über: „Vorstellung und Wille als Elemente der subjektiven Verschuldung" [30]) und über: „Die Selbstbestimmung des verbrecherischen Willens und das Kausalitätsgesetz" [31]) meinen Standpunkt so eingehend begründet, daß ich mich im nachfolgenden wohl darauf beschränken darf, an passenden Stellen die Resultate der dortigen Erörterungen nur kurz zu rekapitulieren.

Als ziemlich unstreitiges Ergebnis psychologischer Forschung darf man wohl hinstellen, daß den ersten Anstoß zur nachfolgenden Willenshandlung die Vorstellung gibt, welche in dem Individuum durch seine gegenwärtige Lage erzeugt wird, daß durch diese Vorstellung, falls dieselbe mit Unlust verknüpft ist, das Begehren nach Abänderung der gegenwärtigen Lage und Herbeiführung einer andren — erfahrungsmäßig mit Lust verbundenen — Lage geweckt wird, sowie ferner, daß durch das Begehren die Vorstellung der zur Herbeiführung der begehrten Lage tauglichen Mittel hervorgerufen wird [32]).

Nicht den Inhalt des Willensbegriffes erschöpfend ist jedoch

---

[30]) S. 12 ff. 45 ff.

[31]) S. 121 ff.

[32]) Siegwart: Kleine Schriften, Bd. II S. 119 ff. Wundt: Die Entstehung des Willens. Essays. S. 286 ff. v. Liszt: Lehrbuch, II. Aufl. S. 105, III. Aufl. S. 117. Lammasch: Grünhuts Zeitschr., Bd. 9 S. 224. Zitelmann: Irrtum und Rechtsgeschäft, S. 75 ff. Hälschner: Das g. d. Strafrecht, Bd. I S. 188.

hierbei die gewöhnliche Annahme, daß nur das Unlustgefühl, das durch eine gegenwärtige Lage erzeugt werde, zum Handeln reize, als Handeln also nur die in der Abänderung solcher Lage hervortretende Willensäußerung anzusehen sei. Ein Handeln kann sich auch entwickeln, wenn durch das mit einer gegenwärtigen Lage verknüpfte Lustgefühl das Begehren auf Beibehaltung dieser Lage und auf Abwehr einer Veränderung derselben hervorgerufen und hierdurch die Vorstellung der zur Abwehr der gefürchteten Änderung tauglichen Mittel erweckt wird.

Auch das bewußte willenskräftige Beharren gegenüber den zur Abänderung einer Lage treibenden Kräften ist Willenshandlung.

Der verneinende Charakter des Wollens bleibt derselbe, ob dasselbe eine gegenwärtige Lage wegen der mit ihr verknüpften Unlust oder die Abänderung einer solchen Lage wegen des mit ihr verbundenen Lustgefühls verneint.

E. v. Hartmann[33]) hebt mit Recht folgendes hervor: „Auch dasjenige Wollen, welches das Beharren des gegenwärtigen Zustandes will, ist nur möglich durch die Vorstellung des Aufhörens dieses Zustandes, welches verabscheut wird, also durch eine doppelte Negation; ohne die Vorstellung des Aufhörens würde ein Wollen des Beharrens unmöglich sein."

Bei dem inneren Handeln ist selbstverständlich die gegenwärtige Lage, auf deren Abänderung oder Verteidigung das Begehren gerichtet ist, keine äußere, sondern eine innere psychische.

Das Begehren wird hier geweckt durch die Unlust oder Lust, welche durch die Betrachtung des psychischen Selbst hervorgerufen wird. Das taugliche Mittel ist hier die Erweckung oder Verstärkung solcher Vorstellungsreihen, welche die begehrte Abänderung oder das Beharren der gegenwärtigen psychischen Lage des Selbst zu bewirken geeignet erscheinen.

Ziemlich einig ist man auch darüber, daß die im äußeren Handeln sich entfaltende seelische Kraft auf einen psychischen Impuls zurückzuleiten ist.

Um so streitiger ist dagegen das dem Beginn des Handelns unmittelbar voraufgehende, dem oben beschriebenen Vorstellungsverlaufe aber nachfolgende Stadium der Psyche.

Dies Stadium ist um so wichtiger, als gerade in dieses der

---

[33]) Bd. I S. 100 der Philosophie des Unbewußten, Aufl. IX.

Unterschied hineinfallen muß, welcher zwischen der sogenannten Triebhandlung der Tiere und dem menschlichen Handeln gemacht zu werden pflegt, sofern ein solcher Unterschied thätsächlich besteht.

Die Beobachtung der Tiere zeigt uns, daß auch sie von Lust- und Leidvorstellungen und durch dieselben hervorgerufenen Begehrungen und Befürchtungen ausgehend und durch dieselben motiviert zweckgemäß zu handeln verstehen.

Schopenhauer[34]) schreibt hierüber: „Die dritte Form der Kausalität ist das Motiv: unter dieser leitet sie das eigentlich animalische Leben, also das Thun, d. h. die äußeren mit Bewußtsein geschehenden Aktionen aller tierischen Wesen. Das Medium der Motive, die Erkenntnis, die Empfänglichkeit für sie erfordert folglich einen Intellekt. Daher ist das wahre Charakteristikon des Tieres das Erkennen, das Vorstellen. Das Tier bewegt sich als Tier allemal nach einem Ziel und Zweck: diesen muß es demnach erkannt haben, d. h. derselbe muß ihm als ein von ihm selbst Verschiedenes, dessen es sich dennoch bewußt wird, sich darstellen. Demzufolge ist das Tier zu definieren als: „was erkennt".

Kant würde diese Deduktion vielleicht — kürzer — dahin gefaßt haben: „Indem das Tier außer ihm seiende Dinge als von ihm verschiedene, also an sich seiende erkennt und behandelt, beweist es, daß sein Denken sich in den Kategorieen der Kausalität und Substantialität bewegt."

Sieht man von der — den menschlichen Werkzeugen auf höheren Kulturstufen gegenüber überaus großen — Beschränktheit der Mittel, deren sich die Tiere zum Handeln bedienen und welche meistens über die Grenze ihrer natürlichen Leiblichkeit nicht hinausliegen, ab, so erscheint das tierische Handeln durchaus ähnlich dem menschlichen. Ganz besonders gilt dies von dem äußeren Handeln der höchsten Tierklasse, den Säugetieren, deren Nerven- und Muskelsystem dem menschlichen gleichartig konstruiert ist.

Die vielen Beispiele von Selbstbeherrschung und Selbstüberwindung, die aus dem Leben der höheren Tiere, insbesondre der von Menschen gezähmten, bekannt sind, lassen aber auch keinen Zweifel darüber, daß im psychischen Leben der Tiere ein „inneres Handeln" stattfindet. Wenn ein Tier aus Furcht vor seinem Herrn

---

[34]) S. 47 der Abhandlung über die vierfache Wurzel des Satzes vom zureichenden Grunde. Julius Frauenstädtsche Ausgabe Bd. IV.

oder aus Liebe zu seinem Nachwuchse dem Anreize zum Gebrauche eines in seinem Machtbereich belegenen Genußmittels widersteht und auf diesen Genuß verzichtet, so ist diese Selbstüberwindung ebensogut innere Handlung, wie die in der Seele des Menschen aus Furcht vor der Strafe des Gesetzes oder aus sittlichen Neigungen erfolgende Niederkämpfung sinnlichen Genußtriebes.

Ihering hat daher in seinem großen Werke über den „Zweck im Recht" den „Zweckbegriff" bei dem Tier[35]) mit Recht als Ausgangspunkt genommen für das Zweckproblem des Menschen und denselben eingehend untersucht.

Lombroso[36]) und Lacassagne[37]) haben eine ganze Reihe von Handlungen aus der Tierwelt zusammengestellt, welche, wenn sie auch keineswegs die Bezeichnung „Verbrechen" verdienen, doch einen den verbrecherischen Handlungen der Menschen analogen Charakter haben und insofern wie Urbilder der Verbrechen erscheinen, so der bei einigen Tierarten vorkommende Verwandtenmord aus Eifersucht oder aus Habsucht und der Kannibalismus, Handlungen, welche gegen das die tierischen Gesellschaften durch den Trieb der Arterhaltung beherrschende Gesetz, welches die eigene Art zu schonen gebietet, verstoßen, so der Kinderraub unter den roten Ameisen, die Kindesunterschiebung beim Kuckuck, Handlungen, welche sich gegen Mitglieder verwandter Tierstämme richten. Mehr äußerlich ist diese Ähnlichkeit bei solchen tierischen Handlungen, die sich gegen den Menschen richten, so bei dem Hausdiebstahl der Elster, bei dem bandenmäßigen Diebstahl an Feldfrüchten durch Affengenossenschaften und Elephantenhorden.

Lombroso verwahrt sich hierbei gegen die Zumutung, als wolle er diese Handlungen den Verbrechen gleichstellen. Sie sind ihm „Hilfsmittel zur Erklärung des so beständigen Auftretens verbrecherischer Neigungen auch unter den zivilisiertesten Völkern, wo sie trotz der sich steigernden Hindernisse noch immer unter Formen erscheinen, die an das Verhalten der wildesten Tierarten erinnern".

Er macht hierbei auf den Brauch früherer Zeiten — in

---

35) S. 26 ff., Bd. I, (2. Aufl., Leipzig 1884).

36) S. 4 ff., 11 ff. der deutschen Bearbeitung des l'uomo delinquente durch Fränkel.

37) De la criminalité chez les animaux. Revue scientifique. Tome XXIX, S. 34—42.

welchen man vielleicht konsequenter gewesen sei als heut zu Tage, — aufmerksam, schädliche Tiere oder solche, welche sich der Schändung der dem Menschen heiligen Dinge schuldig gemacht hatten, in aller Form Rechtens zu verurteilen.

H. v. Meyer, welcher dieser merkwürdigen Thatsache einer gegen Tiere sich richtenden Strafprozedur in seinem Lehrbuch des Strafrechts gedenkt,[38]) meint, daß dieselbe teils praktische Spielerei, teils Anknüpfung an strafrechtliche Formen, um Eingriffe in das Eigentum zu rechtfertigen, gewesen sei.[39])

Dem Gesetze Moses, welches (B. 2, Kap. 21, V. 28) gebietet, das Rind, welches einen Mann oder eine Frau zu Tode gestoßen habe, zu steinigen und das Fleisch nicht zu essen, sowie der Strafvorschrift des Art. 116 der C.C.C., welche auch das gemißbrauchte Vieh dem Feuertode überantwortet, dürfte doch wohl klärlich die Vorstellung des Gesetzgebers zu Grunde liegen, daß das Tier durch Sünde befleckt sei und diese Sünde durch den Tod sühnen müsse. Ist diese Auffassung auch zweifellos eine schiefe, aus einem gewissen Antropomorphismus — der hier einmal nicht die Gottheit, sondern die Tiere vermenschlicht — hervorgegangen, so beweist ihr Auftreten in zwei großen Gesetzbüchern doch die sinnenfällige, der populären Anschauung vertraute Ähnlichkeit zwischen menschlichem und tierischem Handeln. Diese populäre Anschauung tritt auch in der Bildung der Tierfabel und des Tierepos deutlich hervor.

Man hat nun die prinzipielle und absolute Scheidewand, welche man zwischen dem Handeln des von seinen natürlichen Verhältnissen vollständig abhängig erscheinenden Tiers und dem Handeln des die Natur in gewissem Maße beherrschenden Menschen errichten zu müssen glaubte, bekanntlich in den Wahlakt der Psyche verlegt, welcher der Fassung des definitiven Entschlusses zum Handeln voraufgeht, indem man dem Menschen die Fähigkeit zusprach, in dieser sinnlichen Welt aus freier Wahl, d. h. ursachlos sich selbst zu bestimmen.

In meinen oben citierten Abhandlungen habe ich diese Annahme einer Möglichkeit ursachloser Selbstbestimmung des Menschen, als empirischen Wesens — unbeschadet der von mir zugegebenen

---

[38]) S. 129 Lehrbuch, (Erlangen 1882) unter Hinweis auf Grimm. Rechtsaltertümer S. 664 ff. und Wilda, Strafrecht der Germanen, S. 314 ff.

[39]) Ähnlich v. Liszt, Lehrbuch S. 103, 2. Aufl., S. 114, 3. Aufl.

Möglichkeit einer Willensfreiheit im intelligiblen Jenseits der Erscheinung — als Selbsttäuschung und Selbstüberhebung, als empirisch psychologisch nicht nachweisbar und weder als sittliches noch als religiöses Postulat haltbar darzuthun versucht.

Allerdings besteht zwischen dem menschlichen und tierischen Handeln ein ganz gewaltiger Unterschied. Derselbe ist aber kein prinzipieller und absoluter, sondern ein gradueller und relativer.

Er liegt nicht sowohl in der Art des Wollens und Handelns, welches hier wie dort motivierte Willensthätigkeit ist, sondern in dem Maße der dem Normalmenschen eignen Intelligenz und sittlichen Bildung.

Im langen Laufe seiner Entwicklung ist der Mensch ein selbstbewußtes, reflektierendes, abstrahierendes, sprachgewandtes Wesen geworden, welches vor dem Handeln die pro und contra sprechenden Vorstellungen sich übersichtlich zu vergegenwärtigen und mit dem Maße seiner Vernunft gegeneinander abzuwägen vermag.

Hierzu treten im Laufe der Jahrtausende anererbte und anerzogene sittliche Dispositionen, welche ihn im vorzüglichem Maße befähigen, durch sittliche Motive seine sinnlichen Triebe niederzukämpfen.

Das Maß dieser relativen Freiheit von der Herrschaft der Naturtriebe, welches dem gebildeten Normalmenschen eigen ist, sinkt jedoch bekanntlich in vielen menschlichen Individuem weit unter jenes Mittelmaß herab und nähert sich dann dem Normalmaß tierischer Handlungsfähigkeit.

Die sogenannte Triebhandlung der Tiere ist nur eine Bezeichnung für einen niedern Grad der bei der Motivation des Handelns ins Gewicht gefallenen intellektuellen und sittlichen Bildung.

Es giebt Handlungen von Tieren, die nicht nur einen hohen Grad von Intelligenz verraten, sondern auch in sittlicher Hinsicht auf hoher Stufe stehen; anderseits gibt es menschliche Handlungen, die in sittlicher Beziehung den generellen Charakter der tierischen aufweisen, auch wenn ein intellektueller Defekt des Thäters nicht vorlag. Hierher gehört der Fall der zwölfjährigen Raubmörderin Marie Schneider, (Berlin 1886),[40]) welche bei guten intellektuellen Anlagen in sittlicher Hinsicht als eine völlige Idiotin erschien.

---

[40]) Besprochen in einem Anhange der Fränkelschen Ausgabe des l'uomo de linquente von Paul Lindau.

Ihr Thun war ebenso wie die von einem Tier an seinem Stammesgenossen verübte vorsätzliche Tötung ein natürliches, aber noch kein verbrecherisches Handeln.

Der von mir früher[41]) — vor jenem Falle — ausgesprochene Zweifel, ob in unserer zivilisierten Nation der Fall wirklich denkbar sei, daß einem sonst geistig gesunden Menschen bei Ausführung eines Mordes das Bewußtsein, eine sittliche Norm zu verletzten, fehle, ist leider durch diesen Fall hinfällig geworden.

Dergleichen Individuen sind durch lebenslängliche Detention für die menschliche Gesellschaft unschädlich zu machen.

Ihre sittliche Besserung durch Erziehung ist nicht zu erhoffen. Denn der ihnen eigne angeborne Mangel in der sittlichen Veranlagung läßt erkennen, daß die im Laufe von Jahrtausenden durch Anhäufung eines Schatzes sittlicher Dispositionen stattgehabte Erziehung ihres Stammes an diesen entarteten Sprößlingen sich wirkungslos gezeigt hat. Wie sollte die Erziehung von der Dauer eines Menschenlebens hier noch Wandel schaffen können?

Das Handeln des Menschen, als eines tellurischen Lebewesens, welches im Laufe der Jahrtausende allen übrigen tellurischen Geschöpfen voraufeilend dieselben eine weite, uns unübersehbar dünkende Strecke hinter sich zurückgelassen hat, hebt sich von dem sonstigen animalischen Handeln durch den natürlichen Adel ab, den ihm seine Ahnenreihe in der Kulturgeschichte verleiht.

Ein schöpferischer, eine neue Kausalkette der Erscheinungen beginnender Akt ist das menschliche Handeln ebensowenig oder ebensoviel als das Fliegen eines geworfenen Steins. Es ist klar, welche hohe Bedeutung eine solche Auffassung des menschlichen Handelns auch für die Strafrechtswissenschaft hat.

Ist der Mensch — als empirische Erscheinung — nichts andres als ein — wenn auch besonders hoch entwickeltes — biologisches Geschöpf, welches selbst nur einen kleinen Teil eines höher organisierten soziologischen Lebewesens bildet und anderseits zusammengesetzt ist aus einzelligen Mikroben, die dasselbe als ein Kollektivindividuum erscheinen lassen, so steht sein Handeln unter denselben Gesetzen, die das gesamte animalich-physisch-tellurische Leben beherrschen.

Ist dies aber richtig, so bilden die Ergebnisse derjenigen

---

[41]) Anmerk. 2 S. 76.

Wissenschaften, die sich mit der Natur der tellurischen Lebewesen beschäftigen, insbesondre auch der Biologie und der Soziologie, ebenso wie die Ergebnisse der Physiologie und Psychologie, sowie der Psychophysik ein unverzichtbares Material für die Grundlagen derjenigen Wissenschaften, zu deren Betrachtungsobjekten das menschliche Handeln oder eine bestimmte Seite dieses Handelns gehört, also auch für die Strafrechtswissenschaft, insbesondre für deren historisches Fundament, für die Lehre vom Ursprunge und von der Entwicklung des Verbrechens und der Strafe.

In enger Verbindung mit jenem Streite über die menschliche Willensfreiheit steht die Frage, ob man den eigentlichen Willensakt zeitlich vor den Beginn des Handelns stellen, ihn indentifizieren soll mit der Bildung des Entschlusses zum Handeln, welcher dem Handeln voraufgeht, oder ob man den Willen als Wollung erst beginnend mit dem Zeitpunkte, in welchem das Handeln beginnt, sich vorstellen muß, ihn als dem Handeln parallel laufend aufzufassen hat.

In den oben citierten Abhandlungen habe ich meine Ansicht eingehend dahin begründet, daß der Willensakt erst beginnt im Momente des Beginns des Handelns, bei dem äußeren Handeln also erst mit dem Impulse, der im Sensorium entspringend sich wie ein elektrischer Strom den motorischen Nerven mitteilt, welche ihrerseits die Muskeln in Bewegung setzen, und daß die dem Entspringen dieses bewegenden Stromes aus dem Sensorium vorausliegenden vorbereitenden Stadien der Willensbildung in den Intellekt, in das Gebiet der Vorstellung hineinfallen. Hierbei habe ich darauf hingewiesen, daß die dem äußeren Handeln voraufgegangene Motivation — nämlich der Streit der Motive im weiteren Sinne und der Sieg des maßgebenden Motivs — von innen aus betrachtet selbst wieder Handeln, nämlich inneres Handeln ist, das seinerseits wiederum durch einen Vorstellungskreis motiviert ist.

In Anlehnung an Lotze nahm ich dabei Stellung gegen die von einer Anzahl moderner Psychologen — insbesondre Wundt, Siegwart, Spitta — vertretene Richtung, welche mit Herbart den Willen aus dem Intellekt hervorgehen lassen und deshalb mit der Vorstellung zu identifizieren geneigt sind.

Ich durfte mich hierbei auf die Hauptautorität in der Psychologie, nämlich die innere menschliche Erfahrung berufen, welche uns deutlich zeigt, daß unsere thätige Willenskraft, die psychische

Energie, etwas ganz andres ist, als unser Vorstellungsvermögen, wenn auch vielleicht beide Vermögen nie vereinzelt auftreten, vielmehr jeder Vorstellung ein Quantum Willensenergie, das uns zum Vorstellen kräftig macht,[42]) und ebenso jedem Willen ein Vorstellungsinhalt, welches dem Wollen die Färbung verleiht, anhängt. Hierbei hatte ich insbesondre gegen Wundt und Siegwart ausgeführt, daß der dem definitiven Einschlagen einer bestimmten Willensrichtung voraufgehende Akt des Wählens, d. h. des Hin- und Herschwankens zwischen verschiedenen Reizen und des Abwägens der pro und contra sprechenden Vorstellungen, wenn auch auf innerer Handlung beruhend, in Hinsicht auf die gewählte Willensrichtung noch kein Wollen sei, daß dieses Wollen erst beginne mit dem Momente der entschiedenen Wahl, also erst mit dem die Willensrichtung entscheidenden Beginne des Handelns, d. h. also bei dem äußeren Handeln erst mit dem Beginn des vom Großhirn aus zu den zentrifugalen Nervenbahnen laufenden Bewegungsreizes, und daß also die diesem Beginn des Handelns zeitlich vorangehende Absicht, diese Willensrichtung einzuschlagen, noch kein Wollen sei.

Ich hatte ferner hierbei darauf hingewiesen, daß zwischen dem Vorstellungsverlaufe, welcher dem Handeln voraufgeht und der äußeren Aktion kein Raum und keine Zeit ist für einen sinnlich wirkenden Faktor,[43]) daß man einen psychischen Akt, den inneren

---

[42]) Bei der Gewinnung von Vorstellungen findet eine spontane Thätigkeit des Vorstellenden mindestens nach der Richtung hin statt, daß der Vorstellende die Formen, in denen er denkt — das Sein, die Substantialität, die Kausalität — dem rezipierten Wahrnehmungsinhalt selbstthätig überzieht. (Bergmann, Vorlesungen über Metaphysik, Berlin 1886, S. 109). Ähnlich Grung: Das Problem der Gewißheit. Heidelberg 1886. S. 111 ff.

[43]) Zwischen der nach dem Stadium des innern Schwankens sich definitiv gestaltenden Absicht zu handeln und dem Handeln selbst liegt kein Wahlakt der Psyche mehr, auch kein definitiver Wahlakt. Die definitive Wahl geschieht durch den Beginn des Handelns, welchem der Beginn des diese Richtung einschlagenden Wollens zeitlich entspricht. Selbst ausgesprochene Deterministen verfallen leicht der Neigung, jene dem Wollen unmittelbar voraufgegangene Absicht mit dem Wollen zu identifizieren.

In der soeben erschienenen, oben schon citierten Abhandlung über Zurechnungsfähigkeit und Willensfreiheit (G. Glaser, Leipzig und Wien 1887), in welcher über die Bedingtheit des sogenannten „freien" Willens durch die im normalen Intellekt vorhandenen Vorstellungsreihen zu meiner Genugthuung im wesentlichen dieselben Ansichten begründet werden, für welche ich in meinen Ar-

Willensakt, aber überhaupt nicht in kausalem Nexus setzen darf mit einem nach physikalisch-mechanischen Gesetzen erfolgenden körperlichen Akte, daß vielmehr der voraufgehende Vorstellungsverlauf und die denselben nachfolgende innere Willensaktion zusammen eine psychische Kette bilden, welche parallel läuft einer Kette von körperlichen Vorgängen, deren erste Glieder geheimnisvolle Vorgänge in den Zellen des Gehirns, deren folgendes Glied das Strömen eines den Bewegungsreiz fortpflanzenden elektrischen Fludiums vom Gehirn zu den motorischen Nerven, deren letztes Glied die Muskelbewegung ist.

Hatte ich hierbei auch die Möglichkeit zugegeben, daß diese Parallelketten nur verschiedene Erscheinungsweisen eines und desselben Dinges sind, so hatte ich hiermit zugleich diese Identität in das transcendente Jenseits unserer Erfahrung verwiesen.

Aus der Parallelität des Wollens und Handelns hatte ich die wichtigen Folgerungen gezogen, daß „Wollen" nur so weit vorliegt, als „Handeln" stattgehabt hat, daß nicht der Erfolg, sondern nur das konkrete Handeln gewollt ist, und daß die Vorstellung des Erfolges nur dadurch in den Willen eingeht, daß sie unter den Motiven, die pro und contra wirken, also unter den Motiven im weiteren Sinne eine Stelle einnimmt.

Jener Darlegung der Parallelität des Wollens und Handelns habe ich hier nur folgende Bemerkung hinzuzusetzen. Die Auffassung, welche das psychische Element, den Willen, und das physische Element, den körperlichen Bewegungsakt, statt sie als parallele Glieder zweier Ketten zu begreifen, als zeitlich hintereinander folgende Glieder einer Kausalkette ansieht, mag häufig auf der naheliegenden Verwechselung des Verhältnisses dieser beiden heterogenen Elemente zu einander mit demjenigen Verhältnisse beruhen, in welchem der vom Sensorium strömende körperliche Impuls, nämlich der zu den Nerven strömende elektrische Fluß[44]) zu den Muskel-

beiten über die Willensschuld eingetreten bin, wird S. 24 der Akt der schließlichen Wahl als das Wollen bezeichnet, während die nachfolgende Aktion als die Äußerung dieses Wollens aufgefaßt wird. Ein wählender Wille kann sich aber nur in der Wahl äußern. Die dem Stadium des Wägens und Wählens folgende Aktion bringt durch ihren Beginn jenes Stadium zwar zum Abschluß, ist aber selbst keine Wahl und also auch keine Äußerung eines wählenden Willens. In ihr äußert sich die dem Handeln parallel laufende psychische Willensenergie.

[44]) Genauer: Das Analogon eines elektrischen Stromes, indem bisher nur

bewegungen steht. Letztres Verhältnis ist thatsächlich ein kausales. Das Entspringen dieses Bewegungsreizes aus dem Gehirn liegt zeitlich vor der Anspannung der Muskeln. Nach Vorträgen von Helmholz soll die Geschwindigkeit des Stroms eine meßbare sein, nämlich pro Sekunde ungefähr 30 Kilometer betragen.

Ebenso liegt die psychische Erregung, welche jenem die Bewegung fortpflanzenden Strome parallel läuft, aber nicht in Kausalnexus steht mit der Bewegung der Muskeln, zeitlich vor letztrer Bewegung. Da unseren Sinnen beim Handeln wohl jene psychische Erregung, nicht aber der physiologische Strom, der die Nervenbahn durchläuft, wahrnehmbar ist, so liegt der Trugschluß post hoc — propter hoc nahe und erzeugt sich leicht die irrtümliche Meinung, daß durch die psychische Erregung die Muskelbewegung hervorgerufen werde.

Ich habe die Bedeutung des Satzes von der Parallelität des Wollens und Handelns für die Lehre vom strafbaren Versuch nachzuweisen gesucht.[45])

In nachfolgendem werde ich Gelegenheit haben, die große Bedeutung dieses Satzes für die Lehre von der sogenannten idealen Verbrechenskonkurrenz darzuthun.

II. Die natürliche Handlungseinheit.

Die natürliche Handlung ist das in die Kategorie der Einheit hineingestellte natürliche Handeln.

Indem wir ein konkretes Handeln unter dieser Kategorie unseres Denkens betrachten, erscheint uns dasselbe als ein in sich Zusammenhängendes, als eine Handlung.

---

feststeht, daß ein auf die Nerven wirkender elektrischer Strom ähnliche Nervenerregung und Muskelbewegung bewirkt, wie der vom Großhirn ausgehende physiologische Reiz. (L. Landois, Lehrbuch der Physiologie des Menschen. Erregbarkeit der Nerven, S. 622 ff.). Da diese physiologische Bewegungsform alle Anzeichen der durch einen elektrischen Strom hervorgerufenen Nervenerregung hat, so kann man sie zunächst im bildlichen Sinne als elektrische bezeichnen. Der Wahrscheinlichkeit nach ist diese Bezeichnung auch im wörtlichen Sinne die richtige. Herbert Spencer (Prinzipien der Biologie, S. 55, Bd. 1 der Vetterschen Ausgabe) hält die Nervenkraft für eine besondre mit der elektrischen nicht identische Kraft, wenn sie der „elektrischen auch wahrscheinlich nahe verwandt sei". Bezeichnend ist, daß auch Spencer Bezeichnungen anwendet wie z. B. Nervenentladung, die auf eine galvanische Batterie passen.

[45]) S. 352 ff., Bd. VI d. Zeitschr. f. d. gesamte Strafrechtswissenschaft.

Hiernach scheint jeder beliebige Ausschnitt des Handelns als Handlung aufgefaßt werden zu können, sofern es uns freisteht, unserem geistigen Auge nach Belieben jene Kategorie wie eine Brille vorzusetzen, durch welche wir alle Dinge als Einheit ansehen.

Da wir jedoch die Kategorieen unseres Denkens — wenn wir richtig denken — auf die erscheinende Welt nicht willkürlich anwenden, sondern von dem durch uns rezipierten Inhalt unserer Wahrnehmungen, also von dem Objekte zur Anwendung jener Kategorieen unbewußt induziert werden, so muß — sofern der Einheit des Handelns überhaupt etwas Seiendes und nicht bloß ein Spiel unserer Phantasie zu Grunde liegt — dem konkreten Handeln selbst oder seinem Zusammenhange mit den Erscheinungen der Welt etwas ankleben, das uns zur Anwendung jener Kategorie der Einheit veranlaßt.

Sucht man nun nach solchem objektiven Merkzeichen, so bietet sich als nächstliegendes Beobachtungsobjekt die äußere körperliche Seite des in die Außenwelt eingreifenden Handelns, also die Bewegung des handelnden Subjekts.

Als sichtbare Einheit scheint sich hier zu kennzeichnen die einmalige Bewegung eines einzelnen Gliedes des Handelnden, durch welche eine Veränderung der körperlichen Lage erzielt wird.

Die Aktion, durch welche solche Bewegung verwirklicht wird, ist jedoch bei näherer Betrachtung auch kein einfacher, sondern ein zusammengesetzter Akt.

Um solche Bewegung zu bewerkstelligen, muß das dem Willensimpuls entsprechende, aus den Ganglienzellen des höchsten Nervenzentrums — dem Großhirn — strömende elektrische[46]) Fluidum ein verwickeltes Stück auf der komplizierten Nervenklaviatur spielen, indem es den Befehl des Großhirns den niederen Nervenzentren zu telegraphieren und durch deren Vermittlung die richtigen Tasten jener Klaviatur — die Enden der zu den betreffenden Muskeln führenden Nerven berühren muß, von deren Fasern die Bewegung fortgeleitet wird zu den Muskeln, welche nunmehr erst die äußerlich sichtbare Bewegung des Gliedes durch ihre Anspannung (Zusammenziehung) und Abspannung verwirklichen, indem sie die durch Gelenke verbundenen Knochen mit ihrer Hebelkraft in Bewegung setzen[47]).

[46]) D. h. dem elektrischen Strome ähnliche. Siehe Anm. Nr. 44.

[47]) L. Landois. Lehrbuch der Physiologie des Menschen. Bau und An-

Wenn auch nur der letzte Teil dieser äußeren Seite der Aktion, das Spiel der Muskeln und die Bewegung des Gliedes in das Bewußtsein des Handelnden fällt, so ist diese Aktion vom physiologischen Standpunkte aus doch keine einfache, sondern eine vielfache, ja eine überaus komplizierte, insbesondre, wenn es richtig ist, daß jede einzelne der fast zahllosen Zellen, aus welchen sich die niederen und höheren Nervenzentren, die Nervenfasern und die Muskeln zusammensetzen, ein individuelles Lebewesen ist, welches das ihm vom Großhirn zugekommene Telegramm der Nachbarzelle mitteilt.

Setzen wir jedoch eine solche Bewegung eines Gliedes als einen in sich einheitlichen Akt, so zeigt sich, daß derselbe keineswegs identisch ist mit dem, was wir eine Handlung im natürlichen Sinne zu nennen pflegen.

Selbst Handlungen einfachster Natur sind regelmäßig aus mehreren solchen Akten zusammengesetzt.

Eine solche Handlung ist z. B. das Drücken eines Knopfes durch menschliche Gliedbewegung, wodurch in einer elektrischen Batterie ein Strom erzeugt wird. Diese Gliederbewegung wird sich mindestens zusammensetzen a) aus der Erhebung und Senkung eines Arms; b) der Erhebung eines Fingers; c) der Druckbewegung eines Fingergliedes.

Das Schreiben eines Briefes — gewiß ein in sich einheitliches Handeln — umfaßt eine lange Reihe von solchen Akten. Man denke nun erst an komplizierte Thätigkeiten, so z. B. das Spinnen, das Weben, das Spielen eines Musikinstruments mit ihren mannigfaltigen Muskelbewegungen.

Kontinuität und Gleichartigkeit dieser einzelnen Bewegungsakte sind ebenfalls keine sicheren Merkzeichen für die Einheit des Handelns.

Wenn jemand durch kontinuierliche und gleichmäßige Arm- und Fingerbewegung — z. B. durch kurz hintereinander sich wiederholendes Abdrücken einer mehrladigen Schußwaffe — successiv mehrere Menschen tödtet, so spricht man — auch im natürlichen Sinne des Worts — nicht von einem, sondern von mehreren Morden.

---

ordnung der Muskel (S. 537 ff.), der Nervenelemente (S. 615 ff), die motorischen Rindencentra des Großhirns (S. 748 ff.).

E. v. Hartmann. Zur Physiologie der Nervencentren. — E. du Bois Reymond. L'exercice. Revue Scientifique. Tome XXIX S. 102.

Dagegen erscheint auch in diesem Sinne die Tötung eines Menschen als **eine** Handlung, mag dieselbe sich auch aus zeitlich auseinander liegenden, ungleichartigen Akten zusammensetzen.

Ebensowenig als die äußerlich wahrnehmbaren Körperakte des Handelnden für das in die Außenwelt eingreifende Handeln können selbstverständlich für die Einheit des inneren, der Außenwelt verborgenen Handelns einen Maßstab bieten die diesem Handeln entsprechenden inneren körperlichen Erregungsformen, welche der Lupe und dem Seziermesser entzogen sind.

Ebensowenig als die einzelnen Körperakte, aus welchen sich das Handeln zusammensetzt und als die Art dieser Zusammensetzung ein Merkzeichen zu besitzen scheint, an welchem man die Einheit des Handelns mit Sicherheit erkennen kann, ebensowenig ergibt sich ein solches Merkzeichen bei Betrachtung der einzelnen Wirkungen des Handelns und der Art ihrer Zusammensetzung.

Diese Wirkungen sind unendlich in ihrer Zahl und Mannigfaltigkeit.

Denken wir uns die einzelnen Willensakte des Lebensverlaufes einer Person — als successiv in der Zeit erfolgte — auf einer Linie, die aus Punkten gebildet ist, und die von jedem einzelnen Akte, welcher einen Punkt jener Linie bildet, ausgehenden Kausalketten als ins Unendliche verlaufende Linien, von denen jeder Punkt eine der unendlich vielen Wirkungen eines Willensaktes darstellt und also zugleich der Ausgangspunkt ist für andre seitwärts sich verzweigende Kausalketten-Linien, so erhalten wir ein entferntes Bild von der Verschlungenheit des Netzes, als welches sich die Gesamtheit der Wirkungen des Handelns einer Person ausnimmt, eines Netzes von Kausalketten, welche sich nicht bloß miteinander, sondern mit einer unendlichen Zahl andrer endloser Kausalketten kreuzen, welche durch außerhalb jenes Handelns liegende Akte bedingt sind.

Dies Chaos scheint keinen objektiven Anhalt zu gewähren für die Erfassung der Einheitlichkeit des natürlichen Handelns.

Freilich, sobald eine oder mehrere Wirkungen des Handelns — letztre in ihrer Gesamtheit — sich als einheitlichen Erfolg darstellen, ist der Rückschluß gegeben auf die Einheitlichkeit derjenigen Akte, welche mit diesen Wirkungen in ursächlichem Konnexe stehen. So läßt z. B. der durch menschliches Handeln — als durch eine der zahllosen zusammenwirkenden Bedingungen — mitbewirkte Tod eines Menschen jenes Handeln in Beziehung auf diesen Tod als einheitliches erscheinen, nämlich als eine Bedingung dieses Todes.

Der Satz: „Dasjenige Handeln, durch welches ein einheitlicher Erfolg bedingt ist, ist einheitlich in Bezug auf diesen Erfolg" ist gewiß richtig.

Dieser Satz enthält jedoch keine Lösung des Problems der Handlungseinheit, sondern schiebt dasselbe nur auf einen andern Platz.

Denn nunmehr entsteht die Frage: Gibt es einen objektiven Maßstab, an dem man die Einheitlichkeit des Erfolges bemessen kann? Ist diese Einheitlichkeit in den Wirkungen selbst begründet? Kennzeichnet sich eine gewisse Art oder ein gewisses Quantum von Wirkung als einen einheitlichen Erfolg, gleichviel von welchem Standpunkte aus man jene Wirkung betrachtet? Denn nur, wenn diese Einheitlichkeit allen Beobachtern erscheint, haben wir eine Garantie dafür, daß sie objektiv in den Wirkungen begründet ist.

Nun aber lehrt die Erfahrung, daß je nach dem verschiedenen Standpunkte des Beobachters dieselben beobachteten Erscheinungen sich bald zu einer Einheit zusammenziehen, bald in eine Mehrheit auseinanderfallen.

Diese Wahrheit gilt sogar von denjenigen Erscheinungen, welche wir nicht als Wirkungen handelnder Subjekte, sondern als Subjekte selbst auffassen, nämlich von jenen Gruppen von Erscheinungen, die in uns das Bild organischer Einheiten hervorrufen, von den lebenden Organismen.

Faßt man die Zelle als das Individuum, als Trägerin des Lebens auf, so sind, wie ich im ersten Abschnitte erörtert habe, die organischen Geschöpfe, also auch wir selbst keine Einheiten, sondern Mehrheiten von Lebewesen mit Kollektivbewußtsein und Kollektivwillen. Stellt man sich dagegen auf einen Standpunkt, von welchem aus Familie, Stamm, Volk als organische Einheiten, als Sozialorganismen erscheinen, so sind die biologischen Organismen gleich den Zellen Teile einer höheren Einheit. Dagegen erscheinen jene Sozialorganismen vom biologischen Standpunkte aus als Mehrheiten von Individuen.

Faßt man mit **Fechner** das gesamte tellurische Leben als eine Einheit auf, so sind jene Sozialorganismen nur Teile eines einheitlichen Ganzen, und so fort bis zu der einheitlichen Auffassung des Planetensystems, der Sonnensysteme, des Weltganzen.[48])

Auf der andern Seite zerfällt auch die Zelle in organische Teile, in die Zellenhaut (Membran, Zellulose) und Zelleninhalt (Kern oder nucleolus),[49]) diese wieder nach chemisch bewährten Hypothesen in Moleküle, letztre in Atome.

Zweifellos sind die organischen Beziehungen der Dinge, vermöge deren wir gewisse Gruppen von Erscheinungen als lebende organische Geschöpfe auffassen, nicht bloß in unserem beziehenden Denken vorhanden, sondern wirklich seiende, den Dingen inhärierende Bestimmungen objektiven Charakters.

Wenn nun aber diese selben organischen Beziehungen je nach dem Standpunkte der Beobachtung, den wir einnehmen, bald in uns das Bild der Einheit, bald das der Mehrheit erwecken, so ist es wohl klar, daß diese einheitliche oder mehrheitliche Auffassung nicht so wohl mit jenen organischen Beziehungen als mit dem gewählten Standpunkt des Beobachters zusammenhängt.

Die Realität des organischen Lebewesens liegt nicht in seiner Einheit, sondern in den organischen Beziehungen der Dinge, durch welche es sich für einen auf gewissem Standpunkte stehenden Beobachter von der übrigen Welt als Besondres abhebt.

Diese für die Organismen geltende Abhängigkeit der Einheit des Beobachteten vom Standpunkte des Beobachters gilt um so mehr für die sonstigen kein organisches Lebewesen repräsentierenden Erscheinungen, insbesondre also auch für alle Veränderungen in der

---

[48]) Auf dieser alten, wenn auch von Fechner breiter und ebener gemachten Bahn wandelt auch Espinas, wenn er schreibt: „Die Vergesellschaft oder Gruppierung ist das allgemeine Gesetz für jede organische oder anorganische Existenz. Die Gesellschaft im eigentlichen Sinne ist nur ein besondrer Fall dieses allgemeinen Gesetzes, der vollkommenste und höchste. Ein Wesen, gleichviel ob sozial oder nicht, ist also nichts Absolutes, Unteilbares, sondern etwas wesentlich Relatives und Vielfaches; es ist der Angriffspunkt einer Summe harmonischer Kräfte, keineswegs unbeständig in der anorganischen Natur, immer beständiger, je höher man in der Stufenleiter des Lebens kommt; aber immer im stande, sich in viele Teile aufzulösen, wenn der Zusammenhang sich lockert, oder sich um neue Mittelpunkte zu gruppieren, wenn der Zusammenhang wächst. Es gibt also, genau gesagt, keine Wesen in der Natur, sondern nur ein Wesen in verschiedenen Graden der Konzentration. Selbst vom Standpunkte des Bewußtseins ist das Wesen nur relativ. Ein Bewußtsein ist mehr ein wir als ein ich.“ (S. 119 a. a. O.).

[49]) Virchow, Zellularpathologie.

Erscheinungswelt, welche auf ein Handeln als eine ihrer Bedingungen ursächlich zurückgeführt werden.

So erscheinen z. B. diejenigen Veränderungen der Materie und der ihr parallelen Psyche, welche an einem tödlich verwundeten Menschen vorgehen, in Bezug auf diesen Menschen als ein Tod. Bezieht man sie dagegen auf die in dem absterbenden Leibe aufkeimenden Mikroben, die an dem sich auflösenden Organismus des Sterbenden ihr Leben gewinnen, so bedeuten sie tausendfaches Leben. Während sie von jenem Standpunkte eine Desorganisation sind, sind sie von diesem vielfache Organisation. Was diesem Beobachter Verwesung erscheint, erscheint jenem als das Aufblühen zahlloser Knospen.

Betrachtet man einen von Menschenhand aufgerichteten Bau in seinem Verhältnisse zu seiner örtlichen Umgebung, so erscheint der ganze Bau als ein einheitlicher. Vergleicht oder zählt man die Stockwerke desselben, so erscheint jedes derselben als ein einheitliches Werk. Betritt man das innere des Baues, so erscheint jedes Gelaß als ein geschlossenes Ganzes, als einheitlicher Erfolg menschlichen Handelns. Unterrichtet man sich über die Zahl der zum Hausbau verwendeten Ziegelsteine, so betrachtet man die Anbringung jedes einzelnen Steins als einheitlichen Erfolg menschlichen Handelns.

Oder ein andres Beispiel.

Mißhandelt jemand einen andern durch eine Reihe von Stockschlägen, so erscheinen diese Schläge, wenn man sie in Beziehung setzt zu dem durch sie in dem Leibe des Geschlagenen hervorgerufenen Gesamtbefinden, als eine einheitliche Mißhandlung; setzt man sie in Beziehung zu den auf dem Leibe des Geschlagenen hervorgerufenen Striemen, so erscheint jeder Striemen als einheitlicher Erfolg und demnach jeder einzelne Schlag als eine Mißhandlung.

Die Geschehnisse dieser Welt und somit auch die Wirkungen des Handelns tragen, sobald man von einem bestimmten Standpunkt des Beobachters absieht, an sich keine Daten, aus der wir ihre einheitliche oder mehrheitliche Stellung im Universum erkennen können.

Während unter dem Mikroskop des Naturforschers das Entstehen, Wachsen und Absterben eines Infusoriums als ein einheitliches Ganzes erscheint, zieht sich vor dem Auge des Geschichtsforschers das Handeln und Leiden zahlloser Individuen durch Jahre und Jahrzehnte (z. B. der siebenjährige, der dreißigjährige Krieg) zu einer einheitlichen Aktion zusammen, erscheint dem Philosophen der ganze Weltprozeß als eine große Handlung.

Auch die künstlerische Auffassung der Einheiten, zu welchen die Dinge verknüpft erscheinen, wechselt mit dem wechselnden Standpunkte. Andre Einheiten springen dem Landschaftsmaler in die Augen als dem Geschichtsmaler, andre erscheinen dem dramatischen Dichter als dem epischen; andre Einheiten der Töne hat der Komponist einer Symphonie im Auge, als der einer Tanzmelodie.

Aus dem Dargelegten folgt zugleich, wie unrichtig es ist, den ursächlichen Zusammenhang der Akte des Handelns als den objektiven Faktor anzusehen, welches das Handeln einheitlich zusammenschließe.[30]) Die einzelnen Akte, aus denen sich eine Handlung zusammensetzt, brauchen keineswegs miteinander im Verhältnisse von Ursache und Wirkung zu stehen. Dieses Verhältnis wird eher die Ausnahme als die Regel bilden.

Eine Reihe von successiven Akten wie z. B. die Schläge, aus welchen sich eine Mißhandlung zusammensetzt, läßt sich zwar auf eine gemeinschaftliche Ursache zurückführen. Die Akte selbst stehen aber nicht in ursächlichem Zusammenhange.

Den Umstand, daß sie eine gemeinschaftliche Ursache haben, haben sie aber gemein mit allen Erscheinungen und ist nicht abzusehen, weswegen gewisse Gruppen von Erscheinungen wegen der Gemeinschaftlichkeit einer ihrer zahllosen Bedingungen den Vorrang

---

[30]) v. Kirchmann (S. 54 Lehre vom Wissen) geht auf dieser falschen Straße, wenn er schreibt: „Eine der wichtigsten Anwendungen der ursächlichen Einheit geschieht bei dem menschlichen Handeln. Die oft zerstreuten und getrennten Bestandteile einer Handlung, wie die eines Feldzuges, eines Mordes, einer Reise werden durch ihren ursächlichen Zusammenhang zu einer Handlung."

Die einzelnen Akte eines Feldzuges, z B. die auf verschiedenen entfernten Schlachtfeldern unter verschiedenen Führern statthabenden Gefechte, die einzelnen Akte eines Mordes, z. B. die Vergiftungsakte, durch welche das tödliche Gift in einzelnen Dosen allmählich beigebracht wird, die verschiedenen Routen einer Vergnügungsreise verhalten sich aber nicht notwendig zu einander wie Ursache und Wirkung.

Immerhin ist bezeichnend, daß v. Kirchmann — obwohl Gegner von Kants Kategorieenlehre — diesen Gegenstand im Kapitel vom beziehenden Denken behandelt.

der Einheit haben sollen vor andern Erscheinungen, die sich ebenfalls auf eine gemeinschaftliche Bedingung zurückführen lassen.

Denn alle Dinge der Welt stehen in Ansehung der Gemeinschaftlichkeit von Bedingungen miteinander im Zusammenhange. So ist z. B. die gemeinschaftliche Bedingung des verschiedenen Handelns einer Person die Existenz dieses handelnden Subjekts. Läßt sich aus dieser Bedingung irgend ein Maßstab entnehmen, an der man die Einheit des Handelns dieser Person messen kann? Ich glaube, nein! Denn das gesamte Handeln einer Person pflegt man nur dann als Einheit zu fassen, wenn man die Summe ihres Lebens zieht, den Gesamterfolg ihres Lebens ins Auge faßt. Der Schluß auf die Einheit des Handelns geschieht hier auch vom Erfolge aus, ist ein Rückschluß, kein Schluß aus der Gemeinschaftlichkeit der Bedingung. Für die Einheit der einzelnen Handlungen einer Person bietet jene gemeinschaftliche Bedingung selbstverständlich ganz und gar keine Aufklärung.

Die dem einzelnen Handeln voraufgegangenen endlosen Ketten von näher und ferner liegenden Bedingungen, durch deren Gesamtwirken (Ursache) jene Handlung motiviert ist, bieten weder im ganzen noch ich einzelnen irgend welches objektive Merkzeichen für die Einheit des Handeln.

Die Gesamtheit dieser Bedingungen ist für uns ebenso unfaßbar, wie die Gesamtheit der Wirkungen eines Handelns. Aus der einzelnen Bedingung allein läßt sich aber keine notwendige Beziehung zur Einheit des konkreten Handelns gewinnen. Ebensowenig wie der Akt, durch welchen ein Mörder gezeugt wird, oder die ihm durch diese Zeugung übertragene — sogenannte angeerbte — Disposition zu Verbrechen als Maßstab für die Einheit des Handelns dienen können, ebensowenig eignen sich hierzu die näher liegenden Motive des Mordes: Hunger, Haß oder Liebe u. s. w.

Ebensowenig aber wie in den äußeren Akten des Handelns, ihren Wirkungen und ihren Ursachen finden wir einen objektiven Maßstab für die Einheit des Handelns durch die Betrachtung der inneren psychischen Seite desselben, der bewußten Willenthätigkeit.

Die innere Seite des Handelns ist, wie wir gesehen haben, die durch eine Reihe von motivierenden Vorstellungen in Bewegung gesetzte eigentümliche Energie unserer Seele, welche wir als Willenskraft in uns deutlich wahrnehmen. Diese psychische Energie ist bei dem verschiedenen konkreten Handeln der Art nach immer dieselbe, mögen die Motive und Ziele des konkreten Handelns auch noch so verschiedene sein. Nur in ihrer Intensität sind Unterschiede bemerkbar.

So ist z. B. die Willensenergie des Verbrechers, welcher, um sich zu bereichern und seinen Raub in Sicherheit zu bringen, hintereinander einen Diebstahl, einen Mord und eine Brandstiftung begeht, bei allem diesen Handeln der Art nach die gleiche und bietet keinen Anhalt zur Trennung dieses Handelns in mehrere Einheiten.

Man hat nun, insbesondre von jener Seite, auf welcher man den Willen in die dem Handeln voraufgehenden oder dasselbe begleitenden Vorstellungen hineinzuverlegen und ihn mit der Absicht des Handelnden zu identifizieren geneigt ist,[51]) in der Absicht des Handelnden, welcher sich einen gewissen Erfolg seines Handelns als sein zu erreichendes Ziel vorstellt, den objektiven Maßstab für die Einheit des Handelns zu finden geglaubt. Abgesehen von dem inneren Widerspruch, der darin liegt, wenn man den subjektiven Standpunkt, den der Handelnde vor und bei seinem Handeln in Betrachtung seines eigenen Handelns einnimmt, dem draußen stehenden Beurteiler als objektiven Maßstab aufdrängt, versagt derselbe bei Beurteilung des Handelns in Hinsicht auf dessen Einheit häufig ganz.

Freilich wird die Einheit des Handelns, welche sich aus dem vom Handelnden beabsichtigten Erfolge erschließt, häufig zusammenfallen mit der dem draußen stehenden Beobachter erscheinenden Handlungseinheit, und zwar um deshalb, weil der moralische Standpunkt, welcher bei der Beurteilung eingenommen wird, bei Volksgenossen, wie ich im ersten Abschnitt erörtert habe, ziemlich identisch zu sein pflegt.

Einen sicheren Maßstab für die Einheit des Handelns kann aber die Absicht des Handelnden schon um deshalb nicht bieten, weil häufig nicht bloß die näher liegenden, sondern auch die entfernteren Erfolge beabsichtigt sind.

---

[51]) Haelschner (System des preuß. Strafrechts, S. 497) sagt: „Über die Einheit der Handlung hat nur der Handelnde das Recht zu entscheiden." Ähnlich derselbe im gem. deutsch. Strafrecht, Bd. I, Bonn 1881, S. 655.

John meint: „Die Anzahl der Handlungen bestimmt sich nach der Anzahl der Absichten" (S. 129, Lehre vom fortgesetzten Verbrechen).

In dem oben angeführten Beispiele würde z. B. das Endziel des Handelnden, die beabsichtigte Bereicherung, die successiven Handlungen des Stehlens, Mordens und Brennens zu einer Handlung zusammenschließen lassen, während die näher liegenden beabsichtigten Erfolge, nämlich a) die Besitznahme der zu stehlenden Sachen, b) die Unschädlichkeit einer den Dieb bei der That betreffenden Person, c) die Vernichtung der den Diebstahl und Mord verratenden Gegenstände dasselbe Handeln in drei selbständige Handlungen zerspalten lassen würden. Jede dieser Handlungen zerfällt wiederum in weitere Handlungen, wenn man die bei Ausführung dieser That vom Handelnden beabsichtigten nächsten Erfolge für maßgebend erachten will. Räumt ein Dieb in einer fremden Wohnung hintereinander mehrere Schubkästen aus, so ist jede Räumung in Hinsicht auf die Absicht, diesen Kasten auszuräumen, eine Handlung.

Die bekannten Beispiele, durch welche Merkel[52]) und von Buri[53]) das Unzulängliche dieses Maßstabes kennzeichnen wollen, das Beispiel von dem Entschlusse des Verbrechers, sein Leben jeder Art von Rechtsbruch zu weihen oder das Beispiel von Richard des Dritten Entschlusse: „Ich bin gewillt, ein Bösewicht zu werden" hinken zwar insofern etwas, als nur die bei einem konkreten Handeln beabsichtigten Erfolge in Betracht kommen, eine derartige allgemeine Zielstellung bei Begehung einzelner Verbrechen aber kaum wahrscheinlich ist.

Sehr wohl denkbar aber und gewiß schon oft vorgekommen ist der Fall, daß jemand — zwecks günstiger Veränderung seiner Lebensverhältnisse, etwa um eine Heirat schließen zu können oder um die Mittel zur Grundlage eines selbständigen kaufmännischen Geschäfts zu gewinnen, — Jahre hindurch die verschiedensten Diebstähle gegen die verschiedensten Personen begeht und daß ihm dies beabsichtigte Ziel bei Begehung jedes Diebstahls klar vor Augen steht.

Bindings Polemik[54]) gegen die Beweiskraft dieser Beispiele widerlegt dieselbe nicht. Er meint, der allgemeine Entschluß: „ich bin gewillt, ein Bösewicht zu werden, ich will 100 000 Mark zusammenstehlen", sei keine Entschlußeinheit.

---

[52]) Zur Lehre vom fortgesetzten Verbrechen 1862, S. 34.

[53]) Einheit und Mehrheit der Verbrechen, 1879, S. 37.

[54]) Handbuch des Strafrechts Bd. I S. 536 (1885).

Es muß hier dahingestellt bleiben, ob und inwieweit diese Behauptung in Hinsicht auf die Handlungseinheit im strafrechtlichen Sinne zutreffend ist. Für die natürliche Handlungseinheit, die uns vorläufig hier allein interessiert, trifft sie jedenfalls nicht zu.

Denn bezieht man mit Binding den Entschluß des Handelnden auf die zur Erreichung des beabsichtigten Erfolgs vorgestellte vermittelnde Thätigkeit, durch welche der Handelnde jenen Erfolg erreichen will, so umfaßt in dem obigen Beispiel der Entschluß des Handelnden, zwecks Errichtung eines Geschäfts 100 000 Mark zusammenzustehlen, alles Handeln, durch welches eine ganze Reihe von Diebstählen vollführt wird, und ist nicht ersichtlich, weshalb es hier an der Entschlußeinheit fehlen soll.

Bei allem solchem Handeln, welches in Hinsicht auf nicht beabsichtigte Erfolge in einheitlichem Lichte erscheint, bietet zudem auch vom subjektiven Standpunkte des Handelnden die Absicht des Handelnden keine Erklärung für die Handlungseinheit.

Fährt ein Fuhrmann mit seinem Fahrzeug von Ort zu Ort und überfährt hierbei unabsichtlich einen Fußwanderer, so erscheint in Hinsicht auf das Erreichen des Zielortes die ganze Fahrt als Einheit, in Hinsicht auf das Überfahren eines Menschen jedoch nur der Ausschnitt dieser Fahrt, durch welchen dieser schädigende Erfolg bewirkt wird. Letztre Handlungseinheit ist aus der Absicht des Handelnden nicht erkennbar.

Ist sonach ein objektives Merkmal für die Handlungseinheit weder in den äußeren Akten des Handelnden, noch in dessen psychischer Willensenergie, noch in den äußeren Ursachen und inneren Motiven seines Handelns, noch in den Wirkungen desselben auffindbar, so scheint es fast, als ob der einigende Faktor überhaupt nicht im Objekte, sondern lediglich im betrachtenden Subjekte des Beobachters liegt, nur eine Beziehung im Denken dieses Subjekts ohne jede objektive Unterlage ist.

Dies Resultat kann nun aber nicht richtig sein, wenn die Annahme richtig ist, von der ich ausging, nämlich die Annahme, daß wir die Kategorieen, insbesondre auch die Kategorie der Einheit nicht willkürlich auf die Dinge der Welt anwenden, — wenn wir richtig denken, — sondern durch etwas außer uns liegendes Objektives veranlaßt werden, die Dinge unter der Denkform der Einheit oder der Mehrheit zu begreifen.

Jene vermißte objektive Unterlage ist aber im vollkommenen Maße vorhanden.

Objektiv ist der einmal gewählte, aber nun festgehaltene Standpunkt des Beobachters. Denn von diesem Standpunkt aus erscheinen nicht bloß einem, sondern allen richtig denkenden Beobachtern die Dinge in gewisse einheitliche Gruppen aufgelöst.

Objektiv ist ferner die natürliche Harmonie der Dinge, ihre organischen und unorganischen Beziehungen, der alle Dinge umfassende Zusammenhang.

Indem diese beiden objektiven Elemente, der aus dem Standpunkte des Beobachters sich ergebende objektive Maßstab und die Harmonie der Dinge, sich verbinden, entsteht im beziehenden Denken des Beobachters das einheitliche Bild. Denn da er von seinem festen Standpunkte aus die Dinge nicht gleich nahe und nicht in gleicher Beleuchtung sieht, so treten für ihn gewisse Gruppen von zusammenhängenden Erscheinungen in den Vordergrund, andre in den Hintergrund, woselbst sich ihr Bild ihm verwischt. Auf die in den Vordergrund tretenden, sich ihm als Besonderheiten von der übrigen Welt ablösenden Gruppen von Erscheinungen wendet der Beobachter unwillkürlich die Denkform der Einheit an. Mögen sie groß oder klein sein, sie sind ihm ein Besondres und darum ein Einheitliches.

Ein Beobachter, welcher in der Lage wäre, die Dinge zugleich von allen möglichen Standpunkten aus zu sehen und ihnen allen gleich nahe zu sein, würde keine losgelösten Gruppenbilder, sondern nur ein harmonisches Ganzes sehen. Einem solchen Beobachter würde mit dem Wegfall der Mehrheit auch der Begriff der Einheit als superfluum abhanden kommen.

Wir können unsren Standpunkt zwar successiv wechseln, in jedem bestimmten Zeitmoment aber nur einen Standpunkt einnehmen, weshalb wir denn auch die Dinge stets nur in einseitiger, wenn auch wechselnder Beleuchtung sehen.

Die Kategorieen, insbesondre auch die Kategorie der Einheit sind die Mittel, welche dem beschränkten Verstande der höheren tellurischen Individuen im Laufe der Entwicklung erworben sind, vermöge deren dieser Verstand die Welt klassifizierend zu begreifen sucht.

Die Meinung, nach welcher Einheit und Vielheit außer uns liegende reale Dinge sind[55]), erscheint mir daher ebensowenig zutreffend, als die entgegengesetzte Meinung, welche in ihnen nur *willkürliche* Beziehungen unseres Denkens sieht.

Aus dem Dargelegten folgt, daß wir, wenn wir die Einheitlichkeit eines konkreten Handelns feststellen wollen, zunächst einen festen Standpunkt wählen müssen, von welchem aus wir die Dinge der Welt betrachten. Die Wirkung oder die Gesamtheit von Wirkungen eines Handelns, welche sich von diesem Standpunkte aus als einheitlichen Erfolg darstellt, läßt uns auf die Einheitlichkeit des Handelns zurückschließen.

Das Handeln ist einheitlich in Beziehung auf diesen einheitlichen Erfolg.

Je nach den verschiedenen Standpunkten der Betrachtung werden ganz verschiedene Beziehungen des Handelns zu seinen Erfolgen in den Vordergrund treten.

Während z. B. der Chemiker in dem menschlichen Handeln nicht andres sieht als bestimmte Bewegungsformen von Atomen, die zufällig einem und demselben Organismus angehören, und deshalb nur die Wirkungen dieser atomistischen Bewegungen ins Auge faßt, betrachtet der Physiologe dieses Handeln als tierische Kraftentwicklung, der Psychologe als Willensenergie, der Nationalökonom als wirtschaftliches Produktivmittel u. s. f., jeder eine besondre Klasse von Wirkungen ins Auge fassend und die andren hintenanstellend. Jedem bietet sein *Standpunkt* einen *objektiven Maßstab*, an welchem er die Einheit des Erfolgs und hieran die Einheit des Handelns mißt. *Auch dem Juristen wird dieser feste Standpunkt nicht fehlen, von welchem er nicht weichen darf.*

Mag man sich nun aber auf einen dieser Standpunkte stellen, welchen man wolle, immer handelt es sich um die Feststellung der Einheit des *natürlichen* Handelns. Die natürliche Handlungseinheit ist also keine besondre Sorte von Handlungseinheit, sondern sie ist *die* Handlungseinheit. Hieraus folgt zweierlei. Erstens ist der von einem bestimmten Standpunkte entwickelte Begriff der Handlungseinheit, sei es die physikalische, die physiologische, die

---

[55]) *Zitelmann*: (Juristische Person, S. 85, 86) schrieb: Einheit in der Vielheit ist kein Gedankending, sondern Wirklichkeit, keine bloß gedachte, sondern wahre, wirkliche, reale Existenz.

psychologische, die nationalökonomische, die juristische, die dramatische, die epische oder eine musikalische Handlungseinheit u. s. w., nur eine Spezies des Gattungsbegriffes der natürlichen Handlungseinheit, und zweitens gibt es keine konkrete, natürliche Handlungseinheit, die nicht wenigstens unter einen jener Spezialbegriffe fiele. Eine jedes speziellen Charakters bare — und deshalb häufig als „natürliche" bezeichnete — Handlungseinheit ist nur eine Abstraktion, die in der wirklichen Natur nicht stattfindet und deshalb am wenigsten den Namen der natürlichen Handlungseinheit verdient.

Nachdem dargelegt ist, daß unter „einheitlichem Erfolge" diejenigen Wirkungen eines Handelns zu verstehen sind, welche einem Beobachter vermöge seines Standpunkts und vermöge der Harmonie der beobachteten Welt unter der Kategorie der Einheit erscheinen, und daß die Einheit des Handelns nichts andres ist, als die im Denken jenes Beobachters vor sich gehende Beziehung eines Handelns auf solche einen einheitlichen Erfolg darstellenden Wirkungen desselben, löst sich der Begriff der natürlichen Handlung in zwei Elemente auf, ein reales, nämlich das natürliche Handeln, und ein dem beziehenden Denken entstammendes, nämlich die Relation zwischen Handeln und Erfolg.

Der so gewonnene Begriff der Handlung umschließt also nicht den Erfolg selbst als etwas Seiendes, sondern nur eine Beziehung eines Dinges auf denselben.

Real vorhanden sind nur die das Handeln bildenden Akte und die Wirkungen des Handelns, welche vermöge der realen Harmonie der Dinge dem einen bestimmten Standpunkt einnehmenden Beobachter als einheitlicher Erfolg erscheinen.

Die Relation des Handelns zu seinen Erfolgen geschieht im beziehenden Denken des Beobachters, welcher, da jedes Handeln die verschiedensten Erfolge hat, ein konkretes Handeln zu sehr verschiedenen konkreten Erfolgen in Beziehungen setzen könnte. Da ihm jedoch auf dem gewählten Standpunkte nur gewisse Wirkungen als einheitliche Erfolge in die Augen springen, so wird er auch nur die Beziehungen des Handelns auf diese Erfolge ins Auge fassen.

Diese Beschränkung der Willkür des beziehenden Denkens entzieht der in diesem Denken entstehenden Einheit des Handelns nichts von ihrer Relativität. Eine kronkrete Handlung umfaßt also begriffsmäßig a) ein konkretes Handeln; b) die Beziehung dieses konkreten Handelns auf einen konkreten Erfolg, nicht diesen Erfolg selbst.

Dies Ergebnis ist, wie sich später zeigen wird, von großer Wichtigkeit für die Lehre von der Verbrechenskonkurrenz. Die mangelhafte Scheidung dieser beiden Elemente der Handlung und die nicht gerechtfertigte Hineinziehung eines dem engeren Begriffe der Handlung nicht zubehörigen Elements ist der hauptsächliche Grund der auf diesem Gebiete der Rechtslehre herrschenden Verwirrung.

Bekanntlich wird das Wort: „Handlung" häufig in dem weitren Sinne des Wortes: „That", in welchem es den Erfolg als Seiendes mitumfaßt, gebraucht. Der Sprachgebrauch, welcher bei vielen Verben den Erfolg des Handelns und sogar, wie Lammasch mit Recht hervorhebt[56]), häufig auch solche Bedingungen des Handelns, die außerhalb des Handelnden liegen, stillschweigends einschließt, hat hierzu den verführerischen Anlaß gegeben.

So umfaßt z. B. das Verb „schreiben" im Sprachgebrauche der Regel nach a) die Muskelbewegungen der schreibenden Hand, beziehentlich deren Finger; b) die Einheit dieser Akte in Hinsicht auf den beabsichtigten Erfolg, die Entstehung des Schriftstücks; c) den Erfolg, das Entstehen der Schrift, selbst; d) die Bereitheit der Schreibmittel: Tinte (Blei), Feder und Papier. In ähnlichem umfassenden Sinne werden solche Ausdrücke wie: Stoßen, Stechen, Schlagen, Werfen, Gehen, Springen, Schwimmen, Fliegen gebraucht. Dieser Sprachgebrauch verkürzt die Gedankenmitteilung wesentlich und erscheint deshalb meistens als Vorteil. Nachteilig, weil zu Unklarheiten führend, kann er nur dann wirken, wenn es darauf ankommt, das konkrete Handeln und seine Beziehung auf einen Erfolg zu sondern von diesem Erfolge selbst, während die gewöhnliche Bedeutung dieser Worte den Erfolg miteinschließt. Auch in diesen Fällen werden Mißverständnisse meist vermieden werden, weil die abweichende Bedeutung derselben klar zu Tage liegt.

Wenn man z. B. von jemandem sagt, er habe sich durch vieles Schreiben den Schreibkrampf zugezogen, so weiß jedermann, daß man hiermit sagen will, jemand habe sich durch die vielen Hand- und Fingerbewegungen, die er in Beziehung auf Schreibwerk gemacht habe, einen Krampf zugezogen.

Durch jenen Sprachgebrauch wird nur allzuleicht die Gewohnheit erzeugt, in den Begriff der Handlung den Erfolg als Teil der

---

[56]) Grünhuts Zeitschrift, Bd. 9 S. 227.

Handlung miteinzuschließen, während er vielmehr das außerhalb der Handlung liegende Beziehungsobjekt ist, in Hinblick auf welches das Handeln als Einheit erscheint, Handlung ist.

Diese Gewohnheit kann verhängnisvoll werden, wenn ein und dasselbe Handeln in Beziehung gesetzt wird zu mehreren einheitlichen Erfolgen desselben, insbesondre in Hinsicht auf die strafrechtliche Streitfrage, ob bei Mehrheit der strafrechtlich relevanten Erfolge eines natürlichen Handelns Verbrechensmehrheit oder Verbrechenseinheit vorliege.

Es empfiehlt sich daher behufs scharfer Sonderung der in Betracht kommenden drei Elemente: a) des aus einzelnen Willensakten sich zusammensetzenden Handelns; b) der Beziehung dieser Willensakte auf einen oder mehrere Erfolge; c) des Erfolgs eines Handelns — zur Bezeichnung des ersten Elements (a) sich zwar der Ausdrücke „Handeln", „Thun" oder „Thätigkeit" nach Belieben zu bedienen, das Wort „Handlung" aber nur als beide Elemente zu a und b umfassenden, das dritte Element zu c ausschließenden Begriff zu verwenden, dagegen alle drei Elemente in dem Begriffe der „That" zusammenzufassen.

Wenn von hervorragender Seite[57]) gerade umgekehrt das, was oben Handlung genannt wird, als That und das den Erfolg mitumfassende Faktum ausschließlich als Handlung bezeichnet wird, so widerspricht dies dem Sprachgebrauche, nach welchem die That den Erfolg miteinschließt. Daß das positive Recht zu einer derartigen Umkehrung der Bezeichnungen keinen zureichenden Grund bietet, wird bei Untersuchung des strafrechtlichen Begriffs der Handlung erörtert werden.

Berner[58]) folgt dem richtigen Sprachgebrauche, indem er schreibt: Eine solche lebendige Vermittelung des Willens zur That heißt eine Handlung; sie ist die Bewegung des Willens auf dem Boden der Außenwelt, im Gegensatz zur That, welche nur das abgelagerte objektive Ergebnis dieser Bewegung bezeichnet."

Da die einen einheitlichen Erfolg darstellenden Wirkungen das Produkt zahlloser und mannigfaltigster Bedingungen sind, so kann sehr verschiedenes — räumlich und zeitlich getrenntes — Handeln in Beziehung stehen zu einem und demselben Erfolge.

---

[57]) Binding. Normen, Bd. II, S. 35 ff., ebenso im Handbuch.

[58]) Lehrbuch, 13. Aufl., S. 157.

Da anderseits die mit einem konkreten menschlichen Handeln im Kausalnexus stehenden Wirkungen für das Auge des Beobachters, wie schon hervorgehoben ist, viele teils gleichartige, teils verschiedenartige Erfolge in sich schließen können, so können dieselben Willensakte die identischen Elemente mehrerer in Beziehung auf jene Erfolge bestehender Einheiten des Handelns bilden, sei es nun, daß die durch Rückschluß aus jenen einheitlichen Erfolgen dem Beobachter sich aufthuenden Einheiten des konkreten Handelns ganz übereinanderfallen oder sich nur teilweise decken.

Im letztren Falle ist es ohne weitres klar, daß wir es hier mit mehreren Handlungseinheiten zu thun haben, mag nun das den verschiedenen Einheiten des Handelns gemeinschaftliche Stück sich mit einer dieser konkurrierenden Einheiten vollständig decken und also, wenn man sich diese Einheiten als Kreise denkt, von einer inneren konzentrischen Kreislinie umgrenzt erscheinen, oder mag jenes Stück sich mit einer der konkurrierenden Einheiten des konkreten Handelns nur teilweise decken, also — bei Anwendung jenes Bildes — innerhalb der Bogenabschnitte sich schneidender excentrischer Kreise liegen.[59])

Aber auch wenn die durch Rückschluß aus den Erfolgen gefundenen Einheiten des konkreten Handelns ganz übereinanderfallen, und es den Anschein gewinnt, als ob nur eine Handlungseinheit vorliegt, ist solche Handlungseinheit, wenn man ihren relativen Sinn festhält, nicht einfach, sondern mehrfach vorhanden.

Denn, wie wir gesehen haben, besteht der Begriff der Handlung aus den beiden Elementen: a) dem Handeln und b) der einheitlichen Beziehung dieses Handelns auf einen Erfolg. Nur erstres Element ist bei Mehrheit der Erfolge eines Handelns einfach vorhanden. Dagegen liegen so viel einheitliche Beziehungen

---

[59]) Wohl zu merken ist, daß in obigem Bilde nur die durch ihre Beziehung auf verschiedene Erfolgseinheiten gefundenen Einheiten des **konkreten** Handelns als Kreise aufgefaßt sind. Zieht man die Erfolge mit in die Kreise hinein und faßt jeden Erfolg zusamt des ihn bewirkenden Handelns und der mitbewirkenden Nebenbedingungen als **einen** thatbestandlichen Kreis auf, so ist die Lage dieser Thatbestandskreise bei Mehrheit der Erfolge eines ganz oder teilweise identischen Handelns stets diejenige excentrischer sich schneidender Kreise, wie dies **Olshausen** in Bezug auf die entsprechende Lage der strafrechtlichen Thatbestandskreise in den Fällen der sogenannten idealen Verbrechenskonkurrenz zuerst richtig erkannt hat. (Anm. 15 zu § 73 R. St. G. B. Kommentar S. 358, Aufl. II).

des Handelns zu einem Erfolge vor, als in Bezug genommene Erfolge gegeben sind.

Ein und dasselbe Handeln erscheint, je nachdem man es mit diesem oder jenem seiner Erfolge in Beziehung bringt, als ganz verschiedene Handlung.

Wenn z. B. jemand einen ihn angreifenden Feind erschießt, dessen Handeln erscheint in Hinsicht auf den nächsten Erfolg — das Fliegen der geschossenen Kugel — als Schießen, in Hinsicht auf das Eindringen der Kugel in den Leib des Gegners als Körperverletzung, in Hinsicht auf den tödlichen Verlauf dieser Verletzung als Tötung, in Hinsicht auf die Erhaltung des eignen Lebens als Verteidigung u. s. f.

Niemand wird daran zweifeln, daß trotz der verschiedenen Erfolge im gewöhnlichen Sinne des Worts hier nur eine That und nicht mehrere Thaten vorliegen. Diese selbe That qualifiziert sich aber ganz verschieden, je nachdem man diesen oder jenen Erfolg des identischen Handelns einbezieht, diesen oder jenen Handlungs-Charakter in den Vordergrund schiebt. Die Vielheit der aus den verschiedenen Qualifizierungen dieses Handelns sich ergebenden Handlungs-Charaktere kann der Einheitlichkeit der That im gewöhnlichen Sinne dieses Wortes keinen Abbruch thun.

That in diesem Sinne ist ein Handeln zuzüglich seiner sämtlichen Erfolge, nicht ein Handeln zuzüglich nur eines seiner mehrfachen Erfolge. Wäre letztres der Fall, so gäbe es in jenem Sinne gar keine einfache That, so wäre jedes Handeln eine vielfache That. Denn jedes Handeln hat zahllose Wirkungen, welche eine Mehrheit von einheitlichen Erfolgen involvieren. Kommen daher mehrere Erfolge eines Handelns in Betracht, so setzt sich die That in ihrer sprachgebräuchlichen Bedeutung zusammen aus a) dem konkreten Handeln, b) den mehrfachen Beziehungen dieses Handelns auf seine Erfolge, c) diesen Erfolgen selbst. Hiermit soll, wie hier vorweg bemerkt sei, die Frage, ob auch im strafrechtlichen Sinne bei Mehrheit der Erfolge eines Handelns nur eine That vorliegt, keineswegs im voraus beantwortet sein.

Hat auch der Sprachgebrauch in gewissem Grade den Wert einer Vermutung für die Richtigkeit der in ihm sich kund thuenden Auffassung, so darf er doch kein irgendwie maßgebendes Gewicht beanspruchen für die Entscheidung der obigen überaus streitigen Frage, deren Beantwortung auf strafrechtlichem Boden zu suchen, nämlich aus dem fundamentalen Begriffe der Willensschuld herzuleiten sein wird.

Bevor wir an jenes Problem herantreten, haben wir uns hierzu die Brücke zu bauen durch Klarlegung der strafrechtlichen Begriffe des Handelns, der Handlung und der Handlungseinheit, deren Voraussetzung die Begriffe des natürlichen Handelns und der natürlichen Handlungseinheit bilden.

Am Schlusse dieses letztre Einheit behandelnden Abschnittes empfiehlt es sich zur Erleichterung der nachfolgenden Untersuchung, die Beziehungen des Handelns zu seinen Erfolgen nach der Einzahl und Mehrzahl zu klassifizieren, nämlich in Hinsicht auf die Einheit und Mehrheit des menschlichen Handelns und die Einheit und Mehrheit der Erfolge dieses Handelns.

Es ergeben sich hierbei vier Hauptklassen.

I. Ein Handeln wird in Beziehung gesetzt zu einem Erfolge.

Beispiel: Jemand zündet mittels Zündhölzchens das Strohdach einer Scheune an einer Stelle an und bewirkt hierdurch das Niederbrennen des Gebäudes.[60])

II. Mehrfaches menschliches Handeln wird in Beziehung gesetzt zu einem Erfolge.

a) Mehrfaches Handeln eines Menschen wird auf einen Erfolg bezogen.

Beispiel: Jemand steckt das Strohdach einer Scheune an verschiedenen Ecken an und bewirkt hierdurch das Niederbrennen der Scheune.

Hier zerfällt das in Bezug auf das Niederbrennen der Scheune sich als einheitliches darstellende Handeln in verschiedene Abschnitte, von denen jeder in Bezug auf eine Zwischenwirkung, das Anbrennen einer Scheunenecke, als einheitliches Handeln erscheint, Handlung ist.

Da alles menschliche Handeln, wie wir oben gesehen haben, mehr oder weniger kompliziert ist, so wird die Zerlegbarkeit eines

---

60) Bei diesem sowie den nachfolgenden Beispielen für die Klassifizierung des natürlichen Handelns wird selbstverständlich von der subjektiven Schuldseite, der in Hinblick auf den Erfolg vorhandenen Vorsätzlichkeit oder Fahrlässigkeit abgesehen, sondern nur vorausgesetzt, daß das Handeln ein bewußtes menschliches ist.

einheitlich aufzufassenden Handelns in verschiedene successive Abschnitte, die sich in Hinsicht auf Zwischenwirkungen als einheitliche Handlungen qualifizieren, die Regel bilden, Klasse I und Klasse IIa, daher im praktischen Leben meist übereinanderfallen.

b) Das Handeln mehrerer Menschen wird in Beziehung gesetzt zu einem Erfolge.

Beispiel: Mehrere Personen zünden eine Scheune an verschiedenen Stellen an und bewirken hierdurch deren Niederbrennen.

III. Ein menschliches Handeln wird in Beziehung gesetzt zu mehreren Erfolgen.

a) Die mehreren Erfolge stehen miteinander im Kausalnexus.

Beispiel: Jemand zündet das Strohdach einer Scheune an und bewirkt hierdurch deren Niederbrennen. Durch den Brand wird ein in der Scheune befindlicher Mensch erstickt.

b) Die mehreren Erfolge stehen miteinander in keinem Kausalnexus.

Beispiel: Jemand schießt durch einen Druck ein doppelläufiges Gewehr ab und trifft mit je einer Kugel einen Menschen.

Diese beiden Unterklassen a und b lassen sich nach Gleichartigkeit und Ungleichartigkeit der Erfolge wiederum in zwei weitre Unterklassen scheiden.

Als Beispiel der Gleichartigkeit der Erfolge in Unterklasse a diene folgendes: Jemand tötet die Mutter eines Säuglings, welcher infolge dieses Versiegens seiner Nahrungsquelle verschmachtet. Als Beispiel der Ungleichartigkeit der Erfolge in Unterklasse b folgendes: Jemand feuert mit einer Bewegung ein doppelläufiges Gewehr ab und trifft mit der einen Kugel einen Menschen mit der andern das Strohdach einer Scheune, welche in Brand gerät.

IV. Ein Handeln wird zum Teil zu mehreren Erfolgen, zum andern Teil zu einem Erfolge in Beziehung gesetzt.

Beispiel: Jemand zündet eine Scheune an, in der sich ein Mensch befindet, und verschließt darauf die einzige Ausgangsthür, so daß jener Mensch im Rauche ersticken muß.

Hier wirkt das Anzünden der Scheune kausal sowohl in Beziehung auf das Abbrennen der Scheune, als in Beziehung auf den Tod des Erstickten, dagegen das Schließen der Thüre nur kausal in Hinsicht auf letztren Erfolg. Das Anzünden der Scheune und das Schließen der Thüre bilden zusammen eine Handlung in Hinsicht auf den tödlichen Erfolg, während das Anzünden der

Scheune in bezug auf deren Abbrennen ebenso für sich eine Handlung bildet, als das Verschließen der Thür in Hinsicht auf den hierdurch erreichten Verschluß des Innern der Scheune.

Auch hier ist ein Kausalnexus der Erfolge wenigstens insoweit möglich, als eine der mehreren Wirkungen eines Abschnittes des Handelns im ursächlichen Konnex stehen kann mit dem Erfolge des gesamten Handelns, wie z. B. in dem obigen Beispiele der Brand der Scheune mit dem Erstickungstode des Eingesperrten. Auch nach Gleichartigkeit und Ungleichartigkeit der Erfolge lassen sich hier ebenso Unterklassen bilden, wie in der Klasse III.

Die Klassifizierung des natürlichen Handelns, welche für die Einteilung des strafrechtlich relativen Handelns nach den einheitlichen und mehrheitlichen Beziehungen desselben zu seinen Erfolgen vorbildlich ist, ist durch Beispiele belegt worden, welche sich zwecks Hervorkehrung dieser vorbildlichen Bedeutung von eigentlichen Straffällen nur dadurch scheiden, daß die Feststellung der subjektiven Schuldseite, wie oben schon hervorgehoben ist, bei ihnen dahingestellt bleibt.

Da nun die Wirkungen des menschlichen Handelns, wie oben gezeigt worden ist, nur von einem bestimmten Standpunkt des Beobachters aus sich als einheitlichen Erfolg qualifizieren und es keine allgemeingültigen einheitlichen Erfolge gibt, in obigen Beispielen aber der strafrechtliche Standpunkt — wegen der Nichtbeachtung der subjektiven Schuldseite — ausgeschlossen ist, so gewinnt es den Anschein, als ob bei dem Mangel eines solchen Standpunkts, der bei Aufstellung jener Exempel zu vermissen sei, auch die Berechtigung fehle, mit dem Niederbrennen von Gebäuden und dem Tode von Menschen als einheitlichen Erfolgen zu operieren, wie es in jenen Beispielen geschieht.

Weder jener feste Standpunkt noch diese Berechtigung haben jedoch gefehlt.

Der eingenommene Standpunkt ist der eines Statistikers, welcher feststellen will, in welchen Fällen Brandunglück oder Todesfälle auf ein menschliches Handeln und nicht auf sonstige Naturzufälle zurückzuführen sind, und hierbei die subjektive Schuldseite des Handelns zunächst dahingestellt sein lassen will, ein Standpunkt, der für den Statistiker des Feuer- und Lebens-Versicherungs-Wesens sehr wohl denkbar ist.

Um überhaupt einen Standpunkt zu wahren, ist daher nur

mit Brandunglücks- und Todesfällen operiert worden, welche zugleich den Vorteil boten, die vorbildliche Bedeutung obiger Klassifizierung anschaulich zu machen.

III. Das Handeln und die Handlung als strafrechtliche Begriffe.

Handeln im rechtlichen Sinne und natürliches Handeln sind keine heterogenen Begriffe, sondern derselben Begriffsgattung angehörig. Erstres ist nur ein Ausschnitt aus dem letztren. Die rechtliche Verantwortlichkeit des handelnden Subjekts scheidet diese Art des natürlichen Handelns von der Gattung, nicht eine an die Stelle reeller Natur tretende rechtliche Fiktion.

Ist dies richtig, so sind handlungsfähig im rechtlichen Sinne nur natürliche, mit natürlicher Willenskraft (Nerven- und Muskelsystem) begabte Personen.

Schon hiermit — also noch abgesehen von dem Mangel menschlicher Persönlichkeit — ist den juristischen Personen die rechtliche Handlungsfähigkeit abgesprochen. Diesen Personen mangelt, wie im ersten Abschnitte dargelegt ist, die natürliche Willenspotenz. Wir sahen dort, daß selbst die hervorragendste juristische Person, der Staat, keinen natürlichen Willen besitzt, daß er aber, wofern eine naheliegende Hypothese richtig ist, selbst natürlicher Wille eines Subjekts, nämlich der Wille eines Kollektivindividuums, des Volksorganismusses ist.

Selbst bei Richtigkeit dieser Hypothese ist der Staat im natürlichen Sinne nicht handlungsfähig, weil nicht selbst Subjekt, sondern Wille eines Subjekts.

Sind juristische Personen im natürlichen Sinne nicht handlungsfähig, so können sie auch nicht durch eignes Handeln, sondern nur durch das Handeln handlungsfähiger Vertreter Rechte erwerben und verlieren. Sind sie nicht selbst handelnde Subjekte, so können sie auch nicht Subjekte eines Verbrechens sein[61]).

---

[61]) Hieraus folgt der unabweisbare Schluß, daß eine Kriminalstrafe im eigentlichen Sinne des Wortes sich nicht gegen eine juristische Person richten darf. In neuerer Zeit scheint die Ansicht Boden zu gewinnen, daß eine Bestrafung von juristischen Personen bis zu gewissen Grenzen nicht bloß opportun, sondern auch begrifflich zu rechtfertigen sei. (Siehe v. Liszts Ausführung, S. 103, Lehrbuch, Aufl. II, S. 114, Aufl. III und die dort genannten Anhänger dieser Idee u. A. Beseler, Bluntschli, Dahn, Gierke.) Man deduziert, daß eine

Das erste Erfordernis eines rechtlich relevanten Handelns ist also die Qualität natürlicher Willensthätigkeit.

Im ersten Abschnitte wurden nun zwei Arten des natürlichen Handelns hingestellt: a) die motivierte und bewußte Willensthätigkeit biologischer Individuen; b) die den biologischen Individuen unbewußte Willensthätigkeit höherer soziologischer Kollektivindividuen, von welchen beiden Arten allerdings nur die erstre durch innere psychologische Erfahrung gewiß, letztre eine durch Rückschlüsse aus beobachteten Erscheinungen gestützte Hypothese ist.

Wir glaubten zu erkennen, daß, falls diese der gewöhnlichen Denkweise allerdings gewagt erscheinende Hypothese richtig sein sollte, das werdende und wandelnde Recht und der werdende, wandelnde und zerfallende Staat nichts andres sind als die natürliche Willensthätigkeit eines aus den Volksgenossen zusammengesetzen Kollektiindividuums.

Unter dieser Voraussetzung würde als rechtlich relevantes Handeln in Betracht kommen nicht bloß das Handeln der dem

---

juristische Person durch das Handeln ihrer Vertreter ebensogut strafrechtlich verantwortlich werden könne, als sie anerkanntermaßen zivilrechtlich verpflichtet werden könne. Die Richtigkeit dieses Schlusses kann jedoch nicht zugegeben werden Jene zivilrechtlichen Verpflichtungen der juristischen Personen sind derartig, daß sie entweder von handelnden Vertretern erfüllt werden können, oder daß zu ihrer Erfüllung das Vermogen der juristischen Personen herangezogen werden kann. Eine kriminelle Strafe (auch eine Geldstrafe) kann aber — wenn sie nicht ihr eigenstes Wesen, den Charakter der Reaktion gegen den verbrecherischen Individualwillen, einbüßen soll — weder durch einen Vertreter verbüßt, noch an einer Person vollstreckt werden, welche im natürlichen Sinne nicht wollen und handeln, also auch in diesem Sinne nicht leiden kann. Nicht nur die Begehung eines Verbrechens, sondern auch das Leiden einer kriminellen Strafe, setzt begrifflich ein vorstellendes, wollendes und fühlendes Subjekt voraus. Die Ansicht, daß eine kriminelle Bestrafung juristischer Personen begrifflich nicht ausgeschlossen sei, hängt mit der Bluntschli-Beselerschen Auffassung, nach welcher jene Personen organische Lebewesen mit natürlicher Willenspotenz sind, eng zusammen. Man überträgt die Leiblichkeit soziologischer Kollektivindividuen auf die juristischen Personen.

Daß Strafbestimmungen, welche das Vermögen oder die fernere Existenz einer juristischen Person für das Handeln ihrer Vertreter oder der Mitglieder des ihr zu Grunde liegenden Personenvereins bedrohen, unter Umständen opportun sind, soll hier keineswegs bestritten werden. Die Strafe trifft in solchen Fällen aber nicht sowohl die juristische Person als vielmehr die physischen Personen, die unter ihr leiden, — gleichviel ob sie schuldig oder nicht schuldig sind — nämlich die Mitglieder des Personenvereins.

Volke angehörigen biologischen Individuen, sondern — in erster Linie — auch die den Staat und das Recht bildende — den individuellen Sensorien der Volksgenossen unbewußte — Willensthätigkeit des soziologischen Volksindividuums.

Auf diese Hypothese wird bei Besprechung des Ursprungs der Strafe zurückzukommen sein.

Nach üblichem Sprachgebrauche versteht man, wie schon im ersten Abschnitte hervorgehoben wurde, unter Handeln nur die bewußte und motivierte Willensthätigkeit biologischer Individuen.

Das Recht betrachtet nun als handlungsfähig nur solche biologischen Individuen, welche zum genus: „homo" gehören. Zwar findet man hier und da in den geltenden Rechtssätzen Ansätze einer Rechtsordnung, die über jenes herrschende genus hinausreicht. Hierher gehören insbesondre die gegen Tierquälerei sich richtenden gesetzlichen Bestimmungen.

Denn das Ärgernis, gegen dessen Erregung diese Bestimmungen gerichtet sind, erwächst aus dem Mitleide des Menschen mit der ihm nahestenden Kreatur, also derselben — aus dem dunklen Hintergrunde des Gewissens — fließenden Quelle, welche, wie wir annahmen, der aus der Volksseele strömende Born des Rechtes überhaupt ist.

Diese die außerhalb des Menschen befindliche Kreatur schützenden Rechtsvorschriften sind jedoch Ausnahmen, die die Regel bestätigen. Zweck unserer Rechtsordnungen ist lediglich das irdische Wohlergehen des Volkes und der Volksgenossen, für welche jede solche Ordnung geschaffen ist.

Unter den biologischen Individuen sind daher nach jenen Ordnungen naturgemäß nur die Menschen handlungsfähig.

Innerhalb dieser durch den Ausschluß andrer Individuenarten getroffenen Abgrenzung der Handlungsfähigkeit findet auf gewissen Stufen der Rechtsentwicklung eine weitere Einschränkung der rechtlichen Handlungsfähigkeit nach der Richtung hin statt, daß nur den Mitgliedern der herrschenden Volkklassen diese Fähigkeit in vollem Maße zusteht, den Mitgliedern der andren Klassen aber dieselbe ganz oder bis zu einem gewissen Grade (Sklaven, glebae adscripti u. s. w.) abgeht.

Die modernen europäischen Rechtsordnungen, insbesondre auch die in Deutschland geltenden, kennen, abgesehen von wenigen geringen Überbleibseln in Hinsicht auf die Handlungsfähigkeit, einen

Klassenunterschied nicht mehr. Nach langer Entwicklung sind sie auf den „humanen" Standpunkt angelangt, von welchem aus jeder „normale" Mensch handlungsfähig erscheint.

Handeln im rechtlichen Sinne ist demgemäß seiner Gattung nach „bewußte und motivierte menschliche Willensäußerung". Innerhalb dieses Gattungsbegriffs findet es seine engere Begrenzung nach zwei Richtungen hin, nämlich erstens in objektiver Beziehung durch die rechtliche Bedeutung seiner Wirkungen, durch welche es sich von dem rechtlich irrelevanten Handeln unterscheidet, und zweitens in subjektiver Beziehung durch das vom Recht aufgestellte Erfordernis eines gewissen Normalmaßes geistiger Veranlagung und Entwicklung des handelnden menschlichen Individuums.

Das Recht verlangt ein gewisses Durchschnittsmaß oder wenigstens ein hinter dem normalmäßigen Durchschnitte intellektueller und sittlicher Bildung über einen gewissen Entfernungsgrad hinaus nicht zurückbleibendes Minimum geistiger Reife und Gesundheit, ohne dessen Vorhandensein das betreffende Individuum im rechtlichen Sinne nicht handlungsfähig, d. h. für sein Handeln rechtlich nicht verantwortlich ist.

Das positive Recht stellt die Größe dieses Maßes nicht positiv, sondern durch negative Abgrenzung fest; nämlich einerseits durch Ausschluß oder Einschränkung der Handlungsfähigkeit gewisser Personenkategorieen, welche entweder in Ansehung natürlicher regelmäßiger Verhältnisse — wie z. B. des Lebensalters oder des Geschlechts (Kinder, Minderjährige, Frauen) — oder in Ansehung geistiger oder körperlicher Defekte (Verschwender, Analphabeten, Taubstumme u. s. w.) — ganz oder teilweise und nach gewissen Richtungen hin der nötigen Reife oder Gesundheit ermangeln; andrerseits durch Bezeichnung gewisser Geisteszustände — wie z. B. des Wahnsinns, des Blödsinns, der sinnlosen Trunkenheit — bei welchen das Vorhandensein jenes Normalmaßes von geistiger Gesundheit eo ipso ausgeschlossen erscheint[62]).

Die positivrechtlichen Grenzen, jenseits welcher die Handlungsunfähigkeit beginnt, fallen auf den verschiedenen Rechtsgebieten nicht übereinander, da nach der Eigenart der verschiedenen Gebiete des

---

[62]) Das für das verantwortliche Handeln vom Gesetzgeber aufgestellte Erfordernis der Willensfreiheit ist nur scheinbar ein positives. Siehe meine Ausführung S. 86 ff.

Rechtsverkehrs ein verschiedenes Maß von geistiger Reife und Gesundheit erforderlich erscheint, um die Verantwortlichkeit des Handelnden zu begründen.

Insbesondere zeigt sich dies auch an der Verschiedenheit des Lebensalters, mit welchem auf zivilrechtlichem Gebiete einerseits und auf strafrechtlichem Gebiete anderseits die volle Handlungsfähigkeit beginnt.

Wie im geistigen Leben der Völker die Entstehung der die Gesellschaft beherrschenden sittlichen Normen der Entstehung der Rechtssätze voraufzugehen pflegt, so pflegt auch in der geistigen Entwicklung des Individuums die Reife der sittlichen Urteilskraft, welche zur strafrechtlichen Handlungsfähigkeit — der sogenannten Zurechnungsfähigkeit — erfordert wird [63]), früher einzutreten, als die für den bürgerlichen Rechtsverkehr erforderliche geistige Reife.

Abgesehen von diesen in der rechtlichen Relevanz der Wirkungen des Handelns und in dem Erfordernis eines Normalmaßes geistiger Dispositionsfähigkeit begründeten Unterschieden trifft auf das Handeln im rechtlichen Sinne des Worts alles dasjenige zu, was im ersten Abschnitte in Hinsicht auf das natürliche Handeln als feststehend angenommen werden durfte.

Ausgeschlossen sind also schon durch den Gattungsbegriff des natürlichen Handelns vom rechtlich relevanten Handeln die unbewußten Akte des menschlichen Körpers, sowie dessen zwar bewußte aber willenlos geschehenden Bewegungen.

Hierher gehören die in Schlaf- und Traumzuständen, hierher die in höchstgradiger, bis zur Bewußtlosigkeit gesteigerter Trunkenheit vor sich gehenden leiblichen Bewegungen.

Zwischen jenem höchsten Grade der Trunkenheit und den ersten die rechtliche Verantwortlichkeit des Handelnden nicht ausschließenden Graden derselben giebt es ein Stadium der Berauschtheit, in welchem dem Berauschten das Bewußtsein seines Handelns durchaus nicht gebricht, in welchem aber das sinnliche Wahrnehmungsvermögen dermaßen geschwächt und durch Hallucinationen verfälscht und das Vermögen des logischen Schließens derartig beeinträchtigt ist, daß das für die rechtliche Verantwortlicheit erforderliche Minimalmaß geistiger Gesundheit nicht mehr vorhanden erscheint. Die in diesem Stadium sogenannter sinnloser Trunkenheit vor sich gehenden Akte

[63]) Siehe meine Ausführung S. 53.

sind noch natürliches, wenn auch nicht rechtlich relevantes Handeln, gehören also nicht in die Reihe der hier besprochenen Akte, denen es an bewußtem Wollen mangelt.

Dagegen gehören hierher die aus Zerstreutheit oder aus Gewohnheit — mag diese Gewohnheit auch aus vielfältigen verbrecherischen Rückfällen entstanden sein — geschehenden, dem Handelnden nicht zum Bewußtsein gelangenden Akte.

Ferner gehören hierher die durch physischen Zwang (vis absoluta) bewirkten Bewegungen des menschlichen Körpers, ebenso die durch Zwang bewirkte Unterdrückung solcher Bewegungen.

Sowohl die unbewußten, als die zwar bewußt, aber willenlos erfolgenden Akte des menschlichen Leibes können für die Person, welche sie ausführt, dadurch zurechenbar werden, daß sie mit einem Handeln derselben in ursächlichem Konnex stehen.

So erhält die in bewußtlosem Zustande erfolgende Leibesbewegung einer Frau, durch welche eine den Erstickungstod des bei ihr schlafenden Säuglings herbeiführende körperliche Lage bewirkt wird, den Charakter eines rechtlich zu verantwortenden Aktes durch die in Hinsicht auf den tödlichen Erfolg vorliegende Vorsätzlichkeit oder Fahrlässigkeit des Handelns, durch welches jene Frauensperson sich in den bewußtlosen Zustand versetzt hat, um sich ihres bewußtlosen Leibes als Mittels zur Herbeiführung jenes Erfolges zu bedienen.

So ist die erzwungene körperliche Bewegung oder erzwungene Ruhe eines Kassenwärters, durch welche die Beraubung einer Kasse ermöglicht wird, von dem physisch genötigten Wärter dann rechtlich zu verantworten, wenn derselbe diesen Zwang durch sein Handeln in Hinsicht auf jenen Erfolg vorsätzlich oder fahrlässig herbeigeführt hat.

Durch dies kausale Verhältnis zum Handeln werden jedoch solche unbewußte oder zwar bewußte, aber willenslosen Akte nicht zu Teilen desselben. Sie liegen ebenso außerhalb des Wollens und Handelns des Thäters, als das Handeln dritter Personen oder Naturereignisse, durch deren Vermittlung der Erfolg seines Handelns herbeigeführt wird. Nicht ausgeschlossen durch den fehlenden Gattungscharakter des natürlichen Handelns ist vom Begriff des rechtlich relevanten Handelns der Fall des psychischen Zwanges.

Die zufolge psychischen Zwanges vor sich gehende menschliche Aktion ist — weil sie eine bewußte und motivierte ist — echtes natürliches Handeln und, sofern dasselbe rechtlich relevante Wirkungen erzielt, auch echtes Handeln im rechtlichen Sinne.

Auszuscheiden ist hier der nicht hierher gehörige Fall, daß der Handelnde nicht aus vernünftiger Erwägung, sondern aus der durch Schrecken hervorgerufenen Geistesverwirrung den Drohungen nachgibt, in welchem Falle die rechtliche Handlungsfähigkeit vielmehr durch den geistig unzurechnungsfähigen Zustand der handelnden Person ausgeschlossen ist.

Das unter psychischem Zwange stattfindende — an sich rechtlich relevante — Handeln nimmt auf den verschiedenen Rechtsgebieten, insbesondre auch auf strafrechtlichem und zivilrechtlichem Gebiete[64]), denjenigen Rechtsschutz in Anspruch, welchen man als Schutz des Notstandes zu bezeichnen pflegt.

Binding rügt (Handbuch Bd. I S. 566), indem er auf die §§ 51, 52, 55—59, 354, 355 R. St. G. B. hinweist, daß das Gesetz auch „sozusagen die Setzung eines Verbrechensthatbestandes durch einen Unzurechnungsfähigen" als Handlung bezeichne.

Dieser Vorwurf ist nur begründet in Hinsicht auf die in Bewußtlosigkeit oder unter physischem Zwange geschehenden menschlichen Körperbewegungen, also in Hinsicht auf die ersten Alternativen der §§ 51 und 52 R. St. G. B. Denn das unter die zweiten Alternativen dieser §§ fallende Thun der geistig gestörten Personen und der unter psychischem Zwange Handelnden, ebenso das Handeln der Kinder, jugendlicher Personen und der Taubstummen (§ 55—58), ferner das Handeln einer Person, welche einen zum gesetzlichen Thatbestand gehörigen, vorhandenen Umstand nicht kennt (§ 59), endlich das Handeln von Nichtbeamten (§§ 354, 355) verdient diesen Namen. Dies alles ist echtes natürliches Handeln, das unter psychischem Zwange geschehende sogar, wie wir gesehen

---

[64]) Deshalb ist — wie hier beispielshalber zu bemerken gestattet sei, — das zur Auflösung des unter psychischem Zwange eines Kontrahenten geschlossenen Rechtsgeschäfts geeignete Rechtsmittel die Anfechtungsklage, nicht die Nichtigkeitsklage. l. 6. D. 4, 2 u. l. 21 § 5 h. t. Dernburg: Pandekten Bd. 1 S. 234, 235 hält diese Ansicht zwar im positiven römischen Rechte, nicht aber prinzipiell für begründet, weil er von der unrichtigen Voraussetzung der ursachlosen Selbstbestimmung des menschlichen Willens ausgeht. Der Standpunkt des R. R. ist aber auch psychologisch der einzig richtige.

Förster bemerkt: (Preuß. Priv. R. III. Aufl. Bd. 1 S. 151) in Bezug auf die vis compulsiva mit Recht: „Nicht von einem Nichtwollen, sondern nur von einer unberechtigten Einwirkung auf den Willen kann hier die Rede sein. Es ist eine Forderung der Sittlichkeit an das Recht, dem Zwange entgegenzutreten."

haben, rechtliches Handeln, sofern seine Wirkungen rechtlich relevant sind.

Binding gelangt dazu, diese nur zum geringeren Teil gerechtfertigte Rüge auszusprechen, weil ihm Handlung im rechtlichen Sinne kein Ausschnitt aus der Gattung der natürlichen Handlung, sondern ein lediglich aus dem Recht zu gewinnender Begriff ist, der mit der natürlichen Handlung in keiner Verbindung steht.[65]) Hierüber weiteres unten.

Ist das Handeln im rechtlichen Sinne nichts andres als ein begrenztes Gebiet des natürlichen Handelns, so muß der für die bewußte menschliche Willensaktion allgemein geltende Satz, daß diese Aktion nicht bloß ein äußeres, sondern auch ein inneres Handeln sein könne, auch auf das Handeln im rechtlichen Sinne Anwendung finden.

Naturgemäß wird jedoch im Rechtsverkehr das innere Handeln sehr zurücktreten. Insbesondre wird dies auch auf strafrechtlichem Gebiete der Fall sein müssen.

Denn obwohl der Rechtsbruch sowohl, wie auch der Rechtsschutz Güter geistigen Inhalts, nämlich die Interessen an Rechtsgütern des Staates, der Gesellschaft, der Individuen zu ihrem Gegenstande haben, so vollzieht sich dieser Bruch und dieser Schutz doch an körperlichen Gegenständen der Außenwelt, an persönlichen und sachlichen Leibern.

Demgemäß wird sich auch das rechtlich relevante Handeln regelmäßig als äußere Willensaktion, als Eingriff menschlicher Muskelkräfte in die Außenwelt darstellen.

Es ist jedoch schon im ersten Abschnitt hervorgehoben worden, daß in einem sehr wichtigen Falle auch das innere Handeln einen rechtlich relevanten Willen zum Ausdruck bringen kann, nämlich dann, wenn ein durch inneres Handeln motiviertes Unterlassen rechtliche Bedeutung hat.

Ist das rechtlich relevante Handeln der Gattung nach nichts andres als menschliche bewußte Willensthätigkeit, so ist dies Handeln nur die äußere Seite desjenigen, was sich nach innen hin als psychische Willensenergie kund thut, so reicht der konkrete rechtliche Willensakt nicht hinaus über die Grenzen des ihm parallel laufenden Handelns, so ist „gewollt" nur das konkrete Handeln nicht

---

[65]) Handbuch, Bd. I, S. 565.

dessen rechtlich erheblicher Erfolg, so gehen die Vorstellungen dieses Erfolges nur dann und dadurch in das verantwortliche Wollen des Handelnden ein, daß sie zu den Motiven dieses Handelns im weiteren Sinne dieses Worts gehören d. h. entweder die zum Handeln treibenden Anreize oder die gegen diese Anreize wirkenden Gegenreize erwecken, aus deren Gesamtwirkung die Richtung der Willensaktion resultiert.

Die bisherige Erörterung dieses Abschnittes bezog sich nicht allein auf das Handeln im speziell strafrechtlichen Sinne, sondern auch auf das Handeln im allgemeinen rechtlichen Sinne.

Fragt man nun, wodurch sich erstres von letztrem scheidet, so muß sich die Antwort ergeben aus dem das Strafrecht von den übrigen Rechtsgebieten absondernden speziellen Zwecke desselben.

Zweck des Strafrechts ist „Rechtsschutz durch Strafe" oder, um mit v. Ihering[66]) zu sprechen, „Sicherung der Lebensbedingungen der Gesellschaft durch Bestrafung ihrer Gefährdung". Diese Bestrafung ist also der nächstliegende Zweck des Strafrechts, welcher sich zu dem ferner liegenden Zwecke, dem Rechtsschutze, wie das Mittel zum Zwecke verhält.

Strafe ist die — einerseits durch Strafandrohung (materielles Strafrecht), anderseits durch Strafverfolgung und Strafvollstreckung (formelles Strafprozeßrecht) — im Staate zweckmäßig gestaltete Reaktion der Gesellschaft gegen den Einbruch des Individualwillens in die durch den Gesamtwillen der Gesellschaft festgesetzte Rechtsordnung.

Der Gesamtwillen fällt, wie wir im ersten Abschnitt sahen, in das Gebiet des Unbewußten, folglich auch sein Handeln, aus welchem Rechtsordnung und Strafe entstehen.

Die den wollenden Individuen unbewußte Einheit des Kollektivwillens der im Staate organisierten Gesellschaft tritt aber nur in den einzelnen bewußten Wollungen der Individuen, durch welche diese Einheit konstatiert wird, nämlich an dieser einheitlichen Wirkung äußerlich zu Tage.

In diesem Sinne kann man sagen, daß der Kollektivwille der Gesellschaft in dem Handeln der Individuen, auf dem Gebiete des Strafrechts also in dem die Strafe festsetzenden, die Strafverfolgung

---

[66]) Zweck im Recht, Bd. II, S. 490, 491 (II. Aufl.).

und die Strafvollstreckung ausführenden Handeln der hierzu berufenen Personen zum Ausdruck gelange.

In diesem Sinne ist nicht bloß das strafrichterliche Urteilen, sondern sind auch die Akte der Strafgesetzgebung selbst ein strafrechtliches Handeln.

Hieraus ergibt sich, daß das strafrechtlich relevante Handeln eine zweifache, sehr verschiedene Bedeutung hat. Einmal bedeutet es das den Rechtsbruch herbeiführende Handeln des gegen die Rechtsordnung sich auflehnenden Individualwillens, das andre Mal das diesen Individualwillen reprimierende Handeln der in Vertretung der Gesellschaft und des diese Gesellschaft zusammenfassenden Staats die Strafe festsetzenden und vollstreckenden persönlichen Willensorgane des Staates. Im Strafprozesse reagiert die Gesellschaft und der Staat gegen die verbrecherische Aktion. Handeln und Gegenhandeln stehen hier einander gegenüber. In beiden Fällen ist auch hier das Handeln „Selbstbehauptung" des Willens, im erstren Falle Selbstbehauptung des verbrecherischen Individualwillens, in letztrem Falle Selbstbehauptung des Kollektivwillens des gesellschaftlichen Organismusses, in beiden Fällen Kampf ums Dasein.

Die Behauptung v. Liszts,[67]) daß die Strafe weder Imperativ, noch Werturteil, sondern selber Handlung sei, erscheint also nach obigem Ergebnis gerechtfertigt.

Wenn v. Liszt — ebenda[68]) — die Vermutung äußert, daß das „a priori" der Strafe dasselbe sein werde, wie das des menschlichen Handelns, so läßt sich scheinbar hiergegen einwenden, daß die Wurzel der Strafe als einer aus dem Gesamtwillen der Gesellschaft hervorgegangenen Schöpfung ins Unbewußte falle und deshalb auf einem ganz andren Gebiete zu suchen sei als die nächste Wurzel des menschlichen Handelns, als einer bewußten Individualwillkür.

Letztre Wurzel ist, wie wir gesehen haben, der Selbsterhaltungstrieb der Individuen.

Ist es aber richtig, daß dieser Trieb in dem unbewußten Triebe der Arterhaltung wurzelt, und ist es ferner richtig, daß letztrer unbewußte Trieb dem Individuum nicht als solchen, sondern

---

[67]) Lehrbuch, S. 10, II. Aufl.

[68]) S. 11.

als dem organischen Teile eines größeren Ganzen, nämlich des sozialen Körpers der Rasse, dem das Individuum angehört, eignet, so haben die Strafe und das menschliche Handeln in der That eine gemeinsame Wurzel. Man wird kaum fehlgehen, wenn man als diese gemeinsame Wurzel den Willen zum Leben ansieht, welcher die sozialen Körper der Gesellschaften, deren Glieder sich aus den Individuen zusammensetzen, in derselben Weise beseelt, wie diese Individuen selbst. Wie das Urbild des Verbrechens dasjenige Handeln der Tiere ist, das sich gegen ihre Rasse richtet, so ist das Urbild der Strafe dasjenige Handeln in der tierischen Gesellschaft, welches das der Rasse schädliche Verhalten der Individuen durch deren Schädigung reprimiert.

So ist das Töten der Drohnen durch die Arbeitsbienen ein der Strafe vorbildlicher Sozialakt, welcher sich gegen die das Gemeinwesen schädigende nutzlose Faulenzerei der einen Anteil an von ihnen nicht verdientem Arbeitslohn — dem von den Arbeitsbienen hergestellten Honig — begehrenden Mitglieder des Stammes richtet.

Äußert sich auch die in dem Handeln der Tiere hervortretende Reaktion der tierischen Gesellschaft gegen das gemeinschädliche Handeln einzelner Individuen nur triebartig, dämmert auch erst dem höher organisierten, gezähmten Haustiere an den Züchtigungen, die es von seinem Herrn erhält, ein erster Schimmer des Begriffs der Strafe und hierdurch auch des Begriffs des Verbrechens auf, so berührt dies nicht die Identität der in das Unbewußte fallenden gemeinschaftlichen Wurzel des gemeinschädlichen Handelns und des hiergegen reagierenden Handelns der den verschiedenen biologischen Entwickelungsstufen angehörigen Individuen. So fern unsre Begriffe der Willensschuld und der Strafe abzuliegen scheinen von jenem Handeln tierischer Individuen, welche weder von einer Gemeinschädlichkeit noch von dem sozialen Charakter der gegen dieselbe sich richtenden Reaktion eine Ahnung haben, so fehlt es doch nicht an dem historischen Mittelgliede, welches diese äußersten Enden miteinander in Verbindung setzt.

In Hinsicht auf das Verbrechen ist dies Mittelglied die objektive Schuld, welche bei den Naturvölkern eine große Rolle spielt[69])

---

[69]) Lassalle führt in seinem „System wohlerworbener Rechte“ Bd. I aus dem alten indischen Rechte viele Beispiele vor.

und deren letzte Ausläufer noch in den modernen Strafrechten hier und da vereinzelt zum Vorschein kommen.

In Hinsicht auf die Strafe ist das Mittelglied die bei den Naturvölkern übliche „erlaubte Privatrache".

Jener gemeinschaftlichen Wurzel — dem im Selbsterhaltungstriebe zum Ausdruck gelangenden unbewußten Willen zum Leben — entstammend sind Verbrechen und Strafe nebeneinander aufgewachsen als richtige Geschwister, ja haben sich aneinander herausgebildet und einander angepaßt wie zwei aneinander gewachsene organische Gebilde, wahre siamesische Zwillinge. Denn so richtig es ist zu sagen, die Strafe habe sich an dem Verbrechen entwickelt — wie ein Schlinggewächs an einem Stamme, dem dasselbe Licht und Wärme zu verbauen trachtet — ebenso zutreffend ist die Auffassung, daß der Begriff des Verbrechens erst durch Anlehnung an die Strafe sich herausgebildet hat.

In Zeiten, in denen die Vorläuferin der Strafe, die Privatrache den als Unrecht empfundenen, aber noch nicht als solches erkannten Eingriff der Privatwillkür in die Machtsphäre des Verletzten zurückwies, hatte sich noch nicht der Begriff des Verbrechens aus dem der natürlichen Handlung ausgeschieden. Verbrechen und Handeln fielen damals noch unter den gemeinsamen Begriff der erlaubten Selbstbehauptung, der das eigene — gute oder schlechte — Selbst durchsetzenden Privatwillkür. Lombroso[70]) weist mit Recht darauf hin, daß es in den Sprachen ursprünglich keinen deutlichen Unterschied gegeben habe zwischen Handlung und Verbrechen, indem das Stammwort von crimen nach Sanskritforschung das Wort kri = thun ist, das lateinische opus und das Sanskritwort apaz (Sünde) ursprünglich Synonyma sind und das römische facinus gleich Verbrechen von farce (= thun) abstammt.

Die Sprache ist aber die Künderin des ursprünglichen Denkens und Fühlens der Völker.

Die Privatrache, das sogenannte Faustrecht, welches den Eingriff der Privatwillkür in den Willensbereich des Rächers reflexartig zurückwies, war selbst Privatwillkür, Handlung gegen Handlung, und zwar im Sinne unsrer Zeit unsittliche Handlung. Erst wenn im Laufe der Zeit die Privatrache sich festen Regeln unter-

---

[70]) l'uomo delinquente, S. 36 der Fränkelschen Bearbeitung.

werfen muß, die sich aus dem Gesamtwillen der zum Volke sich zusammenschließenden Gesellschaft stammverwandter Menschen herausbilden, und hierdurch allmählich den Charakter der Strafe annimmt, wächst aus dem Begriffe der erlaubten Privatwillkür, der natürlichen Handlung, der Begriff des Verbrechens ebenso allmählich heraus.

So sind beide, Verbrechen und Strafe, indem keines des andren entbehren konnte, in gleicher Weise die Zeugen des ethischen Fortschritts gewesen.

Ist „Handeln im strafrechtlichen Sinne" nicht nur die Aktion des Verbrechers, sondern auch die Reaktion des Staates, so fällt unter den Begriff des strafrechtlichen Handelns auch das „Verhandeln" und die „Verhandlung" im Strafprozesse, folglich auch die einen Teil dieser Verhandlung bildende Verteidigung des Verbrechers, welche ebenfalls eine auf Ermittelung der Schuld gerichtete Aktion sein soll.

Die C. C. C. bedient sich des Wortes „Handlung" fast nur in diesem prozessualischen Sinne, nämlich als „peinlicher Handlung" (Art. 84, 90, 92, 93, 150, 177, 181, 182, 189, 219).

Soweit ich herausgefunden habe, spricht sie nur in dem Art. 176 von einer „unrechtlichen Handlung" und in den Art. 18 (Überschrift) 62, 119, 127 von „Mißhandlung" im Sinne von Missethat."

Nachdem wir die Scheidung des strafrechtlichen Handelns in seine zwei Hauptteile, die Aktion des Verbrechers und die Reaktion des Staates, vollzogen haben, bleibt auf dem hier verfolgten Wege, als dessen letztes Ziel die Erkenntnis der Verbrecheneinheit und ihre Scheidung von der Verbrechensmehrheit erscheint, der eine Hauptteil, nämlich die das gesetzgeberische und prozessualische Handeln umfassende Reaktion des Staates für unsre fernere Betrachtung seitwärts liegen und haben wir nur noch den andren Hauptteil, die verbrecherische Aktion im Auge zu behalten.

Nach Analysierung des strafrechtlichen Handelns wenden wir uns nunmehr zur strafrechtlichen Handlung, als dem dieses Handeln zu einer Einheit zusammenfassenden Begriffe.

Ist das Handeln im rechtlichen Sinne nur eine Unterart des natürlichen menschlichen Handelns, so ist auch der dieses Handeln einheitlich zusammenfassende Begriff der rechtlichen Handlung generisch nicht verschieden von der natürlichen Handlung.

Eben dies muß aber auch gelten von der Handlung im strafrechtlichen Sinne. Also auch die Handlung in letztrem Sinne zerfällt in die beiden, im Abschnitte über die natürliche Handlungseinheit zergliederten Elemente: a) das Element des essentiellen konkreten Handelns, b) das lediglich im beziehenden Denken vorhandene Element, nämlich die Beziehung jenes Handelns auf einen einheitlichen Erfolg.

Auch sie umschließt im genauen Wortsinne nicht die Existenz dieses Erfolges selbst, sondern nur eine Relation des Handelns zu dem an und für sich außerhalb der Handlung liegenden Erfolge des Handelns.

Binding schreibt:[71]) „Was außerhalb des Rechts Handlung ist oder heißt, ist für dessen Bereich gleichgültig. Für sein Gebiet ist Handlung nichts andres als die Verwirklichung eines rechtlich relevanten Willens. Diese Handlung ist also die Einheit von Willensverwirklichung und Erfolg, sie ist das Verbrechen von seinem juristischen Anfange bis zu seinem juristischen Endpunkte."

Die in diesen Sätzen des berühmten Rechtslehrers enthaltenen Prämissen sind ebensowenig haltbar, als seine aus denselben gezogenen Folgerungen. Die Begriffe der innern Willensaktion, des äußern Handelns, der Handlung als einheitlichem Ganzen des Handelns sind teils psychologischen, teils naturwissenschaftlichen, insbesondre physiologischen, teils allgemein logischen Inhalts. Ihre Entwicklung ergibt sich daher nicht aus dem positiven Strafrecht, sondern aus jenen Hülfswissenschaften.[72])

Setzt sich die Strafrechtswissenschaft souverän über die Ergebnisse jener Wissenschaften hinweg in der irrtümlichen Meinung, die Wurzeln dieser Begriffe aus dem positiven Recht ergründen zu können, so verliert sie gerade das, was sie gewinnen wollte, nämlich die feste natürliche Grundlage, auf welcher sie hier allein fußen kann.

Indem Binding in vermeintlicher Übereinstimmung mit dem positiven Recht, aber in Widerspruch mit dem oben entwickelten

[71]) Handbuch, Bd. I, S. 565.

[72]) Siehe meine diesbezüglichen Ausführungen S. 9—12 und S. 89—93.

natürlichen Begriffe der Handlung die Handlung und den Erfolg zu einem neuen Ganzen, nämlich der rechtlich relevanten Handlung konfundiert, gelangt er dazu, a) die Handlung zu identifizieren mit dem Delikt, b) bei der sogenannten Idealkonkurrenz mehrfache Handlungen und folgerichtig mehrfach strafbare Delikte anzunehmen.

Binding fußt bei jener Konfundierung darauf, daß das R. St. G. B an vielen Stellen das Wort „Handlung" im Sinne von Strafthat gebrauche, so in den §§ 1, 2—5, 7, 20, 47—50, 57, 61, 63, 71, Abschnitt V. Überschrift §§ 76 Abs. II, 7, 8, 79, 82 (?), 83, 85, 86, 91. Abschnitt IV des bes. Teils Überschrift. §§ 102, 106, 107, 108, 111, 113. Abs. 3, 115, Abs. 2, 118, 119, 123, Abs. 3, 124, 133, Abs. 2, 163, 164, 169, 174, 176—178, 190, 191, 214, 220, Abs. 2, 221, Abs. 2 und 3, 223, Abs. 2, 229, Abs. 2, 235, 244, 257, Abs. 1, 259, 261, Abs. 2, 272, 315, Abs. 2, 316, Abs. 1, 317—319, 321, 322, 323, 324, 326, 329, Abs. 2, 332, 333, 339, Abs. 3, 345, 346, 349, 357. Hieraus folgt aber nicht, daß dem Gesetzgeber „Handlung" und „Strafthat" identisch sind. Denn sehr häufig bedient sich das R. St. G. B. des Wortes „Handlung" zweifellos auch in rein natürlichem Sinne desselben, so in den §§ 43, 46 Nr. 2, 51, 52, 53, 54, 67 Abs. 4, 68, 73, 74, 82, 86, 122, 132, 174 Nr. 2 u. 3, 176 Nr. 1 u. 3, 183, 240, 253, 317, 318, 331, 332, 333, 339 Abs. 1, 353a, 354, 355.

Das Gesetz spricht an den Stellen, auf welchen Binding fußt, meistens von „strafbarer Handlung" oder von „Handlung, welche zu strafen sei", kennzeichnet also durch diesen Zusatz, daß in seinem Sinne hier nur eine besondre Art der natürlichen Handlung, nämlich solche natürliche Handlung, welche strafbar sei, vorliege.

Es ist oben im zweiten Abschnitt hervorgehoben worden, daß der gemeine Sprachgebrauch der Abkürzung halber vielfach das Wort Handlung nicht in seinem eigentlichen engen Sinne, sondern in dem weiteren Sinne als den Erfolg mitumfassend gebraucht.

Diesem Sprachgebrauch schließt sich das Gesetz an, indem es sich hierdurch erspart, jedesmal dem Worte Handlung noch die Worte hinzuzufügen „einschließlich des die Rechtsverletzung herbeiführenden Erfolges".

Durch den Zusatz „strafbar" drückt das Gesetz nur aus, daß solche Handlung in Frage steht, deren Erfolg eine strafrechtlich zu ahnende Rechtsverletzung ist.

Der Standpunkt Bindings, von welchem aus Handlung im strafrechtlichen Sinne und Strafthat identische Begriffe sind, findet also auch im positiven Rechte keine genügende Stütze.

Strafwissenschaftlich empfiehlt es sich nicht — am allerwenigsten, wenn es darauf ankommt, die Begriffe des Handelns, der Handlungseinheit, des Erfolges voneinander zu scheiden — jenem Sprachgebrauche zu folgen und die Worte Handlung und That als Gleiches bedeutende durcheinander zu gebrauchen.

Einen feineren juristischen Takt als das R. St. G. B. entwickelt in dieser Beziehung die C. C. C. Sie hütet sich, wie schon oben hervorgehoben ist, förmlich davor, das Wort Handlung anders als im prozessualen Sinne zu verwenden und entgeht hierdurch der Gefahr, Handeln und Erfolg zu konfundieren. Mit Vorliebe gebraucht sie die Worte „Missethat", „Übelthat" oder einfach „That" oder „Übel", nämlich „Missethat" in dem Art. 6, 8—10, 12, 15, 16, 20, 22—25, 27, 28, 30—32, 37, 41, 43, 46—48, 53—57, 60—62, 67, 69, 70, 74, 88—90, 104, 108, 119, 130, 176, 178, 183, 184, 186.

„Übelthat" in den Art. 6, 11, 16, 46, 47, 61, 88, 89, 104, 110, 115, 121, 142, 156, 179, 190, 200.

„That" in den Art. 13, 25, 29, 32, 34, 35, 37, 74, 88, 90, 91, 110, 141—144, 151, 158, 185, 187.

„Übel" in den Art. 1, 47, 121, 131, 133, 176, welchen zahlreichen Stellen die weiter oben citierten geringen Ausnahmefälle gegenüberstehen, in denen das Wort „Handluug" im materiellrechtlichen Sinne gebraucht ist.

Wo es daher auf die Scheidung des verbrecherischen Handelns von seinem rechtsverletzenden Erfolge nicht ankommt und man diese beiden Elemente des Verbrechens in einem Ausdrucke zusammenfassen will, da vermeide man das zweideutige Wort „Handlung" und bediene sich nach dem guten Beispiele der C. C. C. solcher Ausdrücke wie „That", „Missethat", „Strafthat", „Übelthat".

Von den beiden Elementen, aus welchen sich der Begriff der verbrecherischen Handlung zusammensetzt, haben wir bisher nur das eine, das strafrechtlich relevante Handeln erörtert.

Wenden wir uns nunmehr zu dem andern, schwieriger zu fixirenden Elemente, zu der Einheit des verbrecherischen Handelns.

IV. Die Einheit des verbrecherischen Handelns.

Sind „Handeln" und „Handlung" im rechtlichen Sinne nur Abarten von „Handeln" beziehentlich „Handlung" im natürlichen Sinne, so gilt für die Ermittelung des Maßstabes, nach welchem das rechtlich relevante Handeln zu einer Handlungseinheit zusammenzufassen ist, dasselbe, was ich oben in Hinsicht auf die natürliche Handlungseinheit ausgeführt habe; d. h. weder im Handeln selbst, noch in dessen Ursachen und Wirkungen allein kann ein objektiver, d. h. für alle Betrachtungen richtiger Maßstab der Einheitlichkeit des Handelns gefunden werden.

Dieser Maßstab ergibt sich vielmehr, wie wir gesehen haben, aus dem vom Beobachter eingenommenen festen Standpunkte, von welchem aus sich die Geschehnisse für das Auge des Beobachters, welcher das bunte Chaos derselben unter einheitlichem Gesichtspunkte betrachtet, vermöge der in ihnen liegenden realen Beziehungen zu einheitlichen Gruppen zusammenschließen, dergestalt, daß derselbe befähigt wird, aus der Einheitlichkeit der sich ihm als „Erfolg" darstellenden Wirkungen des menschlichen Handelns rückwärts schließend die Einheitlichkeit des menschlichen Handelns zu ermessen. Bei einer wissenschaftlichen Beobachtung ergibt sich der feste Punkt, von welchem aus dieselbe stattzufinden hat, notwendigerweise aus dem Gegenstande der betreffenden Wissenschaft.

Für die Wissenschaft des Strafrechts muß sich daher dieser Standpunkt aus dem Strafrecht selbst ergeben.

Hierbei ist jedoch zweierlei auseinanderzuhalten.

Wir haben oben gesehen, daß gewisse im Strafrechte eine große Rolle spielende Begriffe, weil nicht spezifisch rechtlichen Ursprungs, wie z. B. Wille, Handlung, Erfolg aus den Hülfswissenschaften des Rechts, nicht aus dem positiven Rechte zu gewinnen sind.

Die Entwicklung des Begriffes der natürlichen Handlungseinheit hat uns aber ihren relativen Charakter und die Notwendigkeit der Gewinnung eines festen Standpunktes zur Erfassung des in den Ereignissen liegenden einheitlichen Erfolgs des menschlichen Handelns erkennen lassen.

Können wir, wenn wir die Handlungseinheit im strafrechtlichen Sinne feststellen wollen, diesen Standpunkt auch nur aus dem

Strafrecht gewinnen, so ist hiermit doch der Begriff der Handlung selbst kein positiv rechtlicher geworden, bleibt vielmehr der Gattung nach Handlung im natürlichen Sinne des Worts.

Positivrechtlich wird nur bestimmt die Einheitlichkeit des Erfolges, an der wir die Einheit des natürlichen Handelns ermessen, welches durch die rechtliche Relevanz dieses Erfolgs den Charakter eines rechtlich relevanten Handelns erhält. Suchen wir nun diesen im positiven Strafrecht gegebenen Standpunkt des Beobachters menschlichen Handelns näher zu bestimmen, so ist zunächst eine scheinbar nahe liegende Möglichkeit solcher Präzisierung, welche schon viele verlockt hat, als thatsächlich nicht vorhanden auszuscheiden.

Es erscheint nämlich für den ersten Blick im Prinzip nicht ausgeschlossen, daß das positive Recht als den festen Maßstab der Einheitlichkeit des Handelns für die strafrechtliche Beurteilung aufstellen könnte die in dem Denken des Handelnden bei dem Handeln thatsächlich vorhanden gewesenen auf einen bestimmten Erfolg gerichtete Absicht.

Wir haben schon bei Betrachtung der natürlichen Handlungseinheit gesehen, ein wie schwankender und oft unzureichender Faktor die Absicht des Handelnden für die Bestimmung der Handlungseinheit ist. Ist die strafrechtliche Handlungseinheit nur eine Abart der natürlichen Handlungseinheit, so muß das dort Gesagte auch hier Geltung haben. Die Unbrauchbarkeit dieses Maßstabes für die strafrechtliche Beurteilung ist zudem schon vielfach — insbesondre trefflich von v. Schwarze[73]) und Merkel[74]) nachgewiesen worden. Eine eingehende Polemik kann ich mir daher hier aus doppeltem Grunde ersparen.

Nur bezüglich der neuerlichen Ausführungen Bindings in seinem Handbuche[75]), in welchen er die Absicht des Verbrechers wiederum als Einheitsmaßstab seines Handelns hinstellt, sei mir in Anbetracht der hervorragenden Stelle, von welcher jene Darlegung ausgeht, gestattet, eine Ausnahme zu machen.

Binding führt dort aus, es entscheide über die Einheit der Handlung zwar allein die Auffassung des objektiven Rechts, aber

[73]) Zur Lehre vom sogenannten fortgesetzten Verbrechen S. 22 ff.

[74]) Zur Lehre vom fortgesetzten Verbrechen S. 32 ff.

[75]) S. 535 ff. Bd. I.

für diese Entscheidung bilde der Wille und die Bestimmung seines Gehaltes durch den Thäter zwar nicht den einzigen, aber den unentbehrlichen und „schließlich den Ausschlag gebenden Entscheidungsgrund".

Binding versteht hier unter Wille, wie der Zusammenhang ergibt, nicht die psychische thätige Kraft, welche die innere Seite des Handelns bildet, sondern die in das Gebiet der Vorstellung fallende, auf den rechtsverletzenden Erfolg des Handelns gerichtete Absicht des Handelnden. Denn er fährt fort: „Zum einheitlichen Delikt ist unentbehrlich die Entschlußeinheit:

. . . .

Einheit des Entschlusses bedeutet den Willen, eine bestimmte Norm auf bestimmte Weise einmal zu übertreten . . . bei Verletzungsverboten den schuldhaften Entschluß, eine Einheit des verbotenen Erfolgs durch eine einmalige Verursachungsthätigkeit herbeizuführen.

Diese Einheit des Entschlusses ist ebenso undenkbar, wenn der Wille auf die Übertretung mehrerer Normen, als wenn er auf die mehrmalige Übertretung einer Norm gerichtet ist."

Bei näherer Betrachtung erweist sich der hier aus den Entschlüssen des Verbrechers entnommene Einheitsmaßstab als vollkommen wertlos. Denn nach jener Darlegung ist entscheidend für die Frage, ob ein oder mehrere verbrecherische Entschlüsse vorhanden sind, die Entscheidung der Vorfrage, ob eine oder mehrere Normübertretungen vorliegen.

Die Entscheidung dieser Vorfrage unterliegt aber nicht dem subjektiven Befinden des Verbrechers, sondern der objektiven Beurteilung des Richters.

Für letztre Beurteilung ist nun gerade jene Vorfrage die Hauptfrage.

Dies ist offenbar ein circulus vitiosus.

Zwei Gründe gibt es, einen die vorsätzlichen und einen die fahrlässigen Delikte betreffenden, welche meines Erachtens allein genügen, die gänzliche Unzulänglichkeit des aus der subjektiven Absicht des Verbrechers entnommenen Einheitsmaßstabes zu erweisen und ein weitres Eingehen auf diesen Gegenstand zu erübrigen.

Es sind dies folgende.

Bei Beurteilung der dolosen Delikte kann die Absicht des Handelnden als Maßstab der Handlungseinheit nur insoweit in

Betracht kommen, als eine auf den Erfolg gerichtete Absicht zur Strafbarkeit der That erforderlich ist.

Vorsatz ist aber schon dann vorhanden, wenn die Vorstellung des Erfolgs dem Handelnden so klar vorschwebt, daß sie für ihn bei Fassung und Durchführung seines Entschlusses als eines der pro oder contra sprechenden Motive beziehentlich Gegenmotive ins Gewicht fällt, weshalb ich den verbrecherischen Vorsatz definiert habe als dasjenige Wollen, welches das aus der Vorstellung des zu erwartenden Eintritts des rechtsverletzenden Erfolgs erwachsende sittliche Gegenmotiv handelnd überwindet[76]).

Wird das Handeln des Thäters also schon durch seine ziellose Vorstellung des wahrscheinlichen Eintritts des rechtsverletzenden Erfolgs zu einem vorsätzlichen, so kann die Absicht des Handelnden nicht den Einheitsmaßstab bilden.

Nur die Einheitlichkeit des Erfolgs gestattet einen Rückschluß auf die Einheit des Handelns. Soll die Absicht des Verbrechers den Maßstab dieser Einheit bilden, so kann sie dies nur dadurch, daß der Erfolg als beabsichtigter den Vermittler spielt.

Dies ist aber nur möglich bei den die Ausnahme bildenden Deliktsarten, bei welchen die auf den Erfolg gerichtete Absicht ein gesetzliches Thatbestandsmerkmal bildet.

Anlangend die fahrlässigen Delikte, so kann die Absicht des Handelnden noch viel weniger als Einheitsmaßstab nutzbar werden. Freilich verfolgt der kulpos Handelnde irgend welche Absichten. Diese Absichten sind aber gerade nicht auf den schädlichen Erfolg gerichtet, erschließen also vermöge des Rückschlusses aus denjenigen Erfolgen, auf welche sie sich richten, ganz andre Einheiten des Handelns — seien es weitre oder engere — als die durch den schädlichen Erfolg gekennzeichnete Einheit des Handelns ist.

Das positive Strafrecht würde sich in der That auch mit seinem eignen Selbst in Widerspruch setzen, wenn es den subjektiven Standpunkt des Verbrechers, wenn es dessen Zwecke und Ziele zum Maßstabe der Beurteilung seines Handelns erheben wollte, statt diesen Maßstab in seinem eignen Zwecke zu suchen und zu finden.

Zweck des Strafrechts ist Rechtsgüterschutz durch Bestrafung der Rechtsgüterverletzungen und Rechtsgütergefährdungen.

---

[76]) S. 49, 50.

Der einheitliche Gesichtspunkt, von dem aus das menschliche Handeln im strafrechtlichen Sinne als Handlungseinheit erscheint, kann sich daher nur aus dem Hinblick auf diesen Zweck ergeben.

Ein einheitlicher Erfolg ist im strafrechtlichen Sinne offenbar dann vorhanden, wenn eine einmalige Verletzung beziehentlich eine einmalige Gefährdung eines strafrechtlich geschützten Rechtsguts vorliegt. Hierbei ist jedoch zu bemerken, daß die Verletzung oder Gefährdung des Rechtsgutes im strengen Wortsinne nicht selbst der einheitliche Erfolg ist. Der einheitliche Erfolg ist vielmehr die Gesamtheit von äußeren Ereignissen, welche in Beziehung auf ein verantwortliches menschliches Handeln, als ihre Bedingung (Ursache im gemeinsprachlichen Sinne), sich als eine einmalige Verletzung beziehentlich Gefährdung des geschützten Gutes ausnehmen. Diese Beziehung liegt im Denken, nicht im Sein, in welchem nur der äußere Kausalnexus zwischen dem motivierten (verantwortlichen) Handeln und den bewirkten Ereignissen liegt. Im genauen Wortsinne wird also nicht durch das Handeln die Rechtsgutsverletzung bewirkt, wie v. Liszt sehr richtig ausführt[77]).

Die Gesamtheit desjenigen Handelns eines Menschen, welches in Kausalnexus steht mit nachfolgenden Geschehnissen, die sich in Beziehung auf jenes Handeln in ihrer Gesamtheit als eine Verletzung beziehentlich eine Gefährdung solchen Rechtsguts darstellen, erscheint als ein einheitliches, als eine Handlung im strafrechtlichen Sinne.

Im konkreten Falle der strafrechtlichen Beurteilung des menschlichen Handelns ist also zu untersuchen, ob eine und welche Gesamtheit von Wirkungen eines verantwortlichen menschlichen Handelns sich als eine einheitliche Verletzung beziehentlich Gefährdung des betreffenden Rechtsguts ausnimmt.

Binding schreibt[78]), daß das durch eine Norm untersagte Verhalten eines Menschen sich in der Vorstellung des Gesetzgebers zu einer Einheit zusammenschließe und daß diese Einheitsvorstellung des Gesetzgebers der allgemeinen Vorstellung um so sicherer entspreche, je genauer sich die verbotene Handlung durch einen nach Art und Größe bestimmten Erfolg charakterisiere.

Dem ist gewiß beizutreten. Aber leider nur selten gibt der

---

[77]) Zeitschr. f. d. ges. Strafrechtswissenschaft VIII 153.

[78]) S. 523 a. a. O.

Wortlaut des Gesetzes eine solche Charakteristik der Größe des Erfolgs, den sich der Gesetzgeber als einen einheitlichen, das Rechtsgut einmal verletzenden beziehentlich gefährdenden vorstellt.

Denn mit Recht hebt Merkel[79]) hervor, daß das Strafgesetz mit seinen von ihm aufgestellten Thatbeständen meist nur bezeichne, wie beschaffen das strafrechtlich zu ahnende Handeln mit seinen Erfolgen sein müsse, nicht wieviel Handeln nötig sei, um den Rahmen einer einmal zu bestrafenden That zu erfüllen oder zu überschreiten, sowie ferner hervor, daß die gesetzliche Strafandrohung überall einen bestimmten quantitativen Gehalt der Verletzung oder Gefährdung als Minimum voraussetze, dessen Überschreitung nach Absicht des Gesetzes noch keine selbständige Handlung darstelle.

Das vom Gesetz stillschweigend vorausgesetzte Quantum des Erfolgs, der ihm als einheitlicher erscheint, ist nach seiner Maximalseite hin sogar äußerst dehnbar. So kann z. B. der Thatbestand der vorsätzlichen körperlichen Mißhandlung schon durch eine unsanfte Berührung der verletzten Person erfüllt erscheinen, während zehn oder hundert gegen dieselbe Person geführte Schläge nach Lage des Falls auch nur als eine Mißhandlung, nämlich eine totale Verletzung des geschützten Interesses auf körperliche Integrität sich darstellen können. Erst der Tod des Gemißhandelten bildet hier die Maximalgrenze einer Mißhandlung.

In den meisten Fällen wird die Art des geschützten Rechtsguts und die Art seiner Verletzung oder Gefährdung den Wegweiser hergeben müssen für die Beantwortung der Frage, innerhalb welcher Minimal- und Maximalgrenzen das Quantum der Rechtsverletzung oder Rechtsgefährdung liegt, welches im Sinne des Gesetzgebers einen einheitlichen Erfolg darstellt.

Hierbei ist folgendes zu berücksichtigen. Das Strafrecht errichtet den von ihm bezweckten Schutz der Rechtsgüter meist nicht durch allgemeine Verbote von Verletzungen und Gefährdungen solcher Güter, sondern durch solche Strafandrohungen, welche gegen die Verletzung oder Gefährdung einzelner Arten von menschlichen Interessen an einzelnen Seiten jener Güter gerichtet sind. Indem ich hier den Begriff des „Rechtsguts" scheide von dem Begriffe des „rechtlich geschützten Interesses", gerate ich in Widerspruch mit der

---

79) S. 87—89 a. a. O.

Auffassung hervorragender Rechtslehrer (von Liszt, Binding, Gareis), welche das „Rechtsgut“ als „das rechtlich geschützte Interesse“ bestimmen und welchen also diese beiden Begriffe gleichbedeutend sind. Ich kann dieser Auffassung nicht beitreten. Auch die jüngsten Ausführungen v. Liszts über den Begriff des Rechtsguts (Zeitschr. f. d. ges. Strafrechtswissenschaft VIII 133), in welchen v. Liszt übrigens einen gewissen, „wenn auch wissenschaftlich und praktisch bedeutungslosen“ Unterschied jener beiden Begriffe zugibt (S. 141), haben mich, so überzeugend dieselben auch in andren Punkten für mich waren, in diesem Punkte nicht überzeugt.

Mit Recht hält dort v. Liszt der von Gareis und v. Ihering vertretenen, das „subjektive Recht“ und das „Rechtsgut“ identifizierenden Ansicht den dieser Identifizierung widersprechenden Sprachgebrauch und die Verschiedenheit des Rechtsschutzes, welchen einerseits das subjektive Recht, anderseits das Rechtsgut genießt, entgegen.

Liegt aber das Rechtsgut nicht auf der subjektiven Seite, so kann es nur auf der objektiven Seite liegen, während das Interesse zweifellos der subjektiven Betrachtung entstammt.

„Rechtsgut“ und „rechtlich geschütztes Interesse“ sind, wie mir scheint, Beziehungsbegriffe, die sich zu einander verhalten wie Objekt und Subjekt, von welchen beiden Begriffe jeder, wie Schopenhauer in dem Eingange seines Hauptwerks so klar dargelegt hat, seine Begrenzung in dem Inhalt des andren findet.

Objekt ist dasjenige, was von einem Subjekt vorgestellt wird.

Subjekt ist dasjenige, welches sich ein Objekt vorstellt.

Ein „Gut“ ist dasjenige Objekt, welches den Gegenstand einer Wertschätzung (Interesse) des Subjekts bildet.

„Interesse“ ist diejenige Anschauung des Subjekts, welche ein Objekt als „Gut“ auffaßt.

Das Interesse entsteht in der subjektiven Anschauung durch die vom Subjekte vorgenommene Vergleichung zweier Objekte in Hinsicht auf ihren Wert für das vergleichende Subjekt, zufolge deren das eine dieser Objekte um id, quod interest dem Subjekte wertvoller erscheint. So entsteht das Interesse am menschlichen Dasein durch dessen Vergleichung mit dem Tode, das Interesse an der Freiheit durch Vergleichung derselben mit der Knechtschaft u. s. w.

Da die subjektive Wertschätzung der Dinge unter Volksgenossen wegen ihrer sozialen Identität im Kollektivindividuum des Volkes durchschnittlich gleich ausfällt, so entsteht ein fester — objektiv erscheinender — Maßstab für diese Wertschätzung und folgerichtig auch für die Schätzung der Wertminderung uud Wertzerstörung (Interessenverletzung), welche dem verantwortlichen menschlichen Handeln zur Last fallen.

Die Strafe richtet sich unmittelbar gegen das für solche Interessenverletzung verantwortliche Handeln. Sie schützt also unmittelbar diejenigen Interessen, deren Verletzung sie bedroht. Mittelbar schützt sie hierdurch auch das „Gut", für welches jenes geschützte „Interesse" besteht.

Den objektiven Charakter des Rechtsguts hat v. Liszt selbst dadurch anerkannt, daß er sehr richtig schrieb: „Das menschliche Dasein ist das Rechtsgut; in den verschiedenen Gestaltungen des Daseins ergibt sich die Einteilung der Rechtsgüter" (S. 142). Das menschliche Dasein ist offenbar nicht identisch mit dem Interesse des Menschen an seinem Dasein. In der That ist das menschliche Dasein das Rechtsgut κατ' ἐξοχήν, welches alle andren Rechtsgüter in sich schließt. Gemäß dem zwiefachen Wesen des Menschen, als eines biologischen Individuums und eines organischen Teils höher stehender Kollektivindividuen, zerfällt das menschliche Dasein in zwei Teile, von denen jeder sich als Rechtsgut darstellt, das individuelle menschliche Dasein und das soziale Dasein der Menschen. Erstres zerfällt in die verschiedenen individuellen Rechtsgüter: Leben, Gesundheit, Freiheit, Ehre, Vermögen; letztres in die sozialen Rechtsgüter der Familie, der Gesellschaft, des Staates. Fern liegt es hier selbstverständlich, auch nur andeutungsweise den Versuch einer vollständigen Systematik zu wagen. Nur soll das Verhältnis des Rechtsgutes, als des mittelbar vom Recht geschützten Gutes zu dem unmittelbar geschützten subjektiven Interesse an solchem Gute aufgezeigt werden. Insbesondre soll hier folgendes hervorgehoben werden.

An einem gewissen Grenzpunkte verbietet der Sprachgebrauch dem Systematiker die fernere Spezialisierung der Rechtsgüter in enger gefaßte Rechtsgüter, und zwar gelangt der Systematiker zu diesem Punkte meistens schon, bevor er zu der speziellen Norm eines Strafgesetzes herabgestiegen ist. So lassen sich z. B. die Rechtsgüter der Gesundheit und Freiheit noch in zwei weitre Rechtsgüter, nämlich diejenigen der körperlichen und der seelischen Gesundheit und Freiheit einteilen.

Diejenigen Ausschnitte des Rechtsguts der körperlichen Gesundheit, welche durch die gegen die verschiedenen Arten von Gesundheitsschädigung gerichteten speziellen Normen mittelbar geschützt werden, kann man aber sprachgebräuchlich nicht wohl mehr als selbständige Rechtsgüter bezeichnen.

Man kann wohl von einem Interesse auf Schutz der seelischen Freiheit gegen Bedrohung (§§ 240, 241 R. St. G. B.) oder auf Schutz der körperlichen Freiheit gegen Gewalt (§ 240 a. a. O.), nicht aber von solchen diesen besondren Angriffsarten entsprechenden speziellen Rechtsgütern sprechen.

Den Interessen auf Schutz gegen diese Angriffsarten entsprechen vielmehr besondre Seiten der Rechtsgüter, für welche diese Interessen auf Schutz bestehen.

Da, wie bemerkt, die strafrechtlichen Normen der Regel nach nicht allgemeine, ein Rechtsgut in allen seinen Beziehungen schützende Gebote oder Verbote enthalten, sondern sich gegen spezielle Angriffsarten richtend die Interessen an einzelnen Seiten der Rechtsgüter schützen, so kommt es vor, daß eine des strafrechtlichen Schutzes bedürftige Seite eines anerkannten Rechtsguts solchen Schutzes entbehrt. So entbehrte das anerkannte Rechtsgut der körperlichen Gesundheit bis zum Erlaß des den Verkehr mit Nahrungsmitteln betreffenden Gesetzes vom 14. Mai 1879 des strafrechtlichen Schutzes im Deutschen Reiche nach einer sehr wichtigen Seite hin. Die begriffliche Scheidung des Rechtsguts von seinen einzelnen, den geschützten Interessen entsprechenden Seiten erscheint also systematisch geboten.

Bei der aus den verwickelten menschlichen Verhältnissen zur Außenwelt sich ergebenden Vielseitigkeit dieser Interessen kann ein und dasselbe Rechtsgut von denselben Thätern in mannigfacher Weise verletzt werden. Dann liegen so viel Rechtsverletzungen vor, als geschützte Interessen verletzt sind. Die den geschützten Rechtsgütern entsprechenden Gattungsdelikte zerfallen den mannigfachen Interessen an den einzelnen Seiten der Rechtsgüter entsprechend in mannigfache Artsdelikte.

Das Maß für die Einheit des menschlichen Handelns im strafrechtlichen Sinne wird daher im konkreten Falle vor allem aus dem aus der betreffenden Deliktsart, aus der Art des geschützten Interesses sich ergebenden Spezialmaßstabe für die Größe des vom Gesetze vorausgesetzten Erfolges zu gewinnen sein.

Hierbei ist es reine Thatfrage, ob das vorliegende Quantum des Erfolges sich innerhalb der Grenzen befindet, welche sich der

Gesetzgeber als die äußersten Grenzen eines eine einheitliche Rechtsverletzung darstellenden Erfolges gedacht hat. Nur die Darlegung dieser vom Gesetz vorausgesetzten Grenzen, nicht die Einstellung des vorliegenden konkreten Erfolgsquantums innerhalb dieser richtig gezogenen Grenzen ist Sache rechtlicher Untersuchung.

Thatfrage ist es daher, ob eine ganze Reihe von Schimpfworten, die jemand gegen eine Person geschleudert hat, sich als eine oder als mehrere Verletzungen des durch das Strafgesetz geschützten Interesses dieser Person an der Erhaltung ihrer gesellschaftlichen Ehre darstellen. Thatfrage, ob mehrfache, zeitlich auseinanderliegende, mit derselben Person vorgenommene unzüchtige Handlungen sich als eine Verletzung des Interesses der gemißbrauchten Person an ihrer geschlechtlichen Ehre charakterisieren; Thatfrage ebenso, ob mehrere Beischlafsvollziehungen eines Ehegatten mit einer dritten Person oder mit mehreren Personen sich in ihrem Gesamteffekte als eine Verletzung des Interesses des andren Ehegatten an Erhaltung der ehelichen Treue ausnehmen.

Ebenso können mehrere von derselben Person wissentlich falsch geschworne Eide aus thatsächlichen Gründen — z. B. vermöge der Identität ihres Inhalts, ihres Zwecks, des Verfahrens, in dem sie geleistet sind, — als eine einheitliche Verletzung des staatlichen Interesses an wahrheitsmäßiger eidlicher Aussage vor der zuständigen Staatsbehörde erscheinen.

So kann auch vermöge der Identität der in Gebrauch genommenen gefälschten Urkunde und der Identität des bei dem Gebrauche verfolgten Zweckes der mehrfache Gebrauch solcher Urkunde sich als eine einheitliche Verletzung des geschützten öffentlichen Interesses an der Echtheit der in Verkehr gebrachten Urkunden auffassen lassen.

Die Wirkungen mehrerer den Hausfrieden störenden natürlichen Handlungen können vermöge ihres Zusammenhanges sich als eine totale Verletzung des geschützten Interesses des Hausherrn an freier Selbstbethätigung innerhalb seines Hauses, also als ein Erfolg im strafrechtlichen Sinne darstellen. Ebenso können auch die Wirkungen einer ganzen Reihe von Gewalthandlungen gegen einen oder mehrere Beamten sich vermöge ihres Zusammenhanges als eine Verletzung des geschützten staatlichen Interesses an Aufrechterhaltung der den Beamten als den Vollstreckern des Staatswillens von den Unterthanen geschuldeten Botmäßigkeit ausnehmen u. s. w.

Wenn ein kontinuierliches menschliches Handeln sich — wie in den soeben gebrachten Beispielen — in mehrfache gleichartige Abschnitte zerlegen läßt, von denen jeder einzelne, wenn man ihn isoliert betrachtet, zusammen mit seinem Erfolge den Thatbestand eines Delikts darstellt, einen Gesamteffekt erzielt hat, der sich in seiner Totalität als eine Verletzung beziehentlich Gefährdung des durch die Strafdrohung, unter welche auch jene einzelnen Abschnitte des Handelns mit ihren Erfolgen fallen, geschützten Interesses an einem Rechtsgute darstellt, so liegt im strafrechtlichen Sinne nur eine Handlung vor.

Denn das in seinem gesamten Handeln hervortretende menschliche Wollen unterliegt der strafrechtlichen Beurteilung, nicht der von diesem gesamten Handeln losgetrennte, aus seiner Verbindung herausgerissene isolierte Willensakt.

Dieser ist als isolierter Akt thatsächlich gar nicht vorhanden, sondern nur ein in unserm trennenden Denken liegendes, nicht essentielles Gedankending. Seine gesonderte Beurteilung ist strafrechtlich unzulässig.

Will man ein solches in mehrfache gleichartige Abschnitte zerfallendes Handeln, dessen Totalerfolg sich als eine Verletzung beziehentlich Gefährdung eines strafrechtlich geschützten Interesses an einem Rechtsgute darstellt, ein „fortgesetztes" Verbrechen nennen, so steht dem nichts im Wege. Man soll aber dabei nicht vergessen, daß der Art nach sich die Handlungseinheit des fortgesetzten Verbrechens von der Handlungseinheit im allgemein strafrechtlichen Sinne in nichts unterscheidet.

Denn die einzelnen Effekte der isoliert betrachteten Abschnitte desjenigen Handelns, welches als ein einheitliches erscheint, fallen bei der Unzulässigkeit jener isolierten Betrachtung außerhalb des Rahmens der die Einheitlichkeit der That feststellenden Beurteilung der Schuldfrage und können nur bei der Strafabmessung, d. h. also in Hinsicht auf die Höhe der zu bemessenden Strafe in Betracht kommen.

Da die Handlungseinheit des sogenannten fortgesetzten Verbrechens in den allgemeinen Begriff der strafrechtlichen Handlungseinheit schon einbegriffen ist, so liegt für den Gesetzgeber keine zureichende Veranlassung vor, seiner besondre Erwähnung zu thun oder es gar definieren zu wollen.

Daß die Reichsgesetzgebung im Anschluß an die frühere preußische Gesetzgebung das fortgesetzte Verbrechen vollständig übergeht, hat daher nicht bloß die negative Bedeutung des Offenlassens einer Streitfrage, sondern ist gesetzgeberisch das einzig Richtige und bedeutet einen Fortschritt gegenüber den das fortgesetzte Verbrechen definierenden ältren Partikulargesetzgebungen in Bayern, Hannover, Baden, Braunschweig, Hessen.[80])

Ist bei der Beurteilung des sogenannten fortgesetzten Verbrechens für die Frage nach der Einheit oder Mehrheit der Verschuldung maßgebend die Einheitlichkeit des Erfolges, durch welche das gesamte Handeln des Verbrechers als ein einheitliches gekennzeichnet wird, so muß diese Einheitlichkeit des Handelns auch maßgebend bleiben in den sonstigen strafrechtlichen Beziehungen, insbesondre auch in Hinsicht auf Strafantrag und Verjährung.

Richtet sich also, wenn ein durch fortgesetztes Handeln begangenes Antragsdelikt vorliegt, der Strafantrag des berechtigten Antragstellers auch nur auf Bestrafung eines Thätigkeitsaktes, welcher einen Abschnitt jenes einheitlich aufzufassenden Handelns bildet, so wird vermöge der Unzerreißbarkeit dieser Handlungseinheit das gesamte einheitliche Handeln des Thäters zum Gegenstande der Strafverfolgung.

Deshalb beginnt der Ablauf der Antragsfrist auch bezüglich des ersten den Beginn des fortgesetzten Handeln ausmachenden Aktes erst mit dem Tage, an welchem der zum Antrage Berechtigte von dem den Abschluß jenes Handelns bildenden letzten Thätigkeitsakte des Thäters Kenntnis genommen hat, und ebenso beginnt erst mit Abschluß des Handelns die Verjährung auch in Ansehung des den Beginn des Handelns darstellenden Aktes.

Olshausen[81]) will die Notwendigkeit dieser Konsequenz nicht zugeben, vielleicht in Anbetracht der in der Praxis erfahrenen Härten derselben. Wo aber solche Härten sich zeigen, werden dieselben nicht sowohl gegen die Richtigkeit jenes Schlusses, als welche sich vielmehr aus der Unzulässigkeit der isolierten strafrechtlichen Beurteilung einzelner aus ihrem Zusammenhange gerissener Willens-

---

[80]) Bayr. Strafgesetz Art. 110. Hannover. Art. 106. Baden Art. 180. Braunschweig Art. 56. Hessen Art. 111.

[81]) Kommentar, II. Aufl., S. 354 Nr. 9 zu § 73 u. S. 294 u. 332 Nr. 34 zu § 61 u. N. 14c. zu § 67 R. St. G. B.

akte unweigerlich ergeben dürfte, als vielmehr gegen die Richtigkeit der in casu gemachten thatsächlichen Voraussetzung, daß ein fortgesetztes Handeln vorliege, sprechen.

Da nicht bloß mehrfaches gleichartiges Handeln, sondern auch mehrfaches ungleichartiges Handeln im natürlichen Sinne einen Gesamterfolg herbeiführen kann, so scheint die Möglichkeit nicht ausgeschlossen, daß auch im strafrechtlichen Sinne ein fortgesetztes Handeln aus verschiedenartigen Abschnitten bestehen könne, welche bei isolierter Betrachtung zusamt ihren Erfolgen sich als verschiedenartige Delikte ausnehmen.

Thatsächlich sind jedoch solche Fälle kaum denkbar, weil mehrere aufeinanderfolgende Verletzungen verschiedenartiger Interessen an Rechtsgütern nicht als ein Erfolg in dem hier besprochenen Sinne, nämlich nicht als Verletzung eines geschützten Interesses denkbar sind.[82]) Der Fall wäre nur möglich unter der Voraussetzung, daß ein strafrechtlich geschütztes Interesse an einem Rechtsgute inhaltlich aus andern verschiedenartigen, ebenfalls geschützten Interessen an Rechtsgütern sich zusammensetzen könnte. Eine solche innere Verbindung verschiedenartiger Interessen zu einem neuen selbständigen Interesse kann nur bei den zusammengesetzten Verbrechen in Frage kommen, von welchen im nächsten Abschnitte unter andrem die Rede sein wird. Die Mehrheit der Interessenverletzungen ist das diesen Verbrechen Charakteristische.

Die Verschiedenartigkeit der verletzten Rechtsinteressen wird daher ein sicheres Merkzeichen der Mehrheit der vorhandenen Verletzungen sein.

Nur scheinbar bieten diejenigen Fälle eine Ausnahme von dieser Regel, in welchen bei einer Reihe von Handlungen, die sich zusamt ihrer Erfolge als verschiedenartige Delikte qualifizieren, die spätren als Folgehandlungen des ersten durch dieses aufgesogen[83]) erscheinen, wie z. B. in dem Falle, daß der Dieb die gestohlene Sache selbst absetzt, oder in dem Falle, daß Personen, die in Bigamie leben, mit einander außerehelich den Beischlaf vollziehen. Hier liegt keine Handlungseinheit im strafrechtlichen Sinne vor.

---

[82]) Entsch. d. R.G. v. 3. Okt. 1882 und vom 28. Januar 1884, Bd. 7 S. 60 u. Bd. 10 S. 53.

[83]) Wie Schütze es treffend bezeichnet. Zeitschrift f. d. ges. Strafrechtswissenschaft III 56.

Der Grund der Straflosigkeit der späteren Akte ist hier der Umstand, daß durch die erste That das in Betracht kommende Rechtsgut so total verletzt ist, daß Interessen an einzelnen Seiten desselben durch die spätern Handlungen nicht mehr verletzbar erscheinen.

Dagegen begeht der Mörder, der den Leichnam des Ermordeten heimlich beiseite schafft, eine neue strafbare Handlung (§ 367 N. R. St. G. B.), weil das nunmehr verletzte staatliche Interesse an ordnungsmäßiger Leichenbeerdigung in dem vorher total verletzten Interesse des Ermordeten am Rechtsgute des Lebens nicht enthalten ist.

Ist die Subsumtion des in casu vorliegenden Umfanges des rechtsverletzenden Erfolges unter den Größenbegriff, welchen das Gesetz als das einen einheitlichen Erfolg in sich schließende Quantum stillschweigend voraussetzt, nur Thatfrage, so ist dagegen, wie schon oben betont ist, die Feststellung der Erfolgs-Größenbegriffe, die das Gesetz bei Feststellung der einzelnen Deliktsarten voraussetzt, lediglich Rechtsfrage.

Zur Abgrenzung dieser gesetzlichen Größenbegriffe gehört auch die Beantwortung der bei den einzelnen Deliktsarten auftauchenden Frage, ob die äußerste Grenze eines einheitlichen Erfolges dann überschritten erscheint, wenn mehr als eine Person durch die That verletzt ist.

In Beziehung auf diejenigen strafrechtlich geschützten Interessen, welche ihrer Natur nach an die Person gebunden, nicht ablösbar und übertragbar sind, wie die Interessen am Leben, körperlicher Integrität, Ehre, Freiheit, wird dem Gesetzgeber mit Recht imputiert, daß in seinem Sinne die Einheitlichkeit des Erfolges dadurch bedingt ist, daß nur eine Person verletzt ist, und daß bei Mehrheit der verletzten Personen stets eine Mehrheit von Interessenverletzungen vorliegt.

Dagegen wird in Bezug auf diejenigen Delikte, welche sich gegen persönlich ablösbare und übertragbare vermögensrechtliche Interessen richten, wie z. B. Diebstahl und Unterschlagung, mit Recht angenommen, daß im Sinne des Gesetzes die Einheit der verletzten Person nicht die unumgängliche Voraussetzung der Einheitlichkeit des Erfolges bildet, da auch bei vorhandener Mehrheit von Personen nur eine Verletzung des geschützten staatlichen Interesses an der Sicherung der Vermögensrechte der Bürger vorliegen kann.

Aufschluß über die Frage, woran man in Ansehung der gegen das Vermögen gerichteten Verbrechen bei vorliegender Mehrheit der verletzten Personen die Einheit des Handelns erkennen solle, wird auch hier nur die besondre Art des vorliegenden Delikts, insbesondre dasjenige Kriterium bieten, durch welches es sich von den andren Deliktsarten derselben Gattung scheidet, so bei dem Diebstahl der Bruch des fremden Gewahrsams, bei der Unterschlagung der Bruch des für eine andre Person übernommenen oder überkommenen Gewahrsams, bei dem Betruge die arglistige Täuschung.

Z. B. beginnt mit dem Eindringen des Diebes in die Wohnung, aus welcher er Sachen stehlen will, schon der Bruch des fremden Gewahrsams und bleibt derselbe Bruch, wenn der Dieb nun innerhalb der Wohnung mehrere Schränke erbricht und dem Gewahrsam des Wohnungsinhabers unterliegende Sachen verschiedener Eigentümer stiehlt.

Ein Diebstahl liegt deshalb nur vor, wenn ein Dieb hintereinander verschiedene Stockwerke eines Hotels ausräumt, mehrere Gewahrsamsbrüche und deshalb mehrere Diebstähle dagegen, wenn er in einem Hause mehrere Wohnungen, von denen jede unter besondrem Gewahrsam steht, hintereinander ausräumt.

Ebenso wie bei den gegen das Vermögen gerichteten Delikten ist bei den gemeingefährlichen Delikten für die Frage nach der Einheit der Handlung nicht entscheidend die Anzahl der Menschen oder Sachen, gegen welche sich der verbrecherische Angriff richtet; entscheidend ist hier vielmehr die Anzahl der vorliegenden Gefährdungen des betreffenden geschützten öffentlichen Interesses. So kann z. B. das von einer Person in continenti ausgeführte mehrmalige Feueranlegen an einem Hause oder an einem zusammenhängenden Häuserkomplexe sich nur als eine Gefährdung des geschützten Interesses und darum nur als eine Brandstiftung darstellen. Bei den sogenannten Ungehorsams-Delikten (Polizei-Unrecht), bei welcher nicht die Herbeiführung einer konkreten Gefahr, sondern einer von dem Gesetzgeber als generell gefährlich gekennzeichneten Situation das unterscheidende Merkmal bildet, wird die einmalige Verwirklichung einer solchen Situation — ohne Rücksicht auf die Zahl der konkreten Gefährdungen — z. B. das durch verschiedenartiges Handeln (Hetzrufe, Peitschenknall) bewirkte Anhetzen einer Hundemeute auf einen Menschentrupp (§ 366 Nr. 6 R. St. G. B.), die übermäßig schnelle Bewegung einer Reihe von einem Gutsvogt durch die Straßen und Plätze einer Stadt geführten Fuhrwerke (§ 366 Nr. 2 a. a. O.) — einen einheitlichen Erfolg bilden.

Die eingehendste Kasuistik kann jedoch bei der Endlosigkeit der möglichen praktischen Gestaltungen irgendwie ausreichende Regeln nicht geben.

Für jeden einzelnen Fall ist vielmehr die Spezialregel abzuleiten einerseits aus der vorliegenden besondren Deliktsart, andrerseits aus der allgemeinen Regel, daß diejenigen Wirkungen des menschlichen Handelns einen einheitlichen Erfolg im strafrechtlichen Sinne bilden, welche in ihrer Gesamtheit als eine einheitliche Verletzung desjenigen Interesses an einem Rechtsgute erscheinen, welches durch die vorliegende spezielle Deliktsart gekennzeichnet wird.

Merkels[84]) Bemerkung, daß im allgemeinen die normale menschliche Empfindungsweise den entscheidenden Maßstab an die Hand gebe, ist unbedingt richtig zwar nur in Hinsicht auf die oben besprochene, eine rein thatsächliche Entscheidung enthaltende Subsumtion des in casu vorliegenden Erfolgsquantums unter den gesetzlichen Größenbegriff.

Dieselbe hat aber auch bedingte Richtigkeit in Hinsicht auf die Abgrenzung dieses Begriffs selbst. Denn in den Fällen, in welchen der Wortlaut des Gesetzes keine Andeutung enthält von dem Erfolgsquantum, das sich der Gesetzgeber als eine einheitliche Verletzung des geschützten Interesses vorgestellt hat, — und das ist bekanntlich bei der überwiegenden Mehrzahl der gesetzlichen Thatbestandsdefinitionen der Fall, — muß dem Gesetzgeber die normale menschliche Empfindungsweise bei Vorstellung dieses Erfolges imputiert werden, welche Empfindungsweise der urteilende Richter dem Gesetzgeber nachzufühlen hat.

Betrachten wir nunmehr den so gewonnenen Artbegriff der strafrechtlichen Handlungseinheit in seinen möglichen Beziehungen zum Gattungsbegriff der natürlichen Handlungseinheit, so ergeben sich zunächst zwei Hauptklassen von Möglichkeiten.

Entweder decken sich in casu natürliche und strafrechtliche Handlungseinheit, oder sie decken einander nicht. Denn ist auch jede strafrechtliche Einheit des Handelns notwendigerweise eine Einheit des natürlichen Handelns, da das strafrechtliche Handeln unter

[84]) S. 122 a. a. O.

den Gattungsbegriff des natürlichen Handelns fällt, so ist doch umgekehrt nicht jede Einheit des natürlichen Handelns auch eine solche im strafrechtlichen Sinne. Vielmehr ist ihr Auseinanderfallen so häufig, als es verschiedene Standpunkte gibt, von welchen aus man das menschliche Handeln betrachten kann.

In letztrem Falle sind wiederum zwei Möglichkeiten voneinander zu scheiden.

Erstens kann man häufig in dem die strafrechtliche Einheit bildenden menschlichen Handeln verschiedene Abschnitte unterscheiden, die zu Zwischenwirkungen in Beziehung gesetzt werden können und mit Einschluß dieser Beziehungen sich als selbständige Handlungen im natürlichen Sinne darstellen.

Beispiel: Jemand tötet einen Menschen dadurch, daß er ihn erst durch Chloroform betäubt und dann den Betäubten ins Wasser wirft, in welchem der Besinnungslose ertrinkt.

In diesen Fällen scheint die strafrechtliche Handlungseinheit mehrere natürliche Handlungseinheiten zu umfassen.

Im genauen Wortsinne ist dies jedoch nicht der Fall.

Denn jene Zwischenwirkungen — in obigem Beispiele a) die eingetretene Betäubung, b) die Absperrung der Luft von den Atmungsorganen des Betäubten durch das Wasser — liegen an und für sich außerhalb des im strafrechtlichen Sinne relevanten Erfolges — in unsrem Beispiele außerhalb des eintretenden Todes des Ertrinkenden, sind vielmehr die Mittel, durch welche dieser herbeigeführt wird. Folgerichtig liegen auch die Beziehungen der einzelnen Abschnitte des Handelns zu ihren Zwischenwirkungen außerhalb der strafrechtlich allein relevanten Beziehung der Gesamtheit des Handelns zu dem die Rechtsgüter-Verletzung oder Gefährdung in sich tragenden Erfolge. Wohl aber umfaßt das strafrechtlich relevante Handeln die einzelnen Abschnitte des Handelns, welche nur durch ihre Beziehungen zu jenen strafrechtlich nicht relevanten Zwischenwirkungen sich als natürliche Einheiten repräsentieren.

Wenn jemand eine Person durch allmähliche Beibringung einzelner Giftdosen tötet, so erscheint sein gesamtes die Giftdosen beibringendes Handeln in Hinsicht auf den tödlichen Erfolg ein einheitliches. Deshalb aber umfaßt die Handlung des Tötens im genauen Wortsinne nicht die einzelnen gesundheitsschädlichen Handlungen, ist nicht ein compositum einzelner Stücke, von welchen jedes eine solche gesundheitsschädliche Handlung ist. Wäre dies richtig, so müßte, nachdem $^3/_4$ der zum Todeserfolg benötigten Dosen beigebracht sind, $^3/_4$ der Tötung begangen sein. Richtig ist nur, daß das den Tod bewirkende Gesamthandeln die einzelnen Abschnitte des Handelns umfaßt, welche zu ihren Zwischenwirkungen in Beziehung gesetzt als gesundheitsschädliche Handlungen erscheinen.

Sieht man bei diesem Beispiele von jenen Zwischenwirkungen ab und faßt nur das natürliche Ereignis des durch menschliches Handeln bewirkten Todes eines Menschen ins Auge, so decken sich natürliche und strafrechtliche Handlungseinheit.

Der andre mögliche Fall, in welchem natürliche und strafrechtliche Handlungseinheit auseinanderfallen, ist der, daß ein menschliches Handeln, das von irgend welchem nicht strafrechtlichen Standpunkte aus als einheitliches in Hinsicht auf seinen Erfolg erscheint, in mehrere Abschnitte zerfällt, von denen jeder in Hinsicht auf seine Zwischenwirkungen als strafrechtliche Einheit erscheint.

Beispiel: Ein Strafgefangener bewerkstelligt dadurch seine Flucht, daß er a) seinen Wärter erschlägt, b) demselben Kleider und Schlüssel raubt, c) das Gefängnis in Brand setzt. In Hinsicht auf den beabsichtigten Erfolg der Flucht erscheint dies Handeln als ein einheitliches, während es im strafrechtlichen Sinne in drei successive Abschnitte zerfällt, von welchen jeder einschließlich seiner Beziehung zu einer Zwischenwirkung als strafrechtliche Handlungseinheit erscheint.

Sieht man bei diesem Beispiele von dem Enderfolge, der Flucht des Gefangenen, ab und faßt nur die voraufgegangenen natürlichen Ereignisse, den Tod des Wächters, die Ausplünderung seines Leichnams, den Brand des Gefangenenhauses ins Auge, so decken sich auch hier natürliche und strafrechtliche Handlungseinheit.

Bisher haben wir das Verhältnis der strafrechtlichen Handlungseinheit zur natürlichen Handlungseinheit nur in Bezug auf das Handeln eines Menschen und auch dies nur in Bezug auf je einen Erfolg betrachtet (Klasse I und Ia der im Kapitel über die natürliche Handlungseinheit getroffenen Einteilung der Beziehungen des Handelns zum Erfolge).

Eine natürliche Handlungseinheit liegt, wie wir gesehen haben, auch dann vor, wenn durch das Handeln mehrerer Menschen ein Erfolg erreicht wird (Klasse IIb der obigen Einteilung).

Diesem Falle der natürlichen Handlungseinheit entspricht auf strafrechtlichem Gebiete der Fall, in welchem ein strafrechtlich relevanter Erfolg durch das strafrechtlich relevante Handeln mehrerer Menschen bewirkt wird.

Bei näherer Besichtigung ergibt sich aus dem Begriffe des strafrechtlich relevanten Erfolges, als welchen wir die Verletzung beziehentlich Gefährdung eines strafrechtlich geschützten Interesses an einem Rechtsgute definiert haben, eine Bedingung, ohne deren Erfüllung die Entstehung einer das Handeln mehrerer Menschen umfassende strafrechtliche Handlungseinheit nicht denkbar erscheint.

Diese Bedingung ist, daß das Zusammenwirken der mehreren Thäter ein einverständliches sei.

Denn bei einem nicht einverständlichen Zusammenwirken der mehreren Thäter bewirkt das Handeln des einzelnen für sich allein einen einheitlichen Erfolg, nämlich eine einmalige Verletzung oder Gefährdung des strafrechtlich geschützten Interesses am Rechtsgut, bildet also mit diesem seinem Erfolge zusammen eine selbständige That.

Bei einem derartigen nicht einverständlichen Handeln mehrerer liegen also im strafrechtlichen Sinne stets mehrere Handlungseinheiten vor. Die rein zufällige Identität des Objekts, an dem sich diese Interessenverletzung vollzieht, ist hierbei gleichgiltig.

Wenn zwei Personen — ohne voneinander zu wissen — in gleichem Zeitpunkte auf eine dritte Person schießen und dieselbe tödlich verwunden, — sei es, daß jede der beiden Schußwunden an sich tödlich ist oder daß durch das Zusammentreffen beider Wunden der Tod herbeigeführt wird, — so liegt z. B. vom Standpunkte eines lediglich die Anzahl der gewaltsamen Tötungen feststellenden Statistikers nur eine Handlungseinheit vor, während vom strafrechtlichen Standpunkte aus zwei Handlungseinheiten, weil zwei Verletzungen des Interesses am Rechtsgute des Lebens gegeben sind.

Bei dem Zusammentreffen der Wirkungen fahrlässigen Handelns verschiedener Thäter an einem Objekt wird daher stets eine Mehrheit von strafrechtlichen Handlungseinheiten vorliegen.

Beispiel: Ein Eisenbahnzug entgleist zufolge fahrlässigen Handelns mehrerer Eisenbahnbeamten. Während für die Statistik der Eisenbahnunfälle hier eine Handlungseinheit gegeben ist, liegen strafrechtlich so viel Handlungseinheiten vor, als fahrlässige Gefährdungen des Interesses am Rechtsgut der Sicherheit des Eisenbahnverkehrs stattgefunden haben.

Die bisherige Betrachtung der strafrechtlichen Handlungseinheit beschränkte sich auf die verschiedenen Beziehungen des menschlichen Handelns zu **einem** Erfolge, welche Fälle den Klassen I und II der natürlichen Einteilung entsprachen. Es verbleiben die den Klassen III und IV jener Einteilung entsprechenden Beziehungen des menschlichen Handelns zu mehreren strafrechtlich relevanten Erfolgen, also die Fälle, in denen **ein** solches Handeln in Beziehung gesetzt werden kann zu mehreren je eine einheitliche Verletzung beziehentlich Gefährdung eines geschützten Interesses in sich tragenden Erfolgen.

Wir stehen hier vor der bekannten Frage, ob in diesen Fällen Einheit oder Mehrheit der Delikte vorliegt, deren Beantwortung das angestrebte letzte Ziel dieser Untersuchung bildet. Diese Frage kann auch so formuliert werden: „Wie verhält sich die strafrechtliche Handlungseinheit zur Deliktseinheit? Decken sich diese Begriffe?"

V. Die Fälle zweifelloser Kongruenz von strafrechtlicher Handlungseinheit und Deliktseinheit.

Um das Verhältnis, in welchem die Begriffe der strafrechtlichen Handlungseinheit und Deliktseinheit zu einander stehen, ermessen zu können, empfiehlt es sich, zunächst diejenigen Fälle auszusondern, bei welchen Handlungseinheit und Deliktseinheit zweifellos thatsächlich übereinanderfallen, um uns dann dem verbleibenden Reste von Fällen, bei welchen eine derartige Kongruenz zweifelhaft erscheint, zuzuwenden.

Zweifellos decken sich Handlungseinheit und Deliktseinheit in allen denjenigen Fällen, in welchen ein menschliches Handeln in Beziehung gesetzt wird zu Wirkungen, die sich als **eine** Verletzung beziehentlich Gefährdung eines strafrechtlich geschützten Interesses an einem Rechtsgut charakterisieren.

Wir haben gesehen, daß das solchen einheitlichen Erfolg herbeiführende menschliche Handeln aus verschiedenen Abschnitten bestehen kann, von denen jeder, wenn man ihn zu seiner Zwischenwirkung in Beziehung setzt, als eine selbständige Handlung im natürlichen Sinne erscheint, daß aber hierdurch der diese verschiedenen Abschnitte des Handelns umschließenden strafrechtlichen Einheit kein Abbruch geschieht.

In einigen Fällen hat der Gesetzgeber selbst solche mehrfachen und verschiedenartigen Abschnitte des Handelns als Thatbestandsmerkmale statuiert, so z. B. bei der Urkundenfälschung das die Fälschung der Urkunde bewirkende Handeln und dasjenige Handeln, durch welches der Gebrauch der gefälschten Urkunde bewerkstelligt wird (§ 267 R. St. G. B.). In andren Fällen sind solche mehrfachen und verschiedenartigen Abschnitte des Handelns fakultativ nebeneinander möglich, ohne daß hierdurch die Einheit des Thatbestandes gestört wird, so z. B. bei dem Bankerotte die in den Nummern 1—4 des § 209 R. K. O. beschriebenen Handlungen.

Diese Abschnitte bilden zusammen eine Einheit in Hinsicht auf den die Verletzung oder Gefährdung des geschützten Interesses bildenden Erfolg z. B. bei der Unkundenfälschung in Hinsicht auf die Verletzung des staatlichen Interesses an der Echtheit der in den bürgerlichen Verkehr gelangenden Urkunden, bei dem Bankrott in Hinsicht auf die Verletzung des gesellschaftlichen Interesses an der Sicherheit der Gläubigerrechte (des Kredits). Diese Fälle, in welchen bei Mehrheit der natürlichen Handlungen nur ein strafrechtlich relevanter Erfolg und deshalb nur eine strafrechtliche Handlungseinheit vorliegt, sind scharf zu trennen von den unten zu besprechenden Fällen, in welchen mehrere Deliktsthatbestände ein Verbrechen bilden, den zusammengesetzten Verbrechen im eigentlichen Sinne des Worts und den Kollektivdelikten in dem unten erwähnten engeren Sinne.

Da das menschliche Handeln, welches zu einem strafrechtlich relevanten Erfolge in kausaler Beziehung steht, regelmäßig nur einer unter einer zahllosen Menge von Fäden ist, aus welchen das verwickelte Netz von Ursachen zusammengewoben ist, als deren Gesamtwirkung sich die jenen Erfolg in sich schließenden Geschehnisse darstellen, so wird die Handlungseinheit dadurch nicht berührt, geschweige denn aufgehoben, daß neben dem menschlichen Handeln noch andre außerhalb desselben liegende Thatumstände als gesetzliche Merkmale der Strafbarkeit einer That in Betracht kommen, wie z. B. bei dem eben erwähnten strafbaren Bankrott die Zahlungseinstellung oder die Konkurseröffnung, bei der strafbaren gewerbsmäßigen Unzucht der Mangel polizeilicher Aufsicht (§ 361 R. St. G. B.).

Ebenso bleibt selbstverständlich die strafrechtliche Handlungseinheit unberührt, wenn neben dem vorsätzlichen Handeln noch innere seelische Vorgänge als gesetzliche Merkmale der Strafbarkeit der That hinzutreten, wie z. B. die eigennützige Absicht bei der Kuppelei (§ 180 R. St. G. B.), die rechtswidrige Absicht bei der

Urkundenfälschung (§ 267 R. St. G. B.), die auf rechtswidrigen Vermögensvorteil sich richtende Absicht bei dem Betruge.

Wir haben gesehen, daß ferner eine echte strafrechtliche Handlungseinheit vorliegt bei dem sogenannten fortgesetzten Verbrechen, indem wir die isolierte Beurteilung der einzelnen gleichartigen Abschnitte des Handelns als strafrechtlich unzulässig in den Fällen erkannten, in welchen die durch mehrere menschliche Akte erzielte Gesamtwirkung sich als eine einheitliche Rechtsgüterinteressenverletzung darstellt.

Ebenso liegt bei den sogenannten Dauerdelikten wie z. B. bei der Freiheitsberaubung (§ 239 R. St. G. B.), dem Waffentragen gegen das Deutsche Reich (§ 88 R. St. G. B.), der Unterdrückung des Personenstandes (§ 169 R. St. G. B.) zweifellos eine mit der Deliktseinheit zusammenfallende strafrechtliche Handlungseinheit vor, da hier durch ein — wenn auch kontinuierliches — Handeln nur ein einheitlicher Erfolg, eine einmalige Verletzung der strafrechtlich geschützten Interessen erzielt wird.

Ferner sahen wir, daß das einverständliche Zusammenwirken mehrerer Menschen zu einem strafrechtlich relevanten Erfolge eine strafrechtliche Handlungseinheit bildet.

Deliktseinheit und Handlungseinheit decken sich daher auch in den Fällen, in welchen solch einheitlicher Erfolg durch das Zusammenwirken des Anstifters, der Mitthäter, Gehilfen und Begünstiger herbeigeführt wird. Ist dies richtig, so liegt eine mit der Deliktseinheit zusammenfallende Handlungseinheit auch dann vor, wenn diese verschiedenen Thätigkeiten in einer Person zusammentreffen.

Ein solches thatsächliches Übereinanderfallen der Begriffe ist aber auch dann nicht ausgeschlossen, wenn der mit Strafe bedrohte Thatbestand sich aus mehrfachen Handlungen zusammensetzt, von denen jede einen selbständigen Angriff auf ein strafrechtlich geschütztes Rechtsgut enthält.

Hierher gehören in erster Linie die sogenannten zusammengesetzten Verbrechen, d. h. also diejenigen Verbrechen, die sich aus Angriffen gegen verschiedenartige Rechtsgüter zusammensetzen, wie z. B. Raub aus einem Angriffe gegen die persönliche Freiheit und einem solchen gegen das Eigentum, Notzucht aus einem Angriffe gegen die persönliche Freiheit und einem solchen gegen die weibliche Geschlechtsehre, Einbruchsdiebstahl aus einem Angriffe gegen den Hausfrieden und einem solchen gegen das Eigentum.

Diese zusammengesetzten Verbrechen umschließen allerdings mehrere strafrechtliche Handlungseinheiten. Jede dieser Handlungseinheiten fällt aber zusammen mit einer Deliktseinheit. Diese Fälle unterscheiden sich von denjenigen Fällen, in welchen nur eine Deliktseinheit vorliegt, lediglich dadurch, daß hier mehrere Deliktseinheiten vermöge ihres inneren Zusammenhangs — z. B. wegen des Verhältnisses vom Mittel, durch welches die Hauptthat qualifiziert wird, zum Zweck — nach gesetzlicher Vorschrift als ein Verbrechen durch eine — wenn auch im Vergleiche zu den sonst verwirkten Einzelstrafen harte — Strafe gesühnt werden. Das häufige Vorkommen solcher Verbindung gewisser Delikte und die besondre Gefährlichkeit dieser Verbindung haben dahin geführt, eine solche Verbrechensfolge als ein — besonders gefährliches — verbrecherisches Handeln aufzufassen — und nur einmal, aber hart zu strafen. Wie wir im zweiten Abschnitte sahen, macht jedoch weder der äußere — örtliche und zeitliche — noch der innere ursächliche Zusammenhang der Akte des Handelns dasselbe zu einem einheitlichen. Dies geschieht lediglich durch die Einheitlichkeit des Erfolgs. In den hier besprochenen Fällen liegen aber mehrere strafrechtliche relevante Erfolge — weil mehrere Rechtsgüterinteressenverletzungen — vor, also auch mehrere strafrechtliche Handlungseinheiten. Indem jedoch der Gesetzgeber diese mehreren Erfolge durch die Verbindung der Thatbestände verschiedener Delikte zu einem einheitlichen Erfolge zusammenschließt, wird in Hinsicht auf diesen die Summe der einzelnen Erfolge bildenden Gesamterfolg das gesamte aus mehreren Abschnitten sich zusammensetzende verbrecherische Handeln zu einem einheitlichen. Bei den zusammengesetzten Verbrechen sind daher zu scheiden die mit den einfachen Deliktseinheiten zusammenfallenden engeren strafrechtlichen Handlungseinheiten von der mit der zusammengesetzten Verbrecheneinheit zusammenfallenden weitren strafrechtlichen Handlungseinheit. Letztre wird dadurch maßgebend, daß das zusammengetzte Verbrechen die einfachen Delikte absorbiert.

Dasselbe gilt von den Kollektivdelikten im eigentlichen Sinne des Worts, nämlich von denjenigen Fällen, in welchen mehrere zur Aburteilung gelangende und an sich strafbare Handlungen derselben Person vermöge der Gewerbs- oder Gewohnheits- oder Geschäftsmäßigkeit ihrer Begehung nach gesetzlicher Vorschrift zusammen nur als ein Verbrechen erscheinen, mögen dieselben auch schon abgesehen von jener Art ihrer Begehung an und für sich strafbar sein, wie

z. B. die einzelnen Fälle der Hehlerei bei der gewerbsmäßigen Hehlerei oder die einzelnen Fälle des unberechtigten Jagens bei dem gewerbsmäßigen Jagdvergehen, oder mögen diese einzelnen Handlungen erst durch jene Art ihrer Begehung, wie z. B. das Kuppeln durch die Gewohnheitsmäßigkeit (§ 180 R. St. G. B.), das Verleiten zum Auswandern durch die Geschäftsmäßigkeit (§ 144 R.St.G.B.) strafbar werden.

In beiden Fällen liegen mehrere strafrechtliche Handlungseinheiten vor, da jede jener gewerbs-, gewohnheits- oder geschäftsmäßig begangenen Handlungen, wenn sie allein zur Aburteilung käme, den vollen Thatbestand der betreffenden Deliktsart darstellen würde. Wie bei dem zusammengesetzten Verbrechen liegen auch hier mehrere durch das Gesetz zu einem Verbrechen zusammengeknüpften Deliktseinheiten vor, von denen sich jede mit einer Handlungseinheit deckt. Der Unterschied ist nur der, daß dort eine bestimmte Zahl verschiedenartiger Angriffe, hier eine unbestimmte Zahl gleichartiger Angriffe auf Rechtsgüter sich zu einem Verbrechen zusammenschließen. Auch hier denkt sich das Gesetz die Summe der Erfolge der einzelnen verbrecherischen Handlungen als einen einheitlichen Erfolg. Auch hier schließt sich daher das gesamte Handeln des Verbrechers in Hinsicht auf diesen Gesamterfolg als ein einheitliches zusammen. Auch hier gibt es daher außer den engeren mit den einfachen Deliktseinheiten sich deckenden Handlungseinheiten eine mit dem zusammengesetzten Kollektivverbrechen zusammenfallende weitre Handlungseinheit, welche durch die Absorption der einfachen Delikte zur maßgebenden geworden ist.

Sowohl diese Kollektivverbrechen als auch die zusammengesetzten Verbrechen im engern Sinne scheiden sich von dem sog. fortgesetzten Verbrechen dadurch, daß bei letztrem wie bei jedem einfachen Delikt eine einmalige Verletzung des durch die Strafandrohung geschützten Interesses an einer speziellen Seite eines Rechtsgutes einen einheitlichen Erfolg darstellt, während bei den zusammengesetzten und Kollektivverbrechen eine mehrmalige Verletzung von Rechtsgüterinteressen — nämlich von ungleichartigen bei der ersten Klasse, von gleichartigen bei der zweiten Klasse — vermöge des besondren Zusammenhanges des mehrfachen verbrecherischen Handelns — von dem Gesetze zu einem Erfolge summiert werden.

v. Lilienthal in seiner Abhandlung über Kollektivdelikte[84])

---

[84]) Beiträge zur Lehre von den Kollektivdelikten, S. 57 ff.

hat bekanntlich auch dem oben gebilligten engeren Begriffe des Kollektivverbrechens die gesetzliche Grundlage abgesprochen, indem er diese Fälle als Realkonkurrenz (§ 74 R. Str. G. B.) auffaßt. Diese Ansicht hatte für mich etwas sehr Verlockendes, da sie sich der erörterten Konstruktion der Handlungseinheit naturgemäß anschmiegt und eine Rechtfertigung des Kollektivverbrechens-Begriffes erspart. Im Anschluß an das Reichsgericht, v. Liszt und Olshausen habe ich jedoch mich der Überzeugung nicht verschließen können, daß das Gesetz hier mehrere an sich strafbare Handlungen als eine Handlungseinheit aufgefaßt wissen will. Letztre läßt sich nur dadurch künstlich konstruieren, daß man die Summe mehrerer Erfolge als einheitliche Größe hinstellt.[85])

Dagegen liegt nur eine einfache strafrechtliche Handlungseinheit vor, wenn nur eine solche gewerbsmäßig oder gewohnheits- oder geschäftsmäßig begangene Handlung abzuurteilen ist. Denn der Umstand, daß die Art ihrer Begehung durch ihre Beziehung auf früher begangene oder auf — für spätere Zeit — geplante gleichartige Handlungen charakterisiert erscheint, ändert nichts an der vorliegenden Handlungseinheit.

Diese Fälle gehören daher nicht zu den Kollektivdelikten im engeren Sinne, sind keine Ansammlung gleichartiger durch eine Strafe zu sühnender Delikte.

Nicht beeinträchtigt wird ferner die strafrechtliche Handlungseinheit und ihr Zusammenfallen mit der Deliktseinheit durch den Umstand, daß eine sogenannte Gesetzeskonkurrenz vorliegt.

Die Gesetzeskonkurrenz trägt ihren Namen von ihrem Schein, nicht von ihrem Sein. Denn sie scheint in casu nur vorhanden für den nicht unterrichteten Ausleger des Gesetzes, ist aber nicht vorhanden für den kundigen Interpreten, der nur eine Strafandrohung anwendbar erachtet, wenn nur ein strafrechtlich relevanter Erfolg in Frage steht.

Im nächsten, die sogenannte Idealkonkurrenz behandelnden Kapitel wird erörtert werden, ob nicht in denjenigen Fällen, in welchen durch ein und dasselbe Handeln mehrere, verschiedenartige Interessen an Rechtsgütern verletzende Erfolge bewirkt sind, echte Gesetzeskonkurrenz vorliegt, oder ob dort eine Mehrheit von Delikten gegeben ist.

---

[85]) Hinsichtlich der Idealkonkurrenz zwischen den die Elemente eines Kollektiv-Verbrechens bildenden Delikten und schwereren Verbrechen siehe S. 274.

Nach meiner Auffassung ist echte Gesetzeskonkurrenz nur denkbar unter Voraussetzung der Möglichkeit, daß durch eine Strafthat mehrere verschiedenartige, strafrechtlich geschützte Interessen verletzt werden können, eine Voraussetzung, deren rechtliche Zulässigkeit im nächsten Kapitel geprüft werden wird.

Denn nur unter solcher Voraussetzung entsteht ein wirklicher, durch den Gesetzgeber ausdrücklich zu entscheidender Konflikt verschiedener Strafandrohungen, von denen jede sich verletzt fühlend ihre Anwendung beansprucht.

Auch Habermas[86]) bedient sich für den Fall der ungleichartigen Idealkonkurrenz des Ausdrucks: „echter Gesetzeskonkurrenz", jedoch von seinem Standpunkte aus insofern nicht mit Recht, als er in diesem Falle — ebenso wie in dem Falle gleichartiger Idealkonkurrenz — mit Binding ein Zusammentreffen mehrerer durch ein Handeln verübter Verbrechen annimmt, für ihn also keine Konkurrenz von Gesetzen, sondern eine Verbrechenskonkurrenz vorliegt.

In dem hier besprochenen Falle der sogenannten Gesetzeskonkurrenz, die ich als unechte bezeichnen muß, liegt ein Konflikt von Gesetzen, die der ausdrücklichen Lösung durch gesetzliche Bestimmung bedürftig wäre, nicht vor. Denn ist nur ein strafrechtlich geschütztes Interesse einmal verletzt, so kann auch nur eine Strafandrohung einmaligen Anspruch auf Sühne erheben.

Die sogenannte Gesetzeskonkurrenz ist also nicht einmal dieses, sondern gar keine Konkurrenz und kann es die auf diesem Gebiete herrschende Begriffsverwirrung nur steigern, wenn diejenigen, welche in der Idealkonkurrenz nur eine Gesetzeskonkurrenz erblicken, die Fälle unechter Gesetzeskonkurrenz, welche ihre Bezeichnung nicht aus inneren Gründen, sondern nur als historischen Namen tragen, und jene den historischen Namen der „ungleichartigen Idealkonkurrenz" führenden Fälle, welche unter der Voraussetzung, daß sie Deliktseinheiten bilden, sich als Fälle echter Gesetzeskonkurrenz darstellen, mit demselben Klassennamen bezeichnen und hierdurch unter einen Hut bringen.

Betrachten wir die einzelnen Arten der sogenannten — unechten — Gesetzeskonkurrenz, so stellt sich bei ihnen allen als unzweifelhaft heraus, daß die Handlungseinheit durch jene Konkurrenz

---

[86]) Die ideale Konkurrenz der Delikte. Stuttgart 1882.

nicht berührt wird, also auch nicht die mit der Handlungseinheit bei Einheit des strafrechtlich relevanten Erfolgs stets zusammenfallende Deliktseinheit.

Nur eine Handlungseinheit und nur eine Deliktseinheit liegt daher vor, wenn der an sich einheitlichen Handlung qualifizierende, priviligierende oder spezialisierende Umstände hinzutreten, vermöge deren die That unter ein andres Strafgesetz fällt, als sie gefallen wäre, wenn jene Umstände nicht vorgelegen hätten, wie z. B. der vorsätzlichen Körperverletzung hinzutritt der dieselbe qualifizierende Gebrauch eines gefährlichen Werkzeugs, dem Diebstahl hinzutritt der denselben privilegierende Umstand, daß das gestohlene Gut ein Nahrungsmittel von unbedeutendem Werte oder geringer Menge und zum alsbaldigen Gebrauch bestimmt war, der gewaltsamen Vornahme unzüchtiger Handlungen der dieselbe spezialisierende Umstand der Beischlafsvollziehung hinzutritt.

Ebensowenig wird Handlungseinheit und Deliktseinheit berührt durch das Verhältnis der Subsidiarität, in welchen zwei Strafgesetze miteinander stehen.

Der Begriff der Subsidiarität setzt vielmehr schon die Identität des zu beurteilenden Faktums voraus.

Ebenso werden in den Fällen, in welchen eine Strafandrohung konsumiert erscheint und nicht zur Anwendung kommt, weil der von ihr bedrohte Thatbestand in einem andern weitere Grenzen umfassenden gesetzlichen Thatbestande mit enthalten ist, wie z. B. der Thatbestand des Diebstahls in dem Thatbestande des Raubes, der Thatbestand der Nötigung in demjenigen der Notzucht, die vorhandenen Handlungseinheiten und die mit ihnen zusammenfallenden Deliktseinheiten in keiner Weise berührt.

Denn auch hier entspricht jeder strafrechtlichen Erfolgseinheit eine Deliktseinheit. Diese Fälle sind nicht zu vermischen mit denjenigen, in welche eine Einheit des Handelns eine andre engere Einheit des Handelns zwar mit umfaßt, jede dieser Einheiten aber in Beziehung steht zu einem selbständigen, strafrechtlich relevanten Erfolge[87]), in welchen also eine Konkurrenz von Erfolgen vorliegt. In letztren Fällen verhalten sich die Einheiten des konkreten Handelns zu einander wie konzentrische Kreise.

[87]) Entsprechend der Klasse IV der natürlichen Einteilung im zweiten Abschnitte S. 180.

Zieht man jedoch die Wirkungen dieses Handelns und die neben diesem Handeln in Betracht kommenden sonstigen Bedingungen in den Kreis hinein und faßt also den ganzen gesetzlichen Thatbestand einer Deliktsart als einen Kreis auf, so entsteht, wie schon an andrer Stelle[88]) hervorgehoben ist, auch in den zuletzt besprochenen Fällen das allen Fällen der sogenannten idealen Konkurrenz typische, — von Olshausen hierfür zuerst gebrauchte[89]) — Bild mehrerer sich schneidender excentrischer Kreise.

Dagegen lassen sich die Fälle der unechten Gesetzeskonkurrenz, auch die der zuletzt erwähnten Klasse (Strafdrohungs-Konsumtion), keineswegs mit konzentrischen Kreisen vergleichen. In diesen Fällen liegt vielmehr nur ein Thatbestandskreis, weil nur eine Handlungseinheit mit einer Erfolgseinheit vor Augen.

Nicht der Gegensatz der konzentrischen und excentrischen Kreislagen[90]), sondern der Gegensatz der Einzahl und Mehrzahl der Thatbestandskreise ist bezeichnend für den Unterschied, welcher zwischen der unechten Gesetzeskonkurrenz und der Idealkonkurrenz herrscht.

Sonach verbleiben für die Frage, ob Handlungseinheit und Deliktseinheit übereinander fallen, als zweifelhafte Fälle nur diejenigen, in welchen ein menschliches Handeln zu mehreren strafrechtlich relevanten Erfolgen in Beziehung steht, indem durch dasselbe mehrere strafrechtlich verbotene Verletzungen oder Gefährdungen von Interessen herbeigeführt worden sind, d. h. also diejenigen Fälle, welche man unter dem Namen: „Idealkonkurrenz" zu begreifen pflegt.

Behufs Abgrenzung dieser Gattung von Fällen von denjenigen, welche wir bisher im Auge hatten und bei welchen das Übereinanderfallen von Handlungseinheit und Deliktseinheit außer Zweifel steht, haben wir zu zwei Streitfragen Stellung zu nehmen; nämlich erstens zu der Frage, ob die Fälle der sogenannten gleichartigen Idealkonkurrenz (z. B. Beleidigung mehrerer Menschen durch ein Wort) zu jener Gattung gehören, und zweitens zu der Frage, ob zu jener Klasse zu rechnen sind auch die Fälle, in welchen ein

---

[88]) Siehe Anm. Nr. 59, S. 177.

[89]) Kommentar zu § 73 Str. G. B. Nr. 15 S. 358 (II. Aufl.).

[90]) Wie von Liszt (S. 223 Anm. 8 Lehrbuch II. Aufl.) im Anschlusse an Olshausen meint.

natürlicher Effekt eines Handelns vermöge der vorliegenden sonstigen Bedingungen sich unter verschiedene Thatbestände subsumieren läßt (z. B. der Effekt des Beischlafs bei Blutschande eines Ehegatten), oder ob diese und jene Fälle zu jenen gehören, bei denen nur ein einheitlicher Erfolg in Frage kommt, Deliktseinheit und Handlungseinheit also zweifellos übereinander fallen.

Anlangend die gleichartige Idealkonkurrenz, so scheint mir die Richtigkeit des Schlusses, daß bei mehrfacher Verletzung eines strafrechtlich geschützten Interesses an einem Rechtsgute auch eine mehrfache Verletzung der jenes Interesse schützenden Norm und also auch des diese Norm aussprechenden Strafgesetzes vorliegen müsse, unverweigerlich.

Der Umstand, daß die verschiedenen Verletzungen durch ein Handeln bewirkt sind, berührt nicht die Folgerichtigkeit jenes Schlusses.

Vor der Ziehung desselben schreckt häufig die stillschweigende Voraussetzung der Richtigkeit eines andern Schlusses zurück, dessen Unrichtigkeit ich im nächsten Kapitel darzuthun hoffe, nämlich des Schlusses, daß bei mehrfacher Normübertretung auch notwendigerweise mehrere Delikte vorliegen.

v. Liszt, welcher in der Idealkonkurrenz nur einen besondern Fall der sogenannten — oben von mir als unecht bezeichneten — Gesetzeskonkurrenz sieht, für welchen der § 73 R. Str. G. B. nur eine subsidäre Aushilfsregel biete[91]), hat folgerichtig keinen besondern Platz mehr übrig, auf welchen er die sogenannte gleichartige Idealkonkurrenz zum Unterschiede von dem nur eine Interessenverletzung bewirkenden Handeln stellen könnte, und streicht deshalb konsequenterweise diesen Fall als einen besondern ganz aus.

Er schreibt: „Hat ein Schuß mehrere Menschen verletzt, ein Wort mehrere Personen beleidigt, ein diebischer Griff mehrere Eigentümer geschädigt, so ist die Handlung unzweifelhaft als Körperverletzung, Beleidigung, Diebstahl aufzufassen und ein andrer Verbrechensbegriff kommt gar nicht in Frage. Damit entfällt die einzige Voraussetzung, die uns berechtigt, von idealer Konkurrenz zu sprechen. Es ist die übertretene Norm auch nicht mehrmals, sondern nur einmal, wenn auch in verschiedenen Trägern des durch die Norm geschützten Rechtsguts verletzt. Die Strafrahmen der

---

[91]) Lehrbuch, S. 223, 224, II. Aufl., S. 230, 231, III. Aufl.

Reichsgesetzgebung sind groß genug, um die Berücksichtigung dieses Umstandes zu gestatten."

Wir haben aber im Abschnitte über die strafrechtliche Handlungseinheit gesehen, daß, wenn es sich um strafrechtlich geschützte Interessen handelt, die ihrer Natur nach an die Person eines Menschen gebunden sind, so viele Interessenverletzungen vorliegen, als Menschen verletzt sind. Da, wie ebendort hervorgehoben ist, die Strafgesetze ihren Schutz den Rechtsgütern nicht unmittelbar, sondern dadurch verleihen, daß sie die verschiedenen Interessen, welche der Staat, die im Staate organisierte Gesellschaft, die einzelnen Menschen an den verschiedenen Seiten der Rechtsgüter haben, in Schutz nehmen, so entscheidet die Anzahl der Verletzungen dieser Interessen über die Anzahl der Normübertretungen.

In den ersten beiden von v. Liszt zitierten Beispielen (Tötung mehrerer Menschen durch einen Schuß, Beleidigung mehrerer Menschen durch ein Wort) liegt also eine Mehrheit von Normübertretungen selbst dann vor, wenn wir später v. Liszt darin werden beitreten müssen, daß in den Fällen der gleichartigen und ungleichartigen Idealkonkurrenz eine Deliktseinheit gegeben ist.

Der dritte von v. Liszt zitierte Fall (Diebstahl gegen mehrere Eigentümer durch einen diebischen Griff) gehört in der That nicht zu den Fällen der Idealkonkurrenz. Wie im vierten Abschnitte ausgeführt ist, entscheidet bei dem Diebstahl — weil hier das geschützte Interesse an der Sicherheit des Eigentums der Bürger nicht an die Personen der einzelnen Eigentümer geknüpft erscheint — über Einheit und Mehrheit des Delikts nicht die Anzahl der verletzten Personen, sondern die Einheit oder Mehrheit der Gewahrsamsbrüche. Ein diebischer Griff kann nur einen Gewahrsamsbruch ausmachen und stellt also einen einheitlichen Erfolg, eine einmalige Verletzung des geschützten öffentlichen Interesses an der Sicherheit der Eigentumsgewahrsame dar.

Hiller[92]), welcher im Anschlusse an v. Liszt in der Idealkonkurrenz auch nichts weiter sieht, als Gesetzeskonkurrenz, sucht sich dem Dilemma, entweder die Mehrheit der Interessenverletzung bei der gleichartigen Idealkonkurrenz leugnen, oder die Eigenart der letztren anerkennen zu müssen, dadurch zu entziehn, daß er schreibt, es läge hier nicht eine Mehrheit von Gesetzesverletzungen, sondern

[92]) Grünhuts Zeitschrift, Bd. 13, S. 152

eine der Qualität nach einheitliche, aber quantitativ mehrfache Verletzung desselben Gesetzes vor.

Eine quantitativ mehrfache Verletzung eines Strafgesetzes ist aber auch schlechtweg eine mehrfache Verletzung desselben und kann nie eine qualitativ einheitliche sein.

Denn wir haben gesehen, daß das Strafgesetz stets ein gewisses Erfolgsquantum voraussetzt, welches — mag es groß oder klein sein — sich als eine einheitliche Verletzung des geschützten Interesses darstellt, dessen äußerste Maximalgrenze bei den an die einzelnen Menschen geknüpften Interessen durch die Identität der verletzten Person bezeichnet wird.

Liegen mehrere solche Erfolgsquanta vor, von denen jedes sich vermöge der Identität der betreffenden verletzten Person als Einheit repräsentiert, so sind mehrere Erfolge bewirkt, von denen jeder eine Normübertretung in sich schließt. Mehrere Tötungen von Menschen, auch wenn sie durch ein Handeln ausgeführt werden, sind nicht bloß quantitativ, sondern auch qualitativ mehrere tödliche Erfolge.

Die Fälle der gleichartigen und die Fälle der ungleichartigen Idealkonkurrenz bilden zusammen eine Klasse für sich — mag man sie mit v. Liszt als Deliktseinheiten oder mit Binding als Deliktsmehrheiten auffassen — nämlich dadurch, daß bei ihnen durch ein Handeln mehrere Normübertretungen bewirkt werden.

Bei beiden Arten handelt es sich um die gleiche Frage, ob man sie als Deliktseinheit oder Deliktsmehrheit aufzufassen hat. Der sie von den übrigen Delikten trennende Unterschied bleibt auch dann gewichtig, wenn es sich für uns herausstellen wird, daß in den Fällen der Idealkonkurrenz nur ein Delikt vorliegt; wichtig nämlich in Hinsicht auf die Frage, ob die eine Mehrheit von Interessenverletzungen in sich schließenden Deliktseinheiten nicht einen andern Strafrahmen verdienen, als die nur eine solche Verletzung enthaltenden Delikte.

Anlangend die zweite hier zu beantwortende Frage, nämlich ob bei Identität des natürlichen Effekts eines Handelns — wie z. B. in dem bekannten Beispiele von der Blutschande eines Ehegatten[93]) — notwendigerweise auch strafrechtlich ein einheitlicher

---

[93]) Der gegen dies Beispiel erhobene Einwand, daß der Beischlaf kein Erfolg, sondern selbst Handeln sei, ist nicht stichhaltig. Denn auch hier ist zu scheiden zwischen dem Handeln — Muskelkontraktionen — und dem nächsten Erfolge, der geschlechtlichen Einwirkung auf den Leib des Konkumbenten. Letztre Einwirkung ist der beiden Thatbeständen identische natürliche Effekt des Handelns.

Erfolg anzunehmen sei, so ist diese Frage nach den Ergebnissen des zweiten und des vierten Abschnitts zu verneinen.

Wir haben gesehen, daß die Einheit des Erfolges ein Bild ist, welches im Auge des Beobachters unter der besondern Beleuchtung entsteht, unter welcher ihm von einem bestimmten Standpunkte aus die Geschehnisse der Welt erscheinen.

Einem Statistiker, welcher nur die Anzahl der menschlichen Beischlafsvollziehungen feststellen wollte, würde in den Wirkungen jenes blutschänderischen Handelns nur einen Erfolg erblicken.

Anders vom strafrechtlichen Standpunkte aus.

Hier hat der Beobachter außer dem natürlichen Ereignis der Beischlafsvollziehung noch andre Geschehnisse als strafrechtlich relevante Nebenumstände in Betracht zu ziehen, durch welche eine Verletzung eines strafrechtlich geschützten Interesses bedingt ist, dergestalt, daß er vermöge der verschiedenen zusammenwirkenden Bedingungen verschiedene Erfolge erblickt.

In Hinsicht auf jeden dieser Erfolge ist das verbrecherische Handeln nur eine von verschiedenen Bedingungen.

Dieses Handeln in Verbindung mit der Bedingung, daß einer der Konkumbenten mit einer dritten Person verehelicht ist,[94]) bewirkt den ehebrecherischen Erfolg.

Anderseits bewirkt dasselbe Handeln in Verbindung mit der Bedingung, daß die Konkumbenten nahe Blutsverwandte sind, den blutschänderischen Erfolg; offenbar verschiedene Erfolge, da ihre Bedingungen nur teilweise identisch sind.

Das Produkt der Bedingungen A und B muß ein andres sein als das Produkt der Bedingungen A und C.

Also auch in diesen Fällen ist durch ein Handeln eine Mehrheit von strafrechtlich relevanten Erfolgen bewirkt.

VI. Die Konkurrenz der Relationen eines Handelns zu seinen strafrechtlich relevanten Erfolgen.

Nachdem ich dargelegt habe, daß die Klasse von Fällen, welche man unter dem gemeinsamen Namen der Idealkonkurrenz zusammenzufassen pflegt, sich durch ein gemeinschaftliches Kennzeichen, nämlich

---

[94]) Selbstverständlich nur dann, wenn diese Bedingung dem Thäter bekannt ist. Der Begriff des verbrecherischen Handelns setzt diese Kenntnis schon voraus.

durch die Mehrheit der durch ein Handeln bewirkten Verletzungen strafrechtlich geschützter Interessen von den übrigen Fällen, in welchen nur eine durch ein Handeln bewirkte Verletzung solchen Interesses vorliegt, scharf abhebt, und daß sowohl die Ausscheidung der sogenannten gleichartigen Idealkonkurrenz, als auch derjenigen Fälle, in welchen bei Mehrheit der Interessenverletzung nur eine natürliche Kausalität vorzuliegen scheint, von jener Klasse unzulässig ist, wende ich mich nunmehr zu der Frage, ob in den Fällen der sogenannten Idealkonkurrenz Deliktsmehrheit oder Deliktseinheit anzunehmen ist.

Zwei falsche Ausgangspunkte, die in der Lehre von der Idealkonkurrenz zu Irrwegen führen, möchte ich hier am Eingange zurückweisen.

Der erste ist das Vorurteil, daß bei vorliegender Mehrheit der Normverletzungen schon aus allgemein logischen Gründen notwendigerweise eine Mehrheit von Delikten gegeben sei.

Dies Vorurteil hat seinen Grund in der Doppeldeutigkeit des Wortes „Delikt", welches einmal als Delikt in concreto, als die konkrete That, das andere Mal als Delikt in abstracto, als die gesetzliche Qualifikation einer solchen That aufgefaßt und gebraucht wird. Man bestreitet, daß durch ein Delikt (in concreto) mehrere Delikte (in abstracto) ausgeübt werden können.

Dies ist aber durchaus kein logisches Unding. Es ist kein logischer Widerspruch, daß eine Strafthat — welche also nur durch eine Strafe zu sühnen ist — mehrere strafrechtlich geschützte Interessensphären oder eine dieser Sphären mehrfach verletzt und deshalb unter mehrere gesetzliche Thatbestände zu subsumieren ist.

Hiermit ist die Frage, ob nicht aus rechtlichen Prinzipien zu folgern sei, daß bei vorliegender Mehrheit solcher Interessenverletzung stets — auch wenn nur ein Handeln in Frage kommt — eine Mehrheit von Delikten vorliege, selbstverständlich nicht abgethan.

Dieselbe ist vielmehr eingehends zu untersuchen. Durch jenes Vorurteil wird aber diese Untersuchung nicht erspart.

Der zweite falsche Ausgangspunkt ist die Herübernahme des Sprachgebrauches, welcher „das Handeln" und „die Handlung" als Synonyma verwendet, und der hierdurch hervorgerufene Mangel an Unterscheidung dieser beiden durchaus nicht identischen Begriffe.

Wir haben gesehen, daß der Begriff Handlung im Unterschiede

vom Handeln in zwei Grundelemente zerfällt, nämlich a) das essentielle Element des Handelns, b) die Beziehung des Handelns auf einen Erfolg, durch welche das Handeln einen einheitlichen Charakter erhält, zur Handlung wird.

Wir sahen, daß vermöge der Relativität des letztern Elements ein und dasselbe Handeln, je nachdem man dasselbe auf diesen oder jenen Erfolg bezieht, als ganz verschiedene Handlungen erscheinen kann, daß die einzelnen Akte, die in Beziehung auf einen Erfolg sich zu einer Einheit zusammenschließen, sobald man sie zu andern Erfolgen in Beziehung bringt, die Elemente andrer Einheiten des Handelns bilden, und daß also ein und dasselbe Handeln das essentielle Element verschiedener Handlungseinheiten bilden kann, sei es, daß diese Identität in Bezug auf den ganzen Umfang des Handelns oder nur in bezug auf einen Ausschnitt desselben zutrifft.

Wir haben ferner gesehen, daß auf das strafrechtlich relevante Handeln und auf die strafrechtliche Handlungseinheit dieselben Regeln Anwendung finden, welche wir für das natürliche Handeln und die natürliche Handlungseinheit als allgemeingiltige ermittelt haben.

Sonach kann ein Handeln ganz oder teilweise das essentielle Element verschiedener strafrechtlicher Handlungseinheiten bilden. Es kann in Beziehung auf einen strafrechtlich relevanten Erfolg sich als eine ganz andre Handlung qualifizieren als in Beziehung auf einen andren Erfolg.

Wer eine Scheune in Brand setzt, um seinem in derselben nächtigenden Feinde den Erstickungstod zu bereiten, dessen Handeln erscheint in Beziehung auf das Niederbrennen der Scheune als vorsätzliche Brandstiftung, in Beziehung auf den Tod des am Rauche Erstickten als Mord oder Totschlag.

Der Begriff der Handlung trägt die Beziehung des Handelns zu einem seiner Erfolge als unlösliches Element in sich.

Ohne solche Relation gibt es keine Einheit des Handelns. Liegen mehrere solche Relationen vor, so bleibt zwar das vermöge dieser Relationen als Einheit gefaßte Handeln ein und dasselbe.

Die Handlungseinheiten erscheinen aber als verschiedene, weil jede eine andre Relation einschließt.

v. Liszt schreibt:[95]) „Das Verbrechen ist in erster Linie

---

[95]) S. 221, Lehrbuch II. Aufl., S. 228, III. Aufl.

Handlung, d. h. ein (natürliches) Thun oder Lassen. Daraus folgt mit unabweislicher Notwendigkeit, daß einer natürlichen Handlung auch immer nur ein Verbrechen entsprechen kann; daß es unmöglich ist, durch eine Handlung mehrere Verbrechen zu begehen. Der natürlichen Handlungseinheit steht aber in allen juristischen Beziehungen die juristische Handlungseinheit gleich."

v. Liszt gebraucht hier das Wort „Handlung" zuerst im Sinne von „Handeln" (Thun oder Lassen), dann aber, wie der letzte Satz ergibt, im Sinne von Handlungseinheit. Indem er Handeln und Handlung gleichsetzt, gelangt er zu dem Schlusse, daß einem Handeln eine Handlungseinheit entsprechen müsse. Mit der ihm eignen Energie verfolgt er diesen Gedanken bis zu seinen letzten Konsequenzen und gelangt folgerichtig dazu, in der ungleichartigen Idealkonkurrenz nur einen besondren Fall der Gesetzeskonkurrenz, die ich oben als die unechte bezeichnet habe, zu sehen, die gleichartige Idealkonkurrenz aber ganz zu streichen.

Seine Prämisse kann aber als richtig nicht zugegeben werden.

Einem Handeln entspricht nicht notwendigerweise nur eine Handlungseinheit, weder im natürlichen, noch im strafrechtlichen Sinne.

So viel verschiedene strafrechtlich relevante Erfolge eines Handels vorliegen, so viele strafrechtliche Handlungseinheiten liegen vor. Übereinander fallen dieselben nur in bezug auf ihr eines Element, nämlich das Handeln, nicht in bezug auf das andre Element, die Beziehung des Handelns zu seinem Erfolge.

Aber auch erstre Kongruenz liegt nicht immer vor, nämlich dann nicht, wenn das auf die verschiedenen Erfolge bezogene Handeln nur teilweis identisch ist, wie z. B. bei der Idealkonkurrenz zwischen Urkundenfälschung und Betrug, wenn das die Vermögensschädigung vollendende Handeln über das Handeln hinausreicht, durch welches der Gebrauch der falschen Urkunde vollendet wird.[96])

In diesen Fällen liegen verschiedene, nur stückweis übereinander fallende Einheiten des Handelns vor. Denn A + B ist eine andre Einheit als A + B + C.

Eine ganz andre Frage ist die, ob die verschiedenen durch die verschiedenen Beziehungen eines Handelns zu seinen Erfolgen geschaffenen Handlungseinheiten vermöge der ganzen oder teilweisen

---

[96]) Entsch. d. R.G. vom 3. Dezember 1879. Bd. 1, S. 111.

Identität ihres einen, essentiellen Elements zusammen eine Deliktseinheit bilden.

In dieser Beziehung, also in der Hauptsache, halte ich den Satz v. Liszts, daß einem Handeln nur ein Verbrechen entsprechen könne, für durchaus richtig.

Jedoch meine ich, daß dieser Satz für die Strafrechtswissenschaft keine selbstverständliche Wahrheit ist, sondern daß seine Richtigkeit bewiesen werden muß.

Die einzelnen Teile dieser Beweiskonstruktion hoffe ich durch die im Anschlusse an frühere Aufsätze im ersten und dritten Abschnitte gebrachten Darlegungen über Vorstellung und Wille so bereit gestellt zu haben, daß ihre Zusammenfügung nicht schwierig sein wird.

Wie wenig selbstverständlich der durch v. Liszt aufgestellte richtige Satz, daß einem Handeln nur ein Verbrechen entsprechen könne, ist, dafür ist allein genügender Beweis die Thatsache, daß eine Reihe von hervorragenden Theoretikern an der Anschauung festhält, daß die sogenannte Idealkonkurrenz nur eine Abart der Realkonkurrenz sei und daß de lege ferenda bei der Idealkonkurrenz die Anwendung desselben Bestrafungsprinzips zu befürworten sei, welches bei der Realkonkurrenz maßgebend sei.

In der That erscheint auf den ersten Blick die Möglichkeit nicht ausgeschlossen, daß ein positives Strafrecht ohne Ansehn der Einheit oder Mehrheit des Handelns für die Zahl der zu verhängenden Strafen lediglich die Anzahl der vorliegenden Verletzungen von strafrechtlich geschützten Interessen als maßgebend erachtet.

Ein positives Strafrecht, welches — wie die älteren Volksrechte — die objektive Seite der Schuld, die Thatsache der durch menschliches Handeln bewirkten Interessenschädigung für die Frage, ob gestraft werden soll, entscheidender erachtet, als die subjektive Seite der Schuld, die Vorsätzlichkeit oder Fahrlässigkeit des mit dem verletzenden Erfolge in Kausalnexus stehenden menschlichen Handelns, wird nach der Zahl der strafrechtlich relevanten Erfolge nicht nach der Einheit oder Mehrheit des Handelns die Einheit und Mehrheit der zu sühnenden Verbrechen ermessen.

Für das gegenwärtige Entwicklungsstadium unsrer modernen Strafrechte, insbesondre auch für das Strafrecht des Deutschen Reichs gilt der Satz, daß die Strafe sich nicht sowohl gegen den verursachten, die rechtliche Schädigung herbeiführenden Erfolg —

als welcher durch die Strafe überhaupt nicht rückgängig gemacht werden kann — als vielmehr gegen die verbrecherische Aktion, gegen das im Handeln sich objektivierende verbrecherische Wollen richtet.

Wenn Merkel in seiner Abhandlung über das fortgesetzte Verbrechen[97]) schrieb: „Gestraft wird die rechtswidrige Objektivierung des Willens an dem Beziehungsobjekte eines geschützten Rechtsgutes, nicht der unsittliche Wille selbst", so war dies nur unter der Voraussetzung richtig, daß Merkel hier unter „unsittlichem Willen" die unsittliche Absicht des Verbrechers, unter Objektivierung des Willens die an dem Beziehungsobjekte des geschützten Rechtsgutes sich vollziehende Willensäußerung verstand. Merkel schoß bei seiner berechtigten Polemik gegen die Theorie, welche die Einheit und Mehrheit der Verbrechen nach der Einheit und Mehrheit der Absichten des Verbrechers messen will, insofern über das Ziel hinaus, als er an Stelle des als unrichtig nachgewiesenen, aus der Absicht des Verbrechers entnommenen Maßstabes nunmehr glaubte, in der Anzahl der bewirkten Erfolge diesen Maßstab finden zu müssen, während derselbe vielmehr in der zwischen der Absicht und den Erfolgen liegenden Willensäußerung des Verbrechers liegt.

Binding schreibt[98]): „Verbrechen ist Selbstverwirklichung des verbrecherischen Willens. Untrennbar sind in ihm Willens- und Thatmoment verknüpft, nur für die theoretische Analyse ist eine Scheidung dieser Einheit erlaubt, ja unumgänglich"

Dem ist gewiß beizutreten. Die Konsequenz dieses Satzes von der Identität des Wollens und Handelns, der sich mit Bindings sonstiger Auffassung des Willens, als eines dem Handeln voraufgehenden freien Wahlaktes der Psyche, absolut nicht vereinigen läßt, führt, wie wir sehen werden, zu dem Nachweise, daß im Falle der Idealkonkurrenz nur eine Deliktseinheit, nicht, wie Binding annimmt, eine Deliktsmehrheit vorliegt.

H. Meyer[99]) meint: „Gegenstand der Bestrafung ist nicht schon der Wille als solcher, sondern erst die Bethätigung desselben in der Außenwelt. Das der Regel nach durch eine Handlung stattfindende Handeln ist das Eingreifen des Willens in die Außenwelt."

---

[97]) S. 115 a. a. O.

[98]) S. 503 d. Handbuchs, Bd. I.

[99]) Lehrbuch, Erlangen 1882.

Vor dem Beginne des Handelns ist aber, wie ich gezeigt habe, noch kein Wille, sondern nur eine dem Gebiete der Vorstellung angehörige Absicht vorhanden.

Ist dies richtig, so reduziert sich die Richtigkeit des oben zitierten Ausspruchs H. Meyer's auf das Maß, welches der hier vertretenen Auffassung entspricht, nämlich dahin, daß die Strafe sich weder gegen die verbrecherische Absicht noch gegen die Erfolge des verbrecherischen Handelns, sondern gegen den in diesem Handeln sich äußernden verbrecherischen Willen richtet.

Treffend äußert Haelschner[100]): „Das Verbrechen ist aktive Bethätigung des Willens wider das Recht, ein dem Rechte angethaner Zwang. Strafe ist nicht Aufhebung der Folgen dieses Unrechts. Der Strafzwang beugt und bricht den verbrecherischen Willen."

Mit diesen seinen richtigen Grundsätzen setzt sich Haelschner in Widerspruch, indem er an andrer Stelle[101]) für die Meinung eintritt, daß nicht die Handlung, sondern der Erfolg bestraft werde.

Freilich bildet — abgesehen vom strafbaren Versuche — der gelungene Erfolg die Voraussetzung der Strafbarkeit des verbrecherischen Handelns. Die Strafe selbst aber richtet sich nicht gegen den Erfolg, sondern gegen das Handeln.

Sie ist, wie wir sahen, Reaktion der im Staate organisierten Gesellschaft gegen die Aktion des Verbrechers. Der lebendige verbrecherische Willen wird durch jene Reaktion reprimiert, nicht der tote und ruhende Erfolg.

Richtet sich aber die Strafe lediglich gegen den sich äußernden verbrecherischen Willen, so entscheidet über die Frage, ob Einheit oder Mehrheit der Verbrechen vorliege, lediglich die Beantwortung der Vorfrage, ob eine Einheit oder Mehrheit von verbrecherischen Wollungen vorliege.

Die Frage spitzt sich also dahin zu: Ist bei einem Handeln mit mehrfachen strafrechtlich relevanten Erfolgen ein einfaches oder mehrfaches Wollen des Handelnden anzunehmen?

Hier nun zeigt es sich, wie außerordentlich wesentlich für die Strafrechtswissenschaft die psychologische Zergliederung der Elemente des Vorsatzes, die Vertiefung der psychologischen Erkenntnis des Vorstellens und des Wollens ist, und daß die Arbeit, welche die

---

[100]) Gemeines Deutsch. Str. R, S. 17 u. 32, Bd. I.

[101]) S. 674 Bd. I a. a. O.

Bereitstellung dieser unter den Psychologen so streitigen Materie für die Zwecke der Strafrechtswissenschaft auf sich nimmt, nichts weniger als eine nutzlose Abschweifung in fremde Wissensgebiete ist.

Je nachdem man den Willen in das Gebiet der Vorstellung verlegt, ihn betrachtet als den Vorläufer des Handelns, welches zwischen dem Willen und dem Erfolge als vermittelndes Glied steht — eine Auffassung, deren Unrichtigkeit ich darzuthun versucht habe — oder ihn mit mir auffaßt als die innere psychische Energie, welche dem Handeln parallel läuft und welche erst mit dem Beginn des Handelns anhebt und mit dessen letztem Akte endet, gelangt man zu ganz entgegengesetztem Resultate bei Beantwortung der vorliegenden Frage.

Ist der Wille nichts andres als eine im Denken des Handelnden vorhandene, sich auf den Erfolg des Handelns richtende Vorstellung und sind die Erfolge des Handelns deshalb im eigentlichsten Sinne des Wortes als „gewollte zu bezeichnen, sa sind so viele Wollungen vorhanden, als vorgestellte Erfolge vorhanden sind, so ist das Handeln nur das Werkzeug jener verschiedenen Wollungen, so ist es gleichgültig, ob dieses vermittelnde Glied einfacher oder komplizierter Natur ist, so kann die Einheit oder Mehrheit des Handelns nicht entscheiden über die Frage, ob ein einfaches oder mehrfaches verbrecherisches Wollen vorliegt.

Läuft dagegen das Wollen dem Handeln parallel, ist im eigentlichen Sinne des Worts „gewollt" nur das Handeln, sind die Erfolge desselben nur vorgestellt und werden diese Vorstellungen nur dadurch Teile des verantwortlichen Wollens, daß sie zu dem Kreise der treibenden Motive und abhaltenden Gegenmotive gehören, welche dem Handeln voraufgehen und dasselbe begleiten, so ist trotz Mehrheit der Erfolge des Handelns das Wollen selbst ein einheitliches, so kann *einem* Handeln auch nur *ein* verbrecherisches Wollen entsprechen.

Die — in der deutschen Strafrechtswissenschaft jetzt noch herrschende, dem Ende ihrer Herrschaft aber wahrscheinlich nahestehende — Auffassung des Willens, nach welcher das einzelne Wollen als das Produkt eines in der Psyche stattgefundenen freien Wahlaktes dem Handeln voraufgeht, sich also des Handelns als Mittels bedient, die verschiedenen beabsichtigten Erfolge zu erreichen, führt notwendigerweise zu der Annahme, daß so viele verbrecherische Wollungen vorliegen, als rechtsverletzende Erfolge beabsichtigt waren, wobei freilich gänzlich im Dunkeln bleibt, weshalb — worüber doch kein Zweifel — der Handelnde auch für diejenigen Erfolge strafrechtlich verantwortlich ist, welche er nicht beabsichtigt — also in jenem Sinne auch nicht „gewollt", wohl aber als notwendig oder wahrscheinlich eintretende Ereignisse in seiner ziellosen Vorstellung vor Augen gehabt hat.

Auf dieser von einem falschen Ausgangspunkte beginnenden Linie bewegt sich John, indem er in Hinsicht auf den Fall der verleumderischen Beleidigung mehrerer Personen durch ein Handeln ausführt [102]), daß dasjenige Handeln, welches sich objektiv gleichzeitig auf mehrere verletzte Personen beziehe, nicht die verbrecherische Handlung, sondern nur das zur Realisierung der mehreren verbrecherischen Absichten benutzte gemeinschaftliche Mittel sei, und zu dem Schlusse gelangt:

> „Wo mehr als ein Recht zu verletzen beabsichtigt wird, wo dieser Absicht entsprechend mehrere Rechtsverletzungen stattzufinden haben, ist es nicht möglich, von einer Handlung zu sprechen."

Ebenso v. Schwarze, welcher meint [103]): „Handlung ist nur die Art, das Mittel der Begehung. Der verbrecherische Wille umfaßt die mehreren Erfolge und hat sich in ihnen manifestiert. Es liegen also hier mehrere Verbrechen vor, bei denen die Einheit lediglich darin zu suchen ist, daß sie durch eine, jedoch auf jene mehreren Erfolge gerichtete Kraftäußerung entstanden sind."

Auf derselben Bahn bewegt sich v. Buri [104]) in seiner bekannten Darlegung, daß jede Kausalität eines Handelns einem Entschlusse, also einem verbrecherischen Wollen entspreche, ebenso Binding, indem er schreibt: [105]) „Ein Akt eines Menschen kann die Ursache mehrerer Verbrechen sein."

Ihnen allen ist die auf den Erfolg gerichtete Absicht, der sie die ziellose Vorstellung desselben stillschweigend gleichstellen, gleichbedeutend mit Wollen, das Handeln aber nur das rechtlich irrelevante Mittel, durch welches der verbrecherische Wille die rechtsverletzenden Erfolge herbeiführt. Sie sehen die Objektivierung des verbrecherischen

---

[102]) S. 132 a. a. O.
[103]) S. 4 a. a. O.
[104]) S. 2 ff. a. a. O.
[105]) S. 534.

Willens nicht in dem diese Erfolge bewirkenden Handeln, nicht in dieser verbrecherischen lebendigen Thätigkeit, sondern in dem von dieser Thätigkeit losgelösten toten Erfolge und gelangen so zu dem Schlusse, daß einem mehrfache Verletzungen strafrechtlich geschützter Interessen bewirkenden Handeln mehrere verbrecherische Wollungen entsprechen.

Wir haben aber gesehen, daß das Handeln nichts andres ist, als die äußere Seite des Wollens, und daß Wollen nichts andres ist, als die innere Seite des Handelns, daß das Wollen erst beginnt im Momente des Handelns und daß gewollt im eigentlichen Sinne des Worts nur das Handeln selbst ist.

Mögen daher auch noch so viele rechtsverletzende Erfolge seines Handelns vom Thäter beabsichtigt oder in zielloser Vorstellung voraufgesehen sein, immer liegt, wenn nur ein Handeln vorliegt, auch nur ein verbrecherisches Wollen vor. Die mehreren Vorstellungen jener Erfolge verbinden sich dadurch mit dem einheitlichen Wollen zu einem einheitlichen Vorsatze, daß aus ihnen sich die sittlichen Gegentriebe entfalten, welche das den verbrecherischen Trieben nachgebende Wollen des Verbrechers handelnd überwindet. Das diese verschiedenen sittlichen Gegenmotive siegreich niederkämpfende verbrecherische Wollen erhält hierdurch eine mannigfache Färbung, hört aber deshalb nicht auf, ein einheitliches Wollen zu sein.

Der Grad und die Tiefe, die Intensität des verbrecherischen Wollens wird erhöht durch die Mehrheit der voraufgesehenen rechtsverletzenden Erfolge, nicht die Zahl der verbrecherischen Wollungen.

Das verbrecherische Wollen bleibt ein Wollen, auch wenn tausend und mehr zu sühnende Verletzungen durch dasselbe bewirkt werden. Diese Sühne ist durch eine Strafe vollbracht.

Schütze[106]) meint, diese Ansicht setze eine Prämie auf die Willkür, oder sozusagen die Bequemlichkeit des Thäters, welcher mehrere Delikte in einem Thatakt — z. B. in der Äußerung gegen A. B. und C.: „Ihr seid alle drei Schurken" — rein äußerlich zusammengefaßt habe. Ähnlich exemplifiziert v. Schwarze[107]), indem er fragt, weshalb das Vergiften zweier Personen anders bestraft werden solle, wenn es durch Aufsetzen eines Napfes Suppe auf

106) Zeitschr. f. d. ges. Strafrechtswissenschaft III 61.
107) S. 6 a. a. O.

den Tisch bewirkt, als wenn es durch Vorlegung der Suppe auf besondern Tellern herbeigeführt werde.

Diese Beispiele beweisen aber nichts gegen den oben dargethanen Satz, daß einem Handeln auch nur ein Verbrechen entsprechen könne und dasselbe daher auch nur durch eine Strafe getroffen werden dürfe.

Jene Beispiele lassen sich vielmehr de lege ferenda nur verwerten für die Erhöhung des Strafrahmens, welchen der Gesetzgeber für die Fälle der sogenannten Idealkonkurrenz vorgeschrieben hat.

Darüber Weiteres unten.

Die von Binding, Haelschner und Anhängern de lege ferenda befürwortete Gleichstellung der Idealkonkurrenz mit der Realkonkurrenz in Hinsicht auf die Strafenfestsetzung würde einen Einschnitt bedeuten in das tiefste und innerste Wesen des modernen Strafrechts, welches seine Strafen gegen den lebendigen verbrecherischen Willen, nicht gegen tote irreparable Erfolge richtet.

Ist der Grundsatz richtig, daß ein verbrecherisches Wollen auch nur eine Strafe verdient, so folgt hieraus, daß auch in den Fällen nur einmal gestraft werden darf, in welchen ein auf einen einheitlichen Erfolg hinwirkendes Handeln nicht in seiner ganzen Ausdehnung, sondern nur zum Teil auf einen andern konkurrierenden Erfolg als Ursache desselben bezogen werden kann, in welchen also die verschiedenen auf die mehreren Erfolge bezogenen Einheiten des Handelns nur teilweise übereinander fallen, wie z. B. im Falle idealer Konkurrenz von Betrug und Urkundenfälschung, wenn das die Vermögensschädigung herbeiführende Handeln über den Gebrauch der gefälschten Urkunde hinausreicht.

Das Reichsgericht führt in bezug auf solchen Fall richtig aus: [108])

„Es ist kein Gewicht darauf zu legen, daß die Urkundenfälschung schon mit der Produktion der gefälschten Urkunde vollendet war, der Betrug dagegen erst mit der Entgegennahme des betreffenden Geldbetrages vollendet vorlag.

Diese überschießende für sich allein eine Strafthat nicht bildende Thätigkeit kann nicht die betrügerische Handlung im Gegensatz zu der Urkundenfälschung zu einer selbständigen Handlung im Sinne des § 74 R. Str. G. B. stempeln."

---

[108]) Urteil vom 3. Dezember 1879, Bd. 1 S. 111 der Entsch.

Bei mehrfacher Bestrafung solchen teilweise identischen Handelns würde der Wille auf der Strecke, auf welcher er zwar zu mehreren Erfolgen im Kausalnexus steht und mehrere sittliche Gegenreize niederzukämpfen hat, darum aber nicht aufhört ein Wille zu sein, mehrfache Strafe leiden, was nach obigem unzulässig ist.

Betrachten wir nunmehr das Verhältnis, in welchem Idealkonkurrenz und die sogenannte Gesetzeskonkurrenz (unechte) zu einander stehen, so ergibt sich, daß beiden Klassen von Fällen gemeinsam ist die Identität des Handelns und die Einheit des Delikts, jedoch mit der Maßgabe, daß die Identität des Handelns bei der Idealkonkurrenz nicht notwendigerweise das gesamte in Betracht kommende Handeln umfaßt. Ihr schon oben gekennzeichneter Unterschied liegt in der Zahl der rechtlich relevanten Erfolge, welche bei der unechten Gesetzeskonkurrenz eine Einheit, bei der Idealkonkurrenz eine Mehrheit ist.

Dagegen ist der Idealkonkurrenz und der realen Konkurrenz gemeinsam die Mehrzahl der strafrechtlich relevanten Erfolge, ihr Unterschied dagegen darin begründet, daß bei der Realkonkurrenz mehrere konkrete Delikte konkurrieren, bei der Idealkonkurrenz aber in Konkurrenz treten nur die verschiedenen Relationen eines identischen verbrecherischen Handelns zu seinen verschiedenen Erfolgen.

Der richtige Namen der letztren Konkurrenz wäre daher die relative Konkurrenz im Gegensatz zur absoluten Konkurrenz mehrerer zur Aburteilung gelangender Delikte eines Verbrechers.

Betrachten wir nunmehr die verschiedenen Möglichkeiten der Relationen des menschlichen Handelns zu seinen strafrechtlich relevanten Erfolgen, so ergeben sich entsprechend der bei Betrachtung der natürlichen Handlungseinheit gewonnenen Klassifizierung folgende Klassen:

I. Erste Hauptklasse: Ein und dasselbe Handeln wird in Beziehung gesetzt zu mehreren strafrechtlich relevanten Erfolgen.

Unterklasse A. Die mehreren Erfolge stehen miteinander im Kausalnexus.

Abteilung a. Die mehreren Erfolge sind ungleichartig.

Beispiel: Jemand führt vorsätzlich das Ertrinken einer Person dadurch herbei, daß er die Planken der von jener Person zu überschreitenden fremden Holzbrücke zersägt.

Abteilung b. Die mehreren Erfolge sind gleichartig.

Beispiel: Jemand führt den Verschmachtungstod eines Säuglings dadurch vorsätzlich herbei, daß er die diesem Säugling Nahrung spendende und unter den gegebenen Verhältnissen für diesen Zweck unersetzliche Mutter oder Amme tötet.

Unterklasse B. Die mehreren Erfolge stehen nicht miteinander im Kausalnexus, sondern laufen einander parallel.

Abteilung a. Die mehreren Erfolge sind ungleichartig.

Beispiel: Jemand setzt durch einen Schuß vorsätzlich das Strohdach eines fremden Gebäudes in Brand und verletzt durch denselben Schuß zugleich einen zwischen ihm und jenem Gebäude stehenden Menschen, dessen Verletzung er als wahrscheinliches Ereignis vorausgesehen hatte.

Abteilung b. Die mehreren Erfolge sind gleichartig.

Beispiel: Jemand beleidigt durch ein Wort mehrere Personen.

II. Zweite Hauptklasse: Ein in bezug auf einen Erfolg strafrechtlich relevantes Handeln wird teilweise in Beziehung gesetzt zu einem andern strafrechtlich relevanten Erfolge.

Unterklasse A. Die mehreren strafrechtlich relevanten Erfolge stehen miteinander im Kausalnexus.

Abteilung a. Diese mehreren Erfolge sind ungleichartig.

Beispiel: Jemand führt den Erstickungstod eines in einer Scheune nächtigenden Menschen dadurch vorsätzlich herbei, daß er a) die Scheune in Brand setzt, b) deren Thüren von außen verrammelt.

Abteilung b. Die mehreren strafrechtlich relevanten Erfolge sind gleichartige.

Beispiel: Jemand führt den Verschmachtungstod eines Säuglings dadurch vorsätzlich herbei, daß er a) die dem Säugling Nahrung spendende Frauensperson tötet, b) Vorkehrungen trifft, durch welche andre Personen abgehalten werden, dem Kinde Nahrung zu bringen.

Unterklasse B. Die mehreren Erfolge stehen nicht miteinander im Kausalnexus, sondern laufen einander parallel.

Abteilung a. Die mehreren Erfolge sind ungleichartig.

Beispiel: Jemand schreibt eine Eingabe, welche an einer Stelle die verleumderische Beleidigung einer Person enthält, an einer andern von erstrer räumlich und inhaltlich getrennten Stelle die wider besseres Wissen gemachte fälschliche Anschuldigung einer Person (§ 164 R. Str. G. B.) aufweist, und sendet diese Eingabe an die Staatsanwaltschaft ab.

Abteilung b. Die mehreren Erfolge sind gleichartig.

Beispiel: Jemand schreibt einen Artikel, der an verschiedenen voneinander getrennten Stellen Beleidigungen verschiedener Personen enthält, und läßt diesen Artikel drucken und publizieren.

Das obige Schema und die generische Gleichartigkeit der aufgeführten Fälle ergibt, daß keine Veranlassung vorliegt, die Fälle der sogenannten gleichartigen Idealkonkurrenz von dem Gattungsbegriff der Idealkonkurrenz, die ich die relative Konkurrenz nenne, zu trennen.

Die gewöhnliche Meinung nimmt gleichartige Idealkonkurrenz nur in den Fällen an, in welchen durch ein identisches Handeln mehrere — miteinander kausaliter nicht verbundene, sondern parallele — Erfolge bewirkt werden, wie z. B. bei der Verletzung mehrerer Menschen durch einen Schuß, Beleidigung mehrerer Personen durch ein Wort. (Klasse I. B. b.).

Obiges Schema ergibt aber, daß noch drei andre, bisher nicht beachtete Klassen der gleichartigen Idealkonkurrenz vorhanden sind, für deren Lostrennung von dem Gattungsbegriff der Idealkonkurrenz ebensowenig Veranlassung gegeben ist.

Die in dem obigen Schema gekennzeichneten vier Klassen der ungleichartigen Konkurrenz bilden zusammen eine Gruppe, welche, wie ich im vorigen Abschnitte begründet habe, die Fälle echter Gesetzeskonkurrenz umschließt.

Da nach meiner Darlegung in den Fällen der relativen Konkurrenz (Idealkonkurrenz) nur eine That vorliegt, diese aber — im Unterschiede von den Fällen der unechten Gesetzeskonkurrenz — mehrere Verletzungen strafrechtlich geschützter Interessen einschließt, so umspannt die Schuld des Thäters alle diese Verletzungen. Er ist nur einmal schuldig, aber zugleich durch seine eine Schuld schuldig aller dieser Verletzungen. Er wird nur einmal bestraft, aber durch diese eine Strafe bestraft wegen aller dieser durch sein Handeln verursachten Verletzungen.

Seine Schuld ist zwar nur eine, hat aber mehrere Seiten, ist eine mehrseitige Schuld.

Hieraus folgt zunächst in bezug auf die Schuldfrage, daß der Thäter sämtlicher vorliegenden mit Strafe bedrohten Interessenverletzungen schuldig zu sprechen ist.

Es folgt ferner hieraus, daß die nachträgliche Verfolgung wegen einer relativ konkurrierenden Schuldseite, die in einem früheren

Urteile übergangen worden ist, nur insoweit unzulässig ist, als der formelle Grundsatz: „ne bis in idem“ entgegensteht, also z. B. zulässig ist, wenn das frühere Verfahren auf Grund eines amtsgerichtlichen Strafbefehls stattgehabt hat, welcher rechtskräftig geworden ist.

In einem Falle[109]), in welchem ein durch solchen Strafbefehl abgeurteiltes „Schießen an bewohnten Orten“ (§ 367 Nr. 8 R. Str. G. B.) in relativer Konkurrenz stand mit einer strafbaren Tötung, hat daher das Reichsgericht mit Recht die nachträgliche Verfolgung der letztren Schuldseite für zulässig erachtet, weil das Verfahren bei amtsrichterlichen Strafbefehlen eine die Würdigung der That nach allen Richtungen hin gewährleistende Kognition ausschließe.

Eben deshalb ist die nachträgliche Verfolgung zwecks Feststellung einer Deliktsart, welche in dem früheren Verfahren wegen damaligen Mangels eines Strafantrages nicht festgestellt werden konnte, zulässig.

Freilich ist in diesen Fällen unter Hineinziehung der früheren Strafe für alle Schuldheiten auf eine Strafe zu erkennen, sei es, daß das frühere Strafmaß erhöht oder es bei demselben belassen wird.[110])

Da in den Fällen der relativen Konkurrenz die Strafe für alle vorliegenden Strafgesetzverletzungen verhängt wird, so begründet dieselbe auch für die leichtere Deliktsart den Rückfall.

Fernere Konsequenz ist, daß bei fehlendem oder verjährtem Strafantrage nur die hierdurch berührte Schuldseite außer Betracht bleibt, die andren Schuldseiten aber als Gegenstände der Strafverfolgung bestehen bleiben.

Dasselbe gilt von der Verjährung der Strafverfolgung, die in bezug auf eine Schuldseite durchgreifen kann, ohne die andern Schuldseiten zu berühren.

Aus der Einheit der zur Aburteilung gelangenden That folgt dagegen, daß mildernde Umstände nicht in bezug auf eine Schuldseite, sondern nur in bezug auf die ganze That zugebilligt werden können.[111])

---

[109]) Urt d. R. G. vom 2. Juni 1881. Entsch. Bd. 4 S. 243.

[110]) Olshausen, Kommentar S. 369. II. Aufl. Anm. Nr. 38 und die dort zitierten Schriftsteller.

[111]) Urt d. R. G. v. 30 März 1886. Entsch. Bd. 14 S. 8.

Da der Charakter der relativen Deliktskonkurrenz, welcher lediglich in der möglichen Verschiedenartigkeit der strafrechtlich relevanten Beziehungen eines menschlichen Handelns zu seinen Erfolgen beruht, durch den Gegensatz der Vorsätzlichkeit und Fahrlässigkeit nicht berührt wird, so können auch die durch fahrlässiges Handeln begangenen Verletzungen strafrechtlich geschützter Interessen miteinander relativ konkurrieren.

Der Impfarzt, welcher fahrlässigerweise die Lymphe von einem syphilitischen Kinde entnimmt und mit derselben eine Reihe von Kindern impft, welche hierdurch syphilitisch angesteckt werden, verletzt nicht einmal, sondern mehrere Male die Norm, welche fahrlässige Körperverletzung verbietet. Denn das durch diese Norm geschützte Interesse ist an die Person des Verletzten geknüpft. Sein Handeln ist aber in Hinsicht auf diese verschiedenen Erfolge wenigstens teilweise identisch. Denn die Entnahme der Lymphe von dem syphilitischen Kinde, welche allein die Fahrlässigkeit begründet, steht im Kausalnexus mit sämtlichen Ansteckungen der geimpften Kinder. Dieser Fall gehört daher in die Klasse II. B. b des obigen Schemas. Es liegt nur ein Delikt der fahrlässigen Körperverletzung vor.

Eben dahin gehört der bekannte Fall, in welchem ein Apotheker in eine mit der Aufschrift „Zucker" versehene Dose versehentlich Arsenik thut und nunmehr diesen vermeintlichen Zucker an verschiedene Personen verabreicht, welche durch dessen Genuß vergiftet werden.

Da ein und dasselbe Handeln in bezug auf einen Erfolg vorsätzlich, in bezug auf einen andern Erfolg aus Fahrlässigkeit erfolgen kann, so können auch vorsätzliche und fahrlässige Verletzungen miteinander konkurrieren. Haelschner verneinte dies wegen der Verschiedenheit von dolus und culpa.[112] Diese Verschiedenheit berührt aber die Einheit und Identität des Handelns nicht.

Wenn Jemand durch eine vorsätzliche körperliche Mißhandlung den Tod des Gemißhandelten fahrlässigerweise verursacht, so liegen zwei durch eine That konsumierte Deliktsarten — vorsätzliche Körperverletzung und fahrlässige Tötung vor, welche durch den § 226 R. Str. G. B. allerdings zu einer gesetzlichen Einheit verknüpft erscheinen, nicht aber zwei Thaten.

---

[112]) Haelschner, Preuß. Str. R. I S. 498

Binding freilich hat den Mut der Konsequenz, auch in diesem Falle — de lege ferenda — zwei selbständige Delikte anzunehmen.[113])

Was von dem strafrechtlich relevanten Handeln überhaupt gilt, muß auch von demjenigen innerlichen Handeln gelten, durch welches strafrechtlich relevante Unterlassungen bewirkt werden, also auch in Hinsicht auf die durch vorsätzliche Unterlassung begangenen Kommissivdelikte und die vorsätzlich begangenen Omissivdelikte. Hat eine solche Unterlassung mehrere strafrechtlich relevante Erfolge, so liegt vermöge der Identität der diese Unterlassung herbeiführenden inneren Handlung nur eine einmal zu strafende That, keine Mehrheit von Delikten vor.

Eine That nur begeht der Maschinist, der durch Unterlassung der rechtzeitigen Öffnung des Sicherheitsventils einer Dampfmaschine den Tod mehrerer Menschen vorsätzlich herbeiführt. Nur eine That begeht derjenige, der eine zusammenhängende Mitteilung von einer Reihe zusammenhängender, verschiedenartiger und von mehreren Menschen geplanter Verbrechen, zu deren Anzeige er nach § 139 R. Str. G. B. verpflichtet ist, erhält und es unterläßt, von dieser Mitteilung der Behörde oder den bedrohten Personen Kenntnis zu geben. Wenn also diese Verbrechen verwirklicht werden, liegt doch nur eine Unterlassung vor, wenn auch das geschützte Interesse des Staates an rechtzeitiger Anzeige geplanter Kapitalverbrechen durch dieselbe mehrfach verletzt erscheint.

Bei den durch fahrlässige Unterlassung begangenen Kommissivdelikten und Omissivdelikten, kann von einer Identität der das Unterlassen bewirkenden inneren Handlung nicht die Rede sein, da hier der Mangel des Wollens, also auch des Handelns begrifflich vorausgesetzt ist. Die Strafe richtet sich hier nicht gegen die psychische Willensenergie, sondern gegen die psychische Willensenergielosigkeit, die in dem Mangel an Sorgfalt hervortritt, durch welchen die den verletzenden Erfolg herbeiführende Unterlassung motiviert erscheint.

Wenn durch eine solche Unterlassung eine mehrfache Verletzung strafrechtlich geschützter Interessen verursacht wird, so wird hierdurch die Einheit und Identität der Energielosigkeit, durch welche jene

---

[113]) S. 539 a. a. O.

Unterlassung verschuldet ist, nicht berührt und liegt also auch hier nur eine einmal zu strafende That vor.

Wer es unterläßt, die vorgeschriebene polizeiliche Genehmigung zur Errichtung eines Gewerbes einzuholen oder die vorgeschriebene Anzeige der Errichtung eines Gewerbes an die Polizeibehörde zu erstatten, bewirkt durch diese mit Strafe bedrohte Unterlassung — falls das Gewerbe steuerpflichtig ist — zugleich die Hinterziehung der ersten Jahressteuer (§§ 33, 147 Nr. 1 Reichsgewerbeordnung und § 17 des preußischen Gesetzes vom 3. Juli 1876 betreffend die Besteuerung des Gewerbebetriebes).

Habermaas[114]) behauptet, daß Idealkonkurrenz zwischen Omissivdelikten überhaupt nicht möglich sei. Richtig ist von dieser Behauptung, wie mir scheinen will, so viel, als die gegen verschiedene Gebote verstoßenden Unterlassungen wegen der Verschiedenheit der Fristen, nach deren Ablauf die Unterlassung erst feststeht, thatsächlich selten übereinander fallen werden. Prinzipiell ist aber das Übereinanderfallen solcher Unterlassungen, wie obige Beispiele belegen, nicht ausgeschlossen.

Die relative (ideale) Konkurrenz zwischen kommissiven und omissiven Unterlassungsdelikten, deren Möglichkeit auch Habermaas zugibt, ist dagegen eine ziemlich häufige Erscheinung, insbesondre bei durch fahrlässige Unterlassung begangenen Delikten.

Der Fuhrmann, der es polizeilicher Strafandrohung zuwider verabsäumt, bei Nacht seinen Wagen mit leuchtender Laterne zu versehen, der Schiffsführer, der bei nebeligem Wetter die durch die Seepolizei vorgeschriebenen Warnungssignale abzugeben verabsäumt, begeht, wenn durch diese Unterlassungen Zusammenstöße mit andren Fahrzeugen, Tötung, Körperverletzung, Sachbeschädigung herbeigeführt werden, eine That, welche zugleich gegen ein Gebot und mehrere Verbote verstößt.

Eine besondre Besprechung verdienen ferner die Fälle, in welchen mehrere anscheinend zu einem fortgesetzten Verbrechen gehörende Akte oder einzelne Handlungen aus einer ein Kollektivdelikt bildenden Anzahl von Handlungen zugleich ein andres womöglich noch schwereres Strafgesetz verletzen.

Die erste Klasse dieser Fälle ist meines Erachtens bei richtiger Auffassung des fortgesetzten Verbrechens praktisch nicht möglich.

---

114) Die ideale Konkurrenz von Delikten S. 25.

Wir haben gesehen, daß ein sogenanntes fortgesetztes Verbrechen dann vorliegt, wenn die durch mehrere Akte eines Thäters herbeigeführten Verletzungen eines strafrechtlich geschützten Interesses zusammen nur ein Quantum von Verletzung bilden, das den Rahmen desjenigen Quantums nicht übersteigt, welches der Gesetzgeber als das eine einmalige Verletzung nicht überschreitende Maß voraussetzt und welches, da nur ein Interesse einmal verletzt ist, sich als ein einheitlicher Erfolg im strafrechtlichen Sinne ausnimmt.

Eine solche Erfolgseinheit ist faktisch nicht möglich, wenn zugleich andre strafrechtlich geschützte Interessen verletzt sind. Der Umstand, daß durch einzelne Akte zugleich andre geschützte Interessen geschädigt sind, ist ein sicheres Kennzeichen dafür, daß die thatsächliche Voraussetzung, nach welcher diese Akte Teile eines fortgesetzten Verbrechens bilden, eine falsche war, daß sie vielmehr selbständige Teile sind, die durch die Strafe des in den sonstigen Akten vielleicht zu findenden fortgesetzten Verbrechens nicht gesühnt werden.

Anders verhält es sich bei den Kollektivdelikten im eigentlichen Sinne des Worts, d. h. bei denjenigen Delikten, bei welchen eine Mehrheit von vorliegenden und zur Aburteilung gelangenden diskontinuierlichen Handlungen, von denen jede für sich allein mit ihrem Erfolge eine Deliktseinheit bildet, nach gesetzlicher Auffassung zusammen ein Verbrechen darstellen.

Da hier an sich mehrere voneinander getrennte strafrechtliche Handlungseinheiten vorliegen, so ist es sehr wohl möglich, daß einzelne dieser Handlungen sich als Verletzung mehrerer Strafgesetze qualifizieren, ohne daß hierdurch das durch die Gewerbsmäßigkeit, Gewohnheits- oder Geschäftsmäßigkeit geknüpfte Band, das diese Handlungen nur lose zusammenhält, berührt wird.

Das, was hier verschiedene Delikte zu einem Verbrechen zusammenschließt, ist nicht die aus der einfachen Deliktsart sich ergebende Einheitlichkeit des strafrechtlichen Erfolgs, sondern der Wille des Gesetzgebers, welcher das gewerbs- und gewohnheitsmäßige Treiben solcher Verbrecher mit einem schweren Schlage treffen will und deshalb die den mehreren einfachen Delikten entsprechende Mehrheit der Erfolge als einen einheitlichen Gesamterfolg auffaßt.[115])

In diesem Willen kann es nicht liegen, daß der straferhöhende

[115]) cfr. die Ausführungen S. 222.

Umstand der Gewerbsmäßigkeit oder Gewohnheitsmäßigkeit dahin führt, diejenigen Handlungen, die außerdem gegen ein noch schwereres Strafgesetz verstoßen, dieser schwereren Strafe dadurch zu entziehen, daß nur die eine für das Kollektivdelikt angedrohte mildere Strafe verhängt wird.

Mit Recht hat daher das Reichsgericht bei „idealer" Konkurrenz zwischen schwerer Kuppelei (§ 181 R. Str. G. B.) und gewohnheitsmäßiger Kuppelei (§ 180 a. a. O.), auch wenn die beide Strafgesetze verletzenden Akte Teile des aus § 180 a. a. O. strafbaren Kollektivvergehens bilden, angenommen, daß jene Akte als selbständige Thaten aus § 181 a. a. O. zu strafen sind.[116])

Da nach obigem die relative (ideale) Konkurrenz sich dadurch kennzeichnet, daß mehrere — sei es gleichartige oder ungleichartige — strafrechtlich relevante Erfolge durch ein identisches Handeln bewirkt sind, so liegt solche Konkurrenz dann nicht vor, wenn mehrere in einem und demselben Thatbestande zusammentreffende qualifizierende Umstände in Betracht kommen, auch wenn diese Umstände an einem und demselben Handeln zu Tage treten, wie z. B. an einem mit einer scharfen Sense geführten Hiebe, das gefährliche Werkzeug und die das Leben gefährdende Behandlung (§ 223 a R. Str. G. B.).[117])

In diesen Fällen ist nur ein strafrechtlich geschütztes Interesse einmal verletzt. Es konkurrieren weder verschiedene Erfolge noch verschiedene Gesetze, sondern nur verschiedene derselben Deliktsart angehörende qualifizierende Umstände. Diese Fälle gehören nicht einmal der im vorigen Abschnitte besprochenen unechten Gesetzes-

---

116) Urt. d. R. G. vom 1. März 1882 Bd. 6 S. 132 und vom 10. November 1882 Bd 7 S. 229.

117) Olshausen nimmt hier ideale Konkurrenz an. (S. 362 Nr. 21a u. S. 820 Nr. 10 II. Aufl. seines Kommentars.) Es sind jedoch in diesen Fällen weder verschiedene Normen, noch ist eine Norm mehreremals verletzt. Z. B. zerfällt das in § 223 a R. Str. G. B. begrifflich vorausgesetzte Verbot nicht in die Normen: 1. Du sollst einen andern nicht mittels einer Waffe vorsätzlich körperlich mißhandeln, 2 Du sollst einen andern nicht mittels eines Messers oder andern gefährlichen Werkzeugs u. s. w, sondern enthält nur die eine Norm: „Du sollst einen anderen nicht mit einem (scilicet oder mehreren) der nachfolgend aufgeführten gefährlichen Mittel, nämlich: einer Waffe, einem Messer u. s. w. vorsätzlich körperlich mißhandeln." Diese ist nur einmal verletzt, auch wenn mehrere Mittel zur Erreichung des einheitlichen Erfolgs der Mißhandlung verwendet wurden.

konkurrenz an, da bei ihnen von vornherein — selbst vom Standpunkte des gesetzesunkundigen Interpreten — nur ein Strafgesetz in Frage kommt.

Ebenso fällt das Zusammentreffen von Anstiftung und Mitthäterschaft oder Beihülfe oder Begünstigung in einem und demselben Handeln wegen der Identität des durch sie bewirkten strafrechtlich relevanten Erfolges außerhalb des Kreises der relativen (idealen) Konkurrenz. Diese verschiedenen Thätigkeiten bilden bei einheitlichem Erfolge, wie schon im vorigen Abschnitte hervorgehoben ist, zusammen eine mit der Deliktseinheit zusammenfallende Handlungseinheit, auch wenn sie in einer Person zusammentreffen.

Auch wenn durch sie mehrere strafrechtlich relevante Erfolge erzielt sind, können diese Thätigkeiten untereinander nicht in relative (ideale) — geschweige denn reale — Konkurrenz treten, da ihr einheitlicher Zusammenhang eben wegen jener Identität ihrer entsprechenden Erfolge durch die Mehrheit der letztern gar nicht berührt wird.

Die gegen sie gerichteten Strafandrohungen stehen zu einander in subsidärem Verhältnisse.[118]) Diese Fälle gehören also dem Kreise der unechten Gesetzeskonkurrenz an.

Aus dem Satze, daß bei Identität des Handelns und Mehrheit der strafrechtlich relevanten Erfolge nicht absolute (reale), sondern nur relative (ideale) Deliktskonkurrenz vorliegt, folgt notwendig, daß solche relative Konkurrenz auch dann anzunehmen ist, wenn eine durch ein Handeln begangene Anstiftung einer oder mehrerer Personen zu mehreren — gleichartigen oder ungleichartigen — Verbrechen vorliegt.

Es sind hier so viel Handlungseinheiten gegeben, als Delikte von den Hauptthätern begangen sind.

Allen diesen verschiedenen Handlungseinheiten gehört die Anstiftung an, da Anstiftung und Hauptthäterschaft, wie wir gesehen haben, zusammen eine Einheit des Handelns in Hinsicht auf ihren Erfolg bilden. Diese Handlungseinheiten scheiden sich voneinander a) durch die Verschiedenheit des Handelns der einzelnen Hauptthäter, also durch die teilweise Verschiedenheit ihrer essentiellen Elemente, b) durch die Verschiedenheit der Erfolge, also durch die Verschiedenheit ihrer relativen Elemente. Anderseits fallen ihre essentiellen

---

[118]) Olshausen, S. 357 Nr. 13 bb, S. 988 Nr. 46, S. 989 Nr. 47 c und die dort zitierten Schriftsteller und Judikatur.

Elemente auf der Linie des Handelns, auf welcher sich die Thätigkeit des Anstifters bewegt, übereinander.

In nachstehendem Bilde

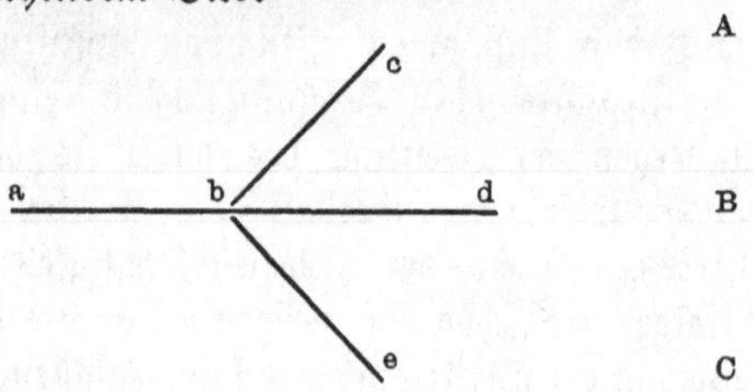

stellt die Linie a b die Thätigkeit des Anstifters, die drei Linien bc, bd, be die drei Thätigkeiten von drei angestifteten Hauptthätern, die Zielpunkte A B C die drei verschiedenen — gleichartigen oder ungleichartigen — strafrechtlich relevanten Erfolge dar.

Die drei essentiellen Elemente der drei Handlungseinheiten nämlich 1. abc, 2. abd, 3. abe fallen nur in der Linie ab übereinander.

Der Fall gehört jedoch nicht in die zweite Hauptklasse der oben gegebenen Einteilung der relativen (idealen) Konkurrenz, welche diejenigen Fälle umfaßt, in welchen durch ein nur teilweise identisches Handeln mehrere Erfolge herbeigeführt werden, sondern vielmehr in die erste Hauptklasse, da jene Einteilung sich nur mit dem Handeln eines Menschen befaßt. Das Handeln des Anstifters ist in jenem, dem obigen Bilde entsprechenden Beispiele ganz identisch in Hinsicht auf die verschiedenen Erfolge, wenn es auch zugleich verschiedenen aus dem Handeln von je zwei Personen zusammengesetzten Handlungseinheiten angehört, die nicht nur hinsichtlich der Erfolge, sondern auch hinsichtlich eines Teils der auf diese Erfolge hinwirkenden Thätigkeitsakte — nämlich auf den Linien bc, bd, be — auseinander fallen.

Das Reichsstrafrecht faßt nun — im Widerspruche mit der oben vertretenen, de lege ferenda allein richtigen Auffassung, nach welcher Anstiftung intellektuelle Thäterschaft ist und deshalb mit der Thäterschaft des Angestifteten zusammen eine Einheit des Handelns bildet — bekanntlich die Anstiftung nicht als integrierenden Teil der Hauptthat, sondern als accessorische That auf, wie deutlich daraus erhellt, daß es den Anstifter nicht unter den Mitthätern (§ 47 R.St.G.B.) zählt, sondern eine besondre durch die Begehung der Hauptthat erst bedingte Strafandrohung (§ 48 a. a. O.) gegen ihn erläßt.

Diese Auffassung ist die Konsequenz der irrtümlichen Theorie von der Willensfreiheit, durch welche der Kausalnexus zwischen dem Handeln des Anstifters und dem Erfolge, welchen der Angestiftete durch sein Handeln herbeiführt, abgebrochen erscheint.

Das Reichsgericht, welches sonst bei einem mehrere Strafgesetze verletzenden identischen Handeln — also wenigstens in den Fällen der ungleichartigen relativen (idealen) Konkurrenz nur eine Strafthat (§ 73 a. a. O.) für vorliegend erachtet, nimmt — ohne seiner Meinung nach von jenem Grundsatze abzuweichen — bei Anstiftung zu mehreren Verbrechen, auch wenn es durch ein Handeln geschieht, eine Mehrheit von Verbrechen des Anstifters an.

Es fußt hierbei auf den positivrechtlichen accessorischen Charakter der Anstiftung, indem es ausführt, daß „die Anstiftung an und für sich allein ein indifferenter Akt sei und kein Strafgesetz verletze, unter Handlungen im Sinne der §§ 73, 74 aber strafbare Handlungen zu verstehen seien" [119]), und an anderer Stelle sagt:

> „Aus dieser rein accessorischen Beziehung der Anstiftung zur Hauptthat ergiebt sich, daß der Anstiftende selbst in dem Falle, daß seine Thätigkeit eine einheitliche war, dadurch doch so viele strafbare Handlungen begangen hat, als er selbständige strafbare Handlungen herbeigeführt hat". [120])

Es ist aber unzulässig, aus dem accessorischen Charakter, den die Anstiftung zweifellos im positiven Rechte hat, Folgerungen zu ziehen, die mit psychologischen Thatsachen im Widerspruche stehen, und zu deren Ziehung, wie der im § 73 a. a. O. aufgestellte Grundsatz beweist, der Gesetzgeber selbst nicht bereit gewesen wäre, wenn er an die Möglichkeit einer solchen Konsequenz gedacht hätte.

Über psychologische Thatsachen hat der Gesetzgeber, wie ich an anderer Stelle erörtert habe [121]), keine Macht.

Ist es richtig, daß, wie die Gegner der hier vertretenen Auffassung des Willens behaupten, dem Handeln ein freies Wollen voraufgeht, welches sich des Handelns nur als Mittlers zur Erreichung seiner verschiedenen „gewollten" Erfolge bedient, so liegen bei der Anstiftung zu mehreren Verbrechen so viele Verbrechen des

---

119) Urt. v. 9. Dezember 1881. Entsch. Bd. 5, S. 229.

120) Urt. v. 30. März 1883, Bd. 8, S. 159.

121) S. 90 ff.

Anstifters vor, als Erfolge den Gegenstand seiner — dann ganz verschiedenen — Wollungen gebildet haben. Ist dagegen, wie hier behauptet wird, das Wollen dem Handeln parallel und deshalb bei einem Handeln stets auch nur ein Wollen vorhanden, so kann bei einer durch ein Handeln begangenen Anstiftung zu mehreren Verbrechen nur ein verbrecherisches Wollen, also auch nur ein Delikt des Anstifters vorliegen.

Die Unbilligkeit, welche darin liegt, daß der Thäter, welcher durch ein Handeln die verschiedensten Deliktsarten begeht, nur eine Strafe leiden soll, während der Anstifter, der durch ein Handeln ebenfalls mehrere strafrechtlich relevante Erfolge herbeiführt, für jeden dieser Erfolge eine Strafe erhalten soll, ist so augenfällig, so horrend, daß der Mut der Konsequenz, mit welchem sich das Reichsgericht über diese Unbilligkeit hinweggesetzt hat, alle Achtung verdient.

Diese Konsequenz kann aber gegenüber der Thatsache, daß einem Handeln nur ein Wollen entspricht, und gegenüber dem Fundamentalsatze, auf welchem das moderne Strafrecht, insbesondre auch das Reichsstrafrecht fußt, nicht bestehen, nämlich dem Grundsatze, daß die Strafe sich gegen den durch das Handeln sich äußernden Willen des Verbrechers richtet, aus welchem Satze der weitre Satz folgt, daß einem verbrecherischen Wollen auch nur ein verbrecherisches Handeln, nur eine Strafthat entsprechen kann.

Daß der Gesetzgeber von diesem fundamentalen Grundsatze abweichen wollte, indem er die Anstiftung als eine accessorische That hinstellte, ist nicht anzunehmen.

Gegen diese Annahme spricht der im § 73 R.Str.G.B. zum Ausdruck gelangte Rechtssatz.

Wir haben oben gesehen, daß, wenn das Handeln nur das mechanische Mittel eines ihm voraufgehenden auf die Erfolge des Handelns gerichteten freien Wollens ist, bei identischem Handeln des Thäters so viele verbrecherische Wollungen, also auch so viele zu sühnende Verbrechen vorliegen, als Deliktsarten durch jenes Handeln vollbracht erscheinen, und daß folgerichtig unter dieser Voraussetzung die sogenannte ideale Konkurrenz eine echte reale Konkurrenz, eine Deliktsmehrheit sei.

Dennoch verordnet der § 73 für die der Zahl der Fälle und ihrer inneren Bedeutung nach hervorragendste Klasse der relativen (idealen) Konkurrenz, für die sogenannte ungleichartige Idealkonkurrenz, daß dieselbe nur mit einer — aus dem schwersten der verletzten Strafgesetze zu bemessenden — Strafe zu belegen sei.

Der § 73 bringt also für die hervorragendere Klasse der „idealen Konkurrenz“ — indem er die pars pro toto im Auge hat — den Grundsatz zum Ausdruck, daß bei identischem Handeln trotz Mehrheit der strafrechtlich relevanten Erfolge nur einmal zu strafen sei, welcher Grundsatz nur haltbar ist unter der Voraussetzung, daß die ideale Konkurrenz keine absolute Deliktskonkurrenz, sondern eine relative Konkurrenz mehrerer strafrechtlich relevanter Erfolge ist.

Dieser Grundsatz muß — bei dem Schweigen des Gesetzes hinsichtlich der sonstigen Fälle der sogenannten Idealkonkurrenz — auch Anwendung finden auf die Fälle der sogenannten gleichartigen Idealkonkurrenz, ebenso aber auch auf den beiden Klassen angehörigen Fall, daß durch ein Handeln eine Anstiftung zu mehreren — gleichartigen oder ungleichartigen — Verbrechen begangen wird.

In dem auf einer langen geschichtlichen Entwicklung fußenden § 73 ist — dem Gesetzgeber unbewußt [122]) — die richtige Auffassung des Willens als einer dem äußern Handeln parallel laufenden psychischen Energie zum Siege gelangt.

Die Verwirklichung des von Binding und andern de lege ferenda gemachten Vorschlags, die „Idealkonkurrenz in Hinsicht auf die Straffrage auf gleichem Fuße zu behandeln mit der realen Verbrechenskonkurrenz“, würde einen gewaltigen Rückschritt bedeuten, nämlich einen Rückschritt in die Zeiten, in welchen nicht die subjektive Willensschuld, sondern die objektive Schuld, die Thatsache der mit einem voraufgegangenen menschlichen Handeln in ursächlicher Verbindung stehenden Schädigung eines geschützten Interesses den Hauptgrund bildete für die in der Strafhandlung sich verwirklichende Reaktion der Gesellschaft.

Hiermit dürfte ich an das mir vorgesteckte Ziel in der Hauptsache so weit herangekommen sein, als dies unter den gegebenen Umständen, von denen ich abhängig bin, möglich ist.

Es verbleibt mir nur noch, in Hinsicht auf die Straffrage de

---

[122]) Die Überschrift des fünften Abschnitts: „Zusammentreffen mehrerer strafbarer Handlungen“ beweist, daß dem Gesetzgeber der Gedanke fern lag, es hier mit einer Deliktseinheit zu thun zu haben.

lege ferenda die praktischen Konsequenzen aus dem gewonnenen Resultate zu ziehen.

Da bei vorliegender relativen (idealen) Konkurrenz nur ein Delikt zu strafen ist, so ist für diese Konkurrenz das Strafschärfungs-Prinzip — d. h. also das Prinzip, an Stelle mehrerer festgestellter Einzelstrafen die Verschärfung der gefundenen schwersten Einzelstrafe zu einer das Gesamtquantum der Einzelstrafen nicht erreichenden Gesamtstrafe treten zu lassen — wie dies z. B. der § 74 R.St.G.B. in bezug auf die Freiheitsstrafen bei realer Verbrechenskonkurrenz zur Anwendung bringt — jedenfalls nicht das richtige Prinzip; ebenso selbstverständlich auch nicht das Reduktionsprinzip, d. h. also das Prinzip, die Gesamtsumme der festgesetzten Strafübel auf ein jede Einzelstrafe überschreitendes Gesamtmaß zu reduzieren.

Vielmehr ist wie für jede Deliktseinheit ein bestimmter Strafrahmen notwendig. Derselbe darf sich zum mindesten nicht zwischen niedrigeren Grenzen — nach oben und nach unten — befinden, als der Strafrahmen derjenigen Deliktsart sich befindet, welche unter den konkurrierenden Deliktsarten die höchste zulässige Strafe aufweist. Denn die Konkurrenz andrer leichterer Deliktsarten ist in Hinsicht auf die Bestrafung der unter eine schwerere Deliktsart subsumirbaren That kein Milderungsgrund.

Hiermit ist aber nur eine negative Abgrenzung nach der minimalen Seite hin gewonnen. Es fragt sich noch, ob der Strafrahmen derjenigen Deliktsart, welche unter den konkurrierenden Arten die nach der Maximalseite hin höchste Strafe zuläßt, ausreicht, um Verbrechen zu sühnen, durch welche außer dieser einmaligen Verletzung des durch jene höchste Strafe geschützten Interesses noch andre — gleichartige oder ungleichartige — Interessenverletzungen vollbracht sind.

Und zwar entsteht diese Frage nach drei Richtungen hin.

Erstens fragt es sich, ob der Strafrahmen der — nach der Maximalseite hin — mit der schwersten Strafe bedrohten Deliktsart mit Rücksicht auf die relative Konkurrenz andrer mit Strafe bedrohten Thatbestände nicht nach oben hin zu erhöhen ist.

Zweitens ist fraglich, ob in denjenigen Fällen, in welchen der Strafrahmen konkurrierender leichterer Delikte ein höheres Minimum zeigt, als der Strafrahmen des mit der schwersten Maximalstrafe bedrohten gesetzlichen Thatbestandes, jenes höhere Minimum nicht maßgebend sein muß.

Drittens fragt es sich, ob es gerecht und billig ist, daß die für die leichteren Deliktsarten angedrohten Nebenstrafen wegen Anwendbarkeit des in der Hauptstrafe härteren Rahmens wegfallen[123]).

Anlangend die erste Frage, so fällt ins Gewicht, daß bei vorliegender Mehrheit der strafrechtlich relevanten Erfolge das verbrecherische Wollen, durch dessen Äußerung diese Erfolge bewirkt sind, einen höheren Grad von Stärke und Energie besitzt, als dasjenige Wollen, das nur mit einem dieser Erfolge, wenn auch mit dem schwersten derselben in ursächlichem Konnexe stände, besitzen würde.

Geht die — an sich ziellose — Vorstellung des rechtsverletzenden Erfolges dadurch in den verantwortlichen Willen ein, daß dieser das aus solcher Vorstellung sich entwickelnde, vom verbrecherischen Handeln abhaltende Gegenmotiv handelnd überwindet, so gewinnt der Wille eine um so intensivere Färbung, je mehr solcher Gegenmotive durch ihn niedergekämpft werden.

Verbrechen, wie z. B. ein gegen eine Volksversammlung gerichtetes und gelungenes Dynamitattentat, durch welches Hunderte von Menschen getötet oder verstümmelt werden, oder, wie z. B. Notzucht in relativer Konkurrenz mit schwerer Körperverletzung, verübt vom Vater an der leiblichen, im Kindesalter stehenden Tochter und ähnliche Fälle scheinen einen andren Strafrahmen zu beanspruchen, als die nur eine einmalige Verletzung eines strafrechtlich geschützten Interesses konsumierenden vorsätzlichen Verbrechen.

Ebenso verhält es sich bei den Fahrlässigkeitsdelikten. Der Grad der Fahrlässigkeit erscheint um so höher, je mehr strafrechtlich

---

[123]) Die rein polizeilichen Maßregeln, wie das Unbrauchbarmachen von Schriften, Abbildungen und Darstellungen (§§ 41, 42 R.St.G.B.), das Einziehen von Gegenständen ohne Verurteilung einer Person oder ohne Rücksicht auf das Eigentumsrecht einer dritten Person (§§ 40, 42, 152, 295, 296a, 360, 367, 369 a. a. O.), Überweisung an die Familie oder Unterbringung in einer Erziehungs- oder Besserungsanstalt (§ 56 a. a. O.), Verweisung aus dem Bundesgebiete im Falle des § 284 a. a. O., sowie die einer Privatgenugthuung bezweckenden Maßregeln, wie Buße (§§ 188, 231 a. a. O.) und Publikationsbefugnis des Verletzten (§§ 165, 200 a. a. O.) kommen, da sie in der That keine Strafen sind und das Prinzip des § 73 a. a. O. daher auf sie keine Anwendung findet (Olshausen, Komm. zu § 73 Nr. 32, S. 367 II. Aufl.) nach geltendem Rechte auch dann zur Anwendung, wenn sie im Falle echter Gesetzeskonkurrenz von dem in bezug auf die Hauptstrafe milderen Strafgesetze angeordnet sind.

relevante Erfolge durch das fahrlässige Handeln oder Unterlassen bewirkt erscheinen. Die in dem Mangel an Sorgfalt sich kennzeichnende Energielosigkeit des Wollens, gegen welche sich die Strafe richtet, erscheint um so größer, je mehr Anlaß zur Aufmerksamkeit in den drohenden rechtsverletzenden Erfolgen gegeben war.

Verbrechen, wie z. B. der durch grobe Fahrlässigkeit im Wachdienst gegen Feuersgefahr herbeigeführte Brand eines mit Menschen gefüllten Gebäudes, dem Hunderte von Menschenleben zum Opfer fallen (Wiener Ringtheater-Brand!), oder wie die durch grobe Fahrlässigkeit eines Fleischbeschauers bewirkte Ansteckung vieler Menschen mit einer lebensgefährlichen Krankheit (Trichinosis!) scheinen einen nach der Maximalseite hin weitren Strafrahmen zu erfordern, als den gewöhnlichen.

Wenigstens könnte in Hinsicht auf die Freiheitsstrafen de lege ferenda die Frage entstehen, ob es sich nicht empfiehlt, bei der relativen Konkurrenz den maßgebenden Strafrahmen der mit der schwersten Strafe bedrohten konkurrierenden Deliktsart um $^1/_4$ oder $^1/_2$ des ordentlichen Maximums zu erhöhen. Hiergegen spricht jedoch der Umstand, daß gerade die schwersten und deshalb bei der relativen Konkurrenz am meisten ins Gewicht fallenden Verbrechen mehrstenteils schon gegenwärtig mit dem höchsten gesetzlich zulässigen Maximum der in Anwendung kommenden Strafart bedroht sind, wie dies auch bei den oben angeführten Beispielen zutrifft. Von einer solchen Erhöhung der Strafrahmens würde ungleich mehr die relative Konkurrenz leichter als die der schweren Deliktsarten getroffen werden, ein durchaus unbilliges Resultat.

Dagegen ist die zweite der oben aufgeworfenen Fragen zu bejahen. Nach der vom Reichsgericht in fast konstanter Praxis festgehaltenen Auslegung des § 73 R.St.G.B., die auch zweifellos richtig ist, ist der Strafrahmen der mit der schwersten Strafe bedrohten Deliktsart auch maßgebend in Hinsicht auf das zulässige Strafminimum und auf die Nebenstrafen.

Diese durch § 73 geschaffene gesetzgeberische Lösung des durch die Konkurrenz mehrerer Strafgesetze entstehenden Konflikts ist eine sehr mechanische und unbillige.

Ist bei relativer Konkurrenz die Schuld des Verbrechers zwar eine einheitliche aber — wie oben erörtert ist — mehrseitige Schuld, und soll deshalb die über ihn zu verhängende einheitliche Strafe nicht bloß eine Seite seiner Schuld, sondern alle Seiten derselben treffen und sühnen, so folgen hieraus zwei Sätze mit gleicher Notwendigkeit, nämlich erstens der schon erörterte Satz, daß die zulässige Maximalstrafe nicht niedriger sein darf, als die zulässige Maximalstrafe derjenigen Deliktsart, die mit der höchsten Maximalstrafe bedroht ist, zweitens aber der Satz, daß das zulässige Strafminimum nicht niedriger sein darf, als das Strafminimum derjenigen Deliktsart, die das höchste zulässige Strafminimum aufweist.

Denn die als letztre Deliktsart sich qualifizierende Seite der Schuld würde ihre gesetzliche Sühne nicht erhalten, wenn die Strafe unter dies Minimum herabsinken würde.

Dieselbe logische Schlußfolgerung ist entscheidend für die Beantwortung der dritten aufgeworfenen Frage.

Soll bei relativer Konkurrenz die eine zu verhängende Strafe sämtliche Seiten der begangenen Schuld sühnen, so muß diese Strafe die Charakterzüge der den einzelnen konkurrierenden Deliktsarten als Strafe angedrohten Übel insoweit in sich vereinigen, als ihre Einheit dadurch nicht aufgehoben wird.

Es fragt sich also, ob die Verhängung von Nebenstrafen, also von Verlust der bürgerlichen Ehrenrechte, Zulässigkeit von Polizeiaufsicht, Unfähigkeit zur Bekleidung oder Verlust der bekleideten öffentlichen Ämter, sowie der aus öffentlichen Wahlen hervorgegangenen Rechte, dauernder Unfähigkeit, als Zeuge oder Sachverständiger eidlich vernommen zu werden, und Überweisung an die Landespolizeibehörde [124]), die Einheit der Strafe zerreißt.

Diese Frage ist zu verneinen.

Ebensowenig als dies dadurch geschieht, daß solche Nebenstrafen in Anwendung nur eines verletzten Strafgesetzes neben der Hauptstrafe verhängt werden, ebensowenig kann dies dadurch geschehen, daß diese Nebenstrafen in Anwendung des den Strafrahmen für die Fälle der relativen Konkurrenz einheitlich regulierenden, wenn

[124]) Der von Haelschner, v. Liszt, Olshausen vertretenen Ansicht, daß eine fakultativ neben einer Freiheitsstrafe angedrohte Geldstrafe eine Nebenstrafe sei, kann ich angesichts der einleitenden Bestimmung in § 1 R.St.G.B. und der Bestimmungen in §§ 27—29 a. a. O., welche die Geldstrafe ganz allgemein und nicht bloß die obligatorische als einen Teil des Hauptstrafensystems behandeln, nicht folgen und muß mich in dieser Beziehung Berner, Geyer und H. Meyer anschließen.

auch für die hierzu gehörigen Fälle echter Gesetzeskonkurrenz aus mehreren Strafgesetzen kombinierenden Strafgesetzes neben der Hauptstrafe festgesetzt werden.

Würde ein solcher Strafrahmen auch in Beziehung auf die Nebenstrafen ein nach Lage der Fälle wechselnder sein, wie er es nach gegenwärtigem Rechte für die Fälle der relativen Konkurrenz in Beziehung auf die Hauptstrafe auch schon ist, so würde er doch in jedem konkreten Falle ebenso wie letztrer Rahmen ein völlig bestimmter sein, nämlich gebildet werden durch die nach obigen Regeln zu findenden Maximal- und Minimalgrenzen der Hauptstrafe und die durch die verletzten Strafgesetze angedrohten Nebenstrafen.

Das in Hinsicht auf den § 73 R.St.G.B. de lege ferenda sich ergebende praktische Resultat dieser Untersuchung fasse ich dahin zusammen:

Der im § 73 R.St.G.B. zum Ausdruck gelangte Rechtssatz, daß bei relativer (idealer) Konkurrenz nur eine Strafe zu verhängen ist, ist aufrecht zu erhalten, aber zur Vermeidung von Mißverständnissen auch in Hinsicht auf die sogenannte gleichartige Idealkonkurrenz ausdrücklich auszusprechen.

Der bei echter Gesetzeskonkurrenz in Anwendung kommende Strafrahmen ist zu kombinieren a) aus der unter den konkurrierenden Strafrahmen befindlichen, höchsten Maximalgrenze der Hauptstrafe, b) aus der unter den verschiedenen Strafrahmen befindlichen höchsten Minimalgrenze der Hauptstrafe, c) aus sämtlichen durch die verletzten Strafgesetze angedrohten Nebenstrafen[125]).

Die Fassung des dem § 73 R.St.G.B. entsprechenden Paragraphen würde vielleicht folgende sein können:

„Wenn ein und dasselbe Handeln mehrere Strafgesetze oder ein Strafgesetz mehreremale verletzt, so ist nur eine

---

[125]) Geht man von der Auffassung aus, daß die neben einer Freiheitsstrafe fakultativ angedrohte Geldstrafe eine Nebenstrafe sei, so würde es noch einer Ausnahmebestimmung zu c des Inhalts bedürfen, daß bei Konkurrenz mehrerer fakultativen Geldstrafen nur die Festsetzung einer die höchste zulässige Grenze der konkurrierenden Geldstrafen nicht überschreitenden Geldstrafe zulässig sei. Die Notwendigkeit dieser Inkonsequenz spricht für die Unrichtigkeit der Prämisse, daß eine fakultativ angedrohte Geldstrafe eine Nebenstrafe sei.

Thbat zu strafen. In ersterem Falle ist die Hauptstrafe aus demjenigen Gesetze, welches die schwerste Strafe und bei ungleichen Strafarten aus demjenigen Gesetze, welches die schwerste Strafart androht, zu bestimmen, mit der Maßgabe, daß unter das Mindestmaß des in bezug auf letzteres Maß härtesten Gesetzes nicht hinunter zu gehen ist, während die Nebenstrafen aus den verletzten Strafgesetzen sämtlich anwendbar sind."

Druck von Leonhard Simion, Berlin SW.

Kolibri 360 GmbH
Ferdinand-Jühlke-Straße 7
99095 Erfurt, Deutschland
produktsicherheit@kolibri360.de